CÓMO GANAR SIEMPRE EN EL NEGOCIO DEL CAFÉ

Juan Felipe Jaimes Vásquez

Jaimes Vásquez, Juan Felipe. Cómo ganar siempre en el negocio del café / Juan Felipe Jaimes Vásquez. Medellín: Lavaive SAS, 2023. 264 p.

ISBN: 978-628-95857-0-4

Primera edición: Septiembre 2023

Texto: Juan Felipe Jaimes Vásquez
Dirección: Nayibe Chacón Forero
Edición literaria: Juan Pablo Tettay De Fex
Diseño editorial: Hugo A. Vásquez Echavarría
Impresión: Especial Impresores

Impreso en Colombia

Medellín, 2023

www.lavaive.com

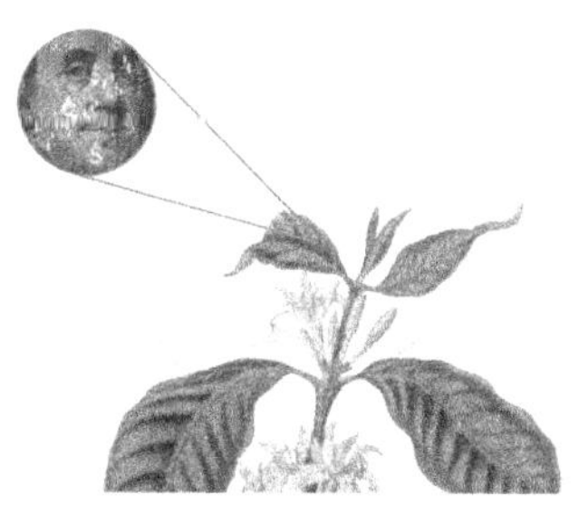

CÓMO GANAR SIEMPRE EN EL NEGOCIO DEL CAFÉ

AGRADECIMIENTOS

Gracias a mi esposa por su paciencia, su apoyo, su comprensión, sus consejos, las incontables horas leyendo y releyendo este libro para que fuera cada vez mejor y sobre todo por sus cuidados durante las horas invertidas en este libro. Gracias a mis padres que fueron parte fundamental en la decisión de emprender este reto académico.

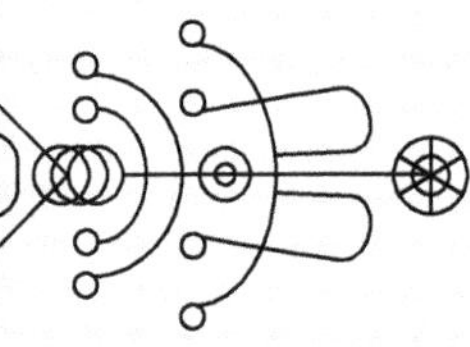

TABLA DE CONTENIDOS

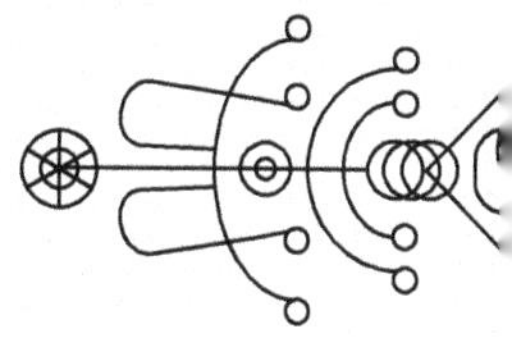

Introducción

"EL CAFÉ ES UN NEGOCIO QUE NO DA PARA VIVIR"

Es una de las frases que más he escuchado en los últimos 15 años que he estado en el negocio del café, y es un sentir generalizado desde la producción, pasando por la transformación y hasta llegar a la comercialización; pero ¿por qué se repite como un mantra y pareciera que no se hacen esfuerzos suficientes por lograr que todos, quienes trabajan en la cadena productiva del café puedan tener un negocio próspero? ¿quién debería realizar este esfuerzo? y por último ¿realmente no se gana o es que no se cuentan con estrategias que garanticen la rentabilidad del negocio?

Escribí este libro para que por medio de ejemplos basados en datos históricos ocurridos en la década 2010-2020, conozcas, aprendas y sobretodo apliques la potencialidad de los derivados financieros de café y asegures la rentabilidad de tu negocio cafetero. A medida que vas avanzando en la lectura, vas a entender el funcionamiento de los diferentes modelos de negociación y empezarás a visualizar el diseño de tu propia estrategia de administración de riesgo de precio, independiente de en qué eslabón de la cadena te encuentres.

Los derivados financieros de café llegaron a mi después de muchos aprendizajes, inestabilidad y fracasos empresariales que se pagaron con dinero y sobretodo con horas y horas de tiempo dedicadas a entender a fondo la bolsa y su funcionamiento. Hoy, gracias a los derivados, nuestra empresa está protegida y ha podido surfear las olas de "crisis" de los últimos años como la pandemia y el alza en el precio internacional del café. Y también gracias a ellos, hemos podido cumplir siempre la promesa a nuestros clientes de garantizar la estabilidad de precio todo el año.

El objetivo de este libro es que abras tu mente y entiendas a fondo las reglas de juego del mercado y que conozcas cuáles son las herramientas que puedes utilizar para siempre ganar dinero en este negocio. Además, que veas de manera integral el negocio del café, que no solo se basa en la parte técnica - que aunque es fundamental -, se debe combinar con elementos financieros y con visión estratégica.

Harás un recorrido por los diferentes modelos de negociación de café y cuál es el resultado de cada uno de ellos a través de un análisis profundo de una simulación del comportamiento económico de una finca cafetera durante la década del 2010 a 2020.

Al leer este libro entenderás, independientemente de tu posición en el mercado, la aplicación práctica de sofisticadas herramientas de negociación que te asegurarán utilidades a largo plazo en el negocio del café.

Y antes de que te sumerjas en los siguientes capítulos, quiero que sepas que mi más profundo deseo es que como empresario cafetero, aprendas a disminuir la incertidumbre y mejorar tus negociaciones de café , porque sí, el café si es un negocio que da para vivir.

Capítulo 1:

ABRIENDO LOS OJOS AL MERCADO DEL CAFÉ Y SUS HERRAMIENTAS

Para ser un empresario cafetero exitoso debes conocer a fondo las diferentes herramientas que existen para disminuir el riesgo de la volatilidad de los precios del café: desde el conocimiento de su creación, la historia y utilización de estas herramientas, hasta diseñar estrategias a la medida que te permitan asegurar la utilidad de tu negocio en el largo plazo. Por esta razón, en esta introducción tendrás un recorrido por los inicios de cada una de las alternativas de administración de riesgo que existen en la actualidad en el mercado del café.

Los derivados financieros son herramientas que se han utilizado desde hace años para reducir el riesgo de las fluctuaciones del precio en las principales bolsas de valores del mundo. Entre estos, se encuentran los contratos de futuros y las opciones.

Contratos Forward

Los mercados de futuros se remontan a la Edad Media. En un principio se crearon para satisfacer las necesidades de agricultores y negociantes. Si consideramos la situación de un caficultor, que en enero de cierto año planea cosechar una cantidad conocida de grano que producirá en diciembre: hay incertidumbre sobre el precio que el caficultor recibirá por el grano. En épocas de escasez podría obtener precios relativamente altos, sobre todo si el caficultor no tiene prisa por vender. Por otro lado, en épocas de súper abundancia, el grano tendría que venderse a precios de liquidación. Tanto el caficultor como su familia están claramente expuestos a un enorme riesgo (Hull, 2009).

Ahora, vamos al otro extremo de la cadena: considera una empresa tostadora que tiene una necesidad constante de café. La tostadora también está expuesta al riesgo de precio. En algunos años, una superabundancia da lugar a precios favorables, pero, en otros años, la escasez ocasiona que los precios sean exorbitantes (Hull, 2009). Tiene sentido que el caficultor y la empresa tostadora se reúnan en enero, o antes, y acuerden un precio para la producción de grano del caficultor en diciembre; esto implica que establezcan un tipo de contrato forward. Este contrato ofrece a cada parte, una manera de eliminar el riesgo al que se enfrentan debido a la incertidumbre del precio futuro del café (Hull, 2009). No obstante, al ser contratos bilaterales los forwards hacen que exista el riesgo de contraparte, es decir, que alguna de las dos partes incumpla lo acordado.

Y si llevas varios años en el negocio del café, seguramente estarás pensando: "este modelo es el que utilizan las cooperativas y algunos compradores particulares para comprar café a futuro", y tienes razón, este tipo de negociaciones se realizan hace siglos. Y también te estarás preguntando: ¿Si este tipo de negocios se

realiza hace tanto tiempo, por qué aún se siguen presentando incumplimientos como los que se presentaron en los años 2021 y 2022 en el mercado del café de muchos países productores? Y, ¿el mercado qué herramientas ha diseñado para eliminar este riesgo de contraparte?
Las respuestas a estas preguntas son las siguientes:

Contrato de futuros

Un contrato de futuros es un acuerdo para comprar o vender un activo, en una fecha específica en el futuro, a un precio determinado. Hay varias bolsas de valores en el mundo que negocian contrato de futuros. La Bolsa de Comercio de Chicago, la Bolsa de Nueva York y la Bolsa Mercantil de Chicago, son las tres bolsas de futuros más grandes de Estados Unidos de América (Hull, 2009).

Las bolsas de futuros permiten negociar entre sí a las personas que deseen comprar o vender activos en el futuro (Hull, 2009), y de esta manera asegurar un precio de compra y de venta fijos, reduciendo el riesgo para los participantes de las cadenas de suministro de productos básicos, que están expuestos a la alta volatilidad de los precios en el mercado mundial. Con el contrato de futuros el caficultor se compromete con la bolsa a vender su café a un determinado precio y la empresa tostadora se compromete a comprarle el café a la bolsa a determinado precio. Cabe aclarar que en ningún momento de la transacción se establece un contacto entre el caficultor y la empresa tostadora; la garantía del cumplimiento de las condiciones del negocio la ofrece la bolsa.

La Bolsa de Comercio de Chicago se estableció en 1848 para reunir agricultores y negociadores. Inicialmente, su tarea principal era estandarizar las cantidades y calidades de los granos que se negociaban. En pocos años se desarrolló el primer contrato de futuros, conocido como contrato to-arrive (para el futuro) (Hull, 2009). En la actualidad, la Bolsa de Comercio de Chicago ofrece contratos de futuros sobre diversos activos subyacentes, como maíz, avena, soya, harina de soya, aceite de soya, trigo, bonos del Tesoro y notas del Tesoro.

En 1874 se estableció en la Bolsa de Productos de Chicago, un mercado para mantequilla, huevos, aves y otros productos agrícolas perecederos. En 1898, los negociantes de mantequilla y huevos se retiraron de la bolsa para formar el Mercado de mantequilla y huevos de Chicago. En 1919 cambió el nombre a Bolsa Mercantil de Chicago y se reorganizó para las negociaciones de futuros. Desde entonces, la Bolsa ha proporcionado un mercado de futuros para muchos ***commodities***, como derivados porcinos (1961), ganado bovino en pie (1964), ganado porcino en pie (1966) y ganado bovino de engorde (1971). En 1982 introdujo un contrato de futuros sobre el índice accionario de Standard & Poor`s (S&P) 500 (Hull, 2009).

La primera bolsa de café de la Ciudad de Nueva York, fue fundada en 1882 para negociar los contratos de futuros del café Arábica brasileño. La Nueva York Board of Trade o NYBOT se estableció en 1998 como empresa matriz de la Bolsa de café, azúcar y cacao (Bozzola, 2021).

Actualmente, el contrato C o NYKC, abarca el café Arábica suave y permite las entregas de café de 19 países productores. Algunos de estos cafés se negocian al precio base, mientras que otros se negocian con diferenciales superiores o inferiores al precio de base (Bozzola, 2021).

Los contratos de futuros establecen reglas claras sobre el tamaño del lote o la cantidad de libras que se van a negociar, su calidad especifica y la fecha en la que se vence el contrato o en la que el negocio debe llevarse a cabo. Una de las particularidades y diferencias del contrato de futuros con el contrato forward es que en el contrato de futuros no necesariamente el caficultor le debe entregar el café físico a la bolsa y la empresa tostadora no necesariamente tiene que recibir el café físico de la bolsa. Convirtiendo esta herramienta en un instrumento financiero que funciona en términos prácticos así:

- Si el precio del café al momento de cerrar el contrato de futuros está por debajo del precio pactado inicialmente, el productor recibe por parte de la bolsa una compensación económica proporcional al valor que bajó el precio del grano. Por su parte, el tostador tendrá que pagar una compensación económica a la bolsa, proporcional al valor que bajó el precio del café al momento del cierre del contrato de futuros.

- Pero si el precio del café al momento de cerrar el contrato de futuros está por encima el precio pactado inicialmente, el productor debe pagarle a la bolsa una compensación económica proporcional al valor que subió el precio del grano. Por su parte, el tostador recibe una compensación económica de la bolsa proporcional al valor que subió el precio del café al momento del cierre del contrato de futuros.

El tenedor de un contrato de futuros de compra que esté largo en el mercado (el estar largo significa en el argot de la bolsa, haber comprado un contrato de café transado en la bolsa y estar corto, significa haber realizado una operación de venta), tiene el compromiso y la obligación de comprar un activo a cierto precio en una fecha futura específica.

No te preocupes si te abruman un poco los términos bursátiles y el funcionamiento de este tipo de contratos, recuerda que esta introducción es solo para darte un contexto de cómo y cuándo fueron creadas estas herramientas. Más adelante te daré la explicación con ejercicios reales y aplicados a tu negocio, por ahora disfruta este viaje que apenas inicia.

Ahora que tenemos un contexto general de los contratos forward y de futuros algunas preguntas que podemos hacer son: ¿Qué alternativa existe que no tenga un riesgo de contraparte tan grande como los contratos forward, ni que sean tan rígidos como los contratos de futuros y que además brinde la oportunidad de seguir ganando dinero en el caso que el precio del café tome un rumbo que favorezca a nuestra empresa?

Las opciones son la respuesta

No todas las negociaciones se realizan en bolsas de valores, dado que, lo que se conoce como mercado Over-The-Counter (no inscrito en la bolsa) u OTC, es una alternativa importante a las bolsas. Este mercado consiste en una red de agentes de bolsa, vinculados por teléfono y computadora que no se reúnen físicamente. Es común que las transacciones del mercado

Las opciones te dan la oportunidad como empresario cafetero de *fijar un precio que te proteja ante un movimiento adverso del mercado*, pero no te amarran a ese precio, dándote el chance de seguir ganando si el precio en el mercado toma un rumbo que te beneficie.

Over-The-Counter sean mayores que las del mercado negociado en la bolsa (Exchange-traded). Una ventaja importante de este mercado es que los términos de un contrato no necesitan ser los que se especifican en una bolsa de valores. Los participantes pueden negociar cualquier acuerdo que sea atractivo mutuamente. Una desventaja es que, por lo común, en una transacción Over-The-Counter, hay algún riesgo de contraparte (es decir, hay un pequeño riesgo de incumplimiento del contrato). En el caso de las bolsas de valores, estas se han organizado para eliminar prácticamente todo el riesgo de contraparte (Hull, 2009).

Los mercados derivados, tanto Over-The-Counter como el negociado en bolsa, son enormes. Según el informe de la Asociación de Mercados Financieros de EE. UU. (SIFMA) de 2020, el volumen de negociación en el mercado OTC en Estados Unidos alcanzó los 6,5 billones de dólares en promedio diario durante el año. Y es en este mercado en el que se negocian las opciones.

Las opciones son otra alternativa de negociación de derivados financieros de café. Hay dos tipos básicos de opciones: de compra (Call) y de venta (Put). Una opción call de compra otorga al tenedor el derecho, pero no la obligación, a comprar un activo en una fecha específica, a cierto precio. Una opción put de venta da al tenedor el derecho, pero no la obligación, de vender un activo, en una fecha específica, a cierto precio. El precio establecido en el contrato se conoce como precio de ejercicio o precio strike; la fecha estipulada en el contrato se conoce como fecha de vencimiento. Una opción europea se ejerce sólo en la fecha de vencimiento y una opción americana se puede ejercer en cualquier momento de su vida (Hull, 2009).

Se destaca que una opción otorga al tenedor el derecho de hacer algo. El tenedor no tiene que ejercer este derecho. Esto distingue a las opciones de los contratos de futuros o los contratos forward. El tenedor de una opción de compra tiene la elección de comprar el activo a cierto precio en una fecha futura específica.

Como veremos más adelante, las opciones te dan la oportunidad como empresario cafetero de fijar un precio que te proteja ante un movimiento adverso del mercado, pero no te amarran a ese precio, dándote el chance de seguir ganando si el precio en el mercado toma un rumbo que te beneficie.

Participar en un contrato de futuros, no cuesta nada (excepto los requisitos de margen). Por el contrario, para participar en la negociación de opciones, un inversionista debe pagar un precio por adelantado, que se conoce como prima de la opción (Hull, 2009).

El precio de la prima de una opción call de compra es menor a medida que el precio de ejercicio es más alto; el precio de la prima de una opción put de venta es mayor a medida que el precio de ejercicio es más alto. Ambos tipos de opciones son mayores en valor a medida que el tiempo al vencimiento es mayor (Hull, 2009).

Desarrollemos un ejemplo

Para empezar a entender cómo funcionan las opciones en la práctica. Imagina que un caficultor da instrucciones a un agente de bolsa de negociar un contrato de (37.500lb) con una opción put de venta para el mes de diciembre a un precio de USD 0,06/lb para garantizar un precio Strike de USD 1,25/lb (el costo total de la opción put sería de 37.500 x 0,06 = USD 2.250). En este caso el caficultor obtendría el derecho de vender 37.500lb de café en almendra a USD 1,25/lb antes o en el vencimiento, en diciembre. Llegado diciembre pueden ocurrir dos cosas:

Si el precio de la libra de café permanece por encima de USD 1,25, la opción no se ejerce y el caficultor habrá invertido USD 2.250, que no retornan, pero venderá su café a un precio de mercado más alto compensando la inversión realizada.

Si el precio de la libra de café permanece por debajo de USD 1,25, la opción se ejerce. Pongámoslo en números para entender claramente; vamos a suponer que en el momento en el que el caficultor vende su café físico, tiene un precio de USD 0,98/lb, lo que hace atractivo el ejercicio de la opción que le da el derecho al caficultor de vender este contrato a USD 1,25 por libra. El balance de esta operación sería el siguiente:

$$1{,}25\,\frac{USD}{lb} - 0{,}98\,\frac{USD}{lb} = 0{,}27\,\frac{USD}{lb}$$

$$0{,}27\,\frac{USD}{lb} \times 37.500\,lb = 10.125\ USD$$

$$10.125\ USD - 2.250\ USD = 7.875\ USD$$

En este ejercicio, el caficultor recibe por parte de su agente de bolsa una compensación económica de USD 10.125 que, si se le resta la inversión inicial de la prima de la opción, el productor recibe una compensación neta de USD 7.875, que balancea la pérdida de valor del café en el mercado, en el momento que pasó de USD 1,25/lb a USD 0,98/lb.

Al igual que en el contrato de futuros las opciones son herramientas financieras en las cuales en muy pocas ocasiones se realiza un intercambio de café físico. Y en un ejercicio práctico y sencillo funcionaria así:

- Si una empresa tostadora compra una opción call para garantizar el precio de USD 0,98/lb, adquiere el derecho de comprar a este precio, pero no la obligación de hacerlo. En el caso de que el precio empiece a subir, el tostador recibirá por parte de su agente de bolsa una compensación proporcional a la subida del precio a partir del precio fijado por la opción. Pero si el precio empieza a bajar, la empresa tostadora no tendrá la obligación de comprar el café a USD 0,98/lb, sino que puede comprar a niveles más bajos, obteniendo una mayor utilidad en su negocio de tostado.
- Y si un caficultor compra una opción put para garantizar el precio de USD 2,27/lb, adquiere el derecho de vender a este precio, pero no la obligación de hacerlo. En el caso de que el precio empiece a bajar, el productor recibirá por parte de su agente de bolsa una compensación proporcional a la bajada del precio a partir del precio fijado por la opción. Pero si el precio empieza a subir, el caficultor no tendrá la obligación de vender el café a USD 2,27/lb, sino que puede vender a niveles más altos obteniendo una mayor utilidad en su negocio de producción de café.

A principios del siglo XX, un grupo de empresas estableció la Put and Call Brókers and Dealers Asociation (Asociación de intermediarios y agentes de opciones de compra y venta). El objetivo de esta asociación era proporcionar un mecanismo para reunir a compradores y vendedores (Hull, 2009).

En abril de 1973, la Bolsa de Comercio de Chicago estableció una nueva bolsa: la Bolsa de Opciones de Chicago, con el propósito específico de negociar opciones sobre acciones. Desde entonces, los mercados de opciones han adquirido cada vez más popularidad entre los inversionistas. Para inicios de la década de 1980, el volumen de transacciones había crecido tan rápidamente que el número de acciones subyacentes a los contratos de opciones negociados cada día excedía al volumen diario de acciones cotizadas en la Bolsa de Valores de Nueva York. En esta misma década de 1980, en Estados Unidos se desarrollaron mercados de opciones sobre divisas, opciones sobre índices bursátiles y opciones sobre contratos de futuros de café (Hull, 2009).

Hay una diferencia fundamental entre el uso de contratos de futuros y el de opciones con propósitos de cobertura. Los contratos de futuros están diseñados para neutralizar el riesgo al fijar el precio que el coberturista pagará o recibirá por el café. Por el contrario, los contratos de opciones proporcionan un seguro; ofrecen a los inversionistas una manera de protegerse contra los cambios adversos de precios en el futuro, permitiéndoles beneficiarse de los cambios favorables de precios. A diferencia de los contratos de futuros, las opciones implican el pago de una comisión de intermediación, por adelantado.

Ya sabes de forma general cuáles son las herramientas que existen para asegurar la utilidad de tu negocio. Ahora, la pregunta que hay que responder es ¿Quiénes hacen posible que estas herramientas funcionen de manera eficiente?

Actores del mercado del café

Los mercados de futuros, a plazo o forwards y de opciones han sido sorprendentemente exitosos. La razón principal es que han atraído a diversos tipos de negociantes y tienen mucha liquidez. Cuando un inversionista desea tomar parte en un contrato, por lo general no tiene problema para encontrar a alguien dispuesto a ser la otra parte (Hull, 2009).

Se pueden identificar tres categorías generales de negociantes: coberturistas, especuladores y arbitrajistas. Los coberturistas usan los contratos de futuros, forwards y de opciones para reducir el riesgo al que se enfrentan por cambios futuros en una variable de mercado. Los especuladores los utilizan para apostar sobre la dirección futura de una variable del mercado, es decir, buscan el riesgo. Finalmente, los arbitrajistas toman posiciones de compensación en dos o más instrumentos para asegurar una utilidad.

En el mercado que nos compete, los coberturistas son los productores, comercializadores, exportadores, importadores y tostadores que utilizan las herramientas de administración de riesgo para conocer de manera anticipada el precio al cual van a vender o van a comprar el café necesario para hacer que su empresa sea sostenible y rentable. Los coberturistas actúan en consecuencia al riesgo al cual este expuestos, de la siguiente forma:

- El mayor riesgo que tiene un productor es que el precio del café baje, por lo tanto, siempre estará monitoreando el mercado para fijar el precio lo más alto posible, teniendo en cuenta que el precio fijado cubra sus costos de producción, el costo de la herramienta financiera y la utilidad esperada por su empresa de producción de café.
- En el caso del tostador su mayor riesgo es que el precio del café suba y por esta razón estará siempre siguiendo el mercado para fijar el precio más bajo posible, siempre calculando muy bien que el precio fijado no esté por encima de su costo de adquisición proyectado para fijar el precio de su café tostado.
- Para los comercializadores, exportadores e importadores, el riesgo puede estar a la baja o al alza. Si estos actores del mercado firmaron un contrato con su cliente y aún no han comprado el café, su riesgo será al alza, por lo cual deben fijar su precio lo más bajo posible. Pero si estos actores tienen café en sus bodegas que aún no han vendido, su riesgo es a la baja, por lo que se obligan a fijar el precio lo más alto posible.

Los especuladores tienen una mentalidad totalmente diferente y lo único que les importa es que el mercado fluctúe y marque patrones que ellos, basados en análisis técnicos y fundamentales, puedan seguir para ganar dinero con cada cambio de precio, sea a la baja o al alza. Y por este patrón de comportamiento que siguen los especuladores es que el mercado obtiene liquidez en cualquier situación. La estrategia general de un especulador es la siguiente:

- Cuando el mercado del café traza una tendencia clara al alza, los especuladores estarán esperando siempre que el mercado siga subiendo hasta que sus análisis tanto técnicos como fundamentales les muestren lo contrario. Con esta lógica los especuladores seguirán comprando a precios cada vez más altos con la expectativa de que el precio siga subiendo y así poder vender más caro el café que compraron. Por esta razón es que en los momentos en que los precios están marcando precios históricamente altos existe la contraparte que está dispuesta a pagarle a los productores y otros especuladores estos precios por el café que están vendiendo.
- En los mercados a la baja los especuladores siguen de igual manera la tendencia, empiezan a vender contratos de café con la expectativa de que el precio siga bajando y obtener utilidades en la diferencia de precios del mercado. Y es por esta razón por la que en los momentos que el mercado presenta precios históricamente bajos, los tostadores y comercializadores encuentran la contraparte dispuesta a vender a estos precios extremadamente bajos.

Seguramente te estarás preguntando: ¿qué es eso del análisis técnico?, y ¿qué es el análisis fundamental? Hagamos un pequeño paréntesis para explicar estos dos conceptos:

Análisis técnico: el análisis técnico del mercado del café es una herramienta utilizada por especuladores y coberturistas expertos para entender los movimientos del precio del café. Este enfoque se basa en el estudio de gráficos históricos, patrones de precios y datos técnicos para identificar tendencias, niveles de soporte y resistencia y señales de compra y venta. Los actores del mercado pueden usar esta información para tomar decisiones informadas sobre cuándo comprar o vender contratos de café en los mercados de futuros y opciones. El análisis técnico es especialmente útil para prever la evolución de los precios del café a corto y mediano plazo.

Análisis fundamental: el análisis fundamental del mercado del café es una herramienta utilizada por especuladores y coberturistas expertos para comprender las fuerzas económicas y políticas que afectan la oferta y la demanda de café. Este enfoque se basa en el estudio de factores como la producción, el clima, las políticas gubernamentales, el consumo y las tendencias del mercado global. Los actores del mercado pueden usar esta información para prever la evolución de los precios del café a largo plazo y tomar decisiones informadas sobre cuándo comprar o vender contratos de café en los mercados de futuros y opciones. El análisis fundamental es especialmente útil para identificar oportunidades de inversión a largo plazo.

Si quieres consultar los análisis técnicos y fundamentales del precio internacional del café te invito a que escanees el siguiente QR para que conozcas una herramienta que te ayudará en este camino de ganar siempre en el negocio del café:

Es importante que entiendas que los especuladores no necesitan, ni van a necesitar, café; solo utilizan el mercado como herramienta de generación de ganancias financieras con los cambios de precio. Por su lado en algún momento, los coberturistas sí van a tener que comprar o vender su café en el mercado físico; ellos utilizan estos instrumentos financieros para soportar y balancear sus negociaciones en el mundo real, obteniendo una compensación vía cobertura en el momento que su riesgo de precio se materialice.

¿Entonces por qué son importante los especuladores? En muchas ocasiones son mal vistos y culpados por los movimientos del mercado que van en contra de los productores en algunas oportunidades o en contra de los comercializadores y tostadores en otras tantas. Pero en realidad el mercado del café es tan grande que difícilmente podría ser manipulado solo por los especuladores y para que tenga movimientos considerables es necesaria la participación de todos los actores en él. La importancia real de los especuladores es que gracias a ellos existe una gran liquidez en el mercado y que son ellos los que siempre estarán dispuesto a comprar cafés más caros durante una tendencia al alza y vender cafés cada vez más baratos durante una tendencia bajista, situaciones que pueden aprovechar los productores en tendencias alcistas y comercializadores, exportadores y tostadores en tendencias bajistas.

¿Ya tienes los ojos bien abiertos?

Si ya tienes un panorama más claro del mercado, estarás viendo que estas herramientas son utilizadas por muchos caficultores, exportadores, tostadores y comercializadores en el mundo, para aprovechar los momentos en los que los precios del café son favorables para sus negocios en las diferentes bolsas del mundo, para realizar sus coberturas y así garantizar su rentabilidad en sus negociaciones futuras. Teniendo de esta forma, la posibilidad de proyectar sus inversiones, sin el temor a que, por movimientos adversos de los mercados, su flujo de caja futuro se vea afectado.

Este libro tiene como propósito fundamental demostrar, por medio de simulaciones retrospectivas, que la utilización de estas herramientas financieras puede ser de gran utilidad para los caficultores y para los empresarios cafeteros en general, para asegurar un precio base de su café, que garantice una utilidad que convierta su actividad cafetera en una empresa económicamente sostenible.

Capítulo 2:

¿POR QUÉ MUCHOS PIERDEN Y POCOS GANAN EN EL NEGOCIO DEL CAFÉ?

El mercado internacional del café ha padecido a lo largo de su historia una gran volatilidad de precios en cortos periodos de tiempo y una tendencia descendente en el largo plazo, especialmente si estos se ajustan a la inflación. Estas circunstancias son críticas si se tiene en cuenta que el café reúne varias características que lo convierten en un cultivo con gran impacto desde el punto de vista económico y social. Este producto fue por muchos años el segundo ***commodity*** más transado en la economía mundial, después del petróleo; hoy más de veinticinco millones de campesinos alrededor del mundo dependen de él; por último, es un producto con una amplia importancia para las economías regionales y locales. El mercado del café tiene, en consecuencia, un impacto global y una clara dimensión social, pues sus precios afectan la estabilidad económica de los productores y sus familias (Reina, 2007).

Las estadísticas demuestran que el precio real de la exportación del café, en general, se redujo sustancialmente a comienzos del siglo XXI, y que la tendencia negativa del precio interno, observada en los últimos 10 años es una de las más serias amenazas para los productores colombianos. Esta reducción de los precios reales significa que el café, como generador de ingresos para los caficultores, ha perdido una considerable proporción del poder adquisitivo que generaba a comienzos del siglo pasado. Basta pensar lo que significa estar en un negocio en el cual el producto comercializado pierde hasta tres cuartas partes de su valor en menos de un siglo, para darse cuenta de la magnitud del reto que han enfrentado los caficultores del mundo (Reina, 2007).

Los precios internacionales del café no solo tienen una tendencia descendente en el largo plazo, sino que registran grandes oscilaciones en periodos cortos de tiempo. Esta volatilidad de los precios constituye un problema adicional para los caficultores, pues, si bien reciben ganancias inesperadas en los periodos de bonanza o altos precios como los evidenciados durante los años 2021 y 2022, en los años de crisis las caídas son tan grandes que pueden hacerlos colapsar. Adicionalmente, la inestabilidad de los precios impide garantizarles un flujo estable de ingresos y dificulta hacer una planeación racional de sus cultivos (Reina, 2007). Situación que tendría un gran alivio en el evento en que los actores del mercado cafetero contaran con un conocimiento detallado de los derivados financieros y coberturas, que les permitirían, en los pocos picos del mercado internacional, sostener esos precios por varios años. Precisamente una de las motivaciones por las que escribí este libro, es esa, que tú como participante en la cadena de valor del café conozcas las diferentes herramientas que se han diseñado en el mercado para ganar siempre en el negocio, independientemente del eslabón en el que esté tu empresa cafetera.

Y en cuanto a la pequeña proporción del negocio del café que logran capturar los productores en el mundo, es preocupante que esa participación se haya reducido a lo largo del tiempo. En la década de 1980, los consumidores gastaban unos 30 mil millones de dólares al año en café y de esa suma los países productores recibían alrededor de 11 mil millones, es decir, cerca del 30 %. En contraste, para el año 2005, los consumidores gastaban cerca de 70 mil millones de dólares al año en café y los productores solo recibían el 14 % de esa suma, es decir unos 10 mil millones (Lewin, 2004). Estas cifras son más dramáticas si se tiene en cuenta que en el año 2006 los países productores exportaron un volumen 28 % superior al promedio exportado en la década de 1980 (Reina, 2007).

Es evidente que las proporciones mencionadas son un incentivo para que los caficultores busquen avanzar en la cadena de valor, para capturar una mayor porción del precio que paga el consumidor. Por otra parte, ayudaría entender que el mercado mundial del café no es tan simple como parece y que es necesario comprender su funcionamiento no solo para poder diseñar estrategias efectivas que les generen a los productores mayores ingresos y bienestar, sino para conocer las capacidades institucionales, financieras y las alianzas indispensables para adelantarlas (Reina, 2007).

La concentración del negocio cafetero por el lado de la demanda se ha incrementado en los años recientes. Esto le ha dado un poder de negociación cada vez mayor a los tostadores, a los comercializadores y a los minoristas frente a los productores, lo que se ha traducido en una brecha creciente entre el precio final que paga el consumidor y la porción que de este logra capturar el productor. Además, cuando se presenta una reducción de los precios internacionales del café, esta no es completamente transferida al consumidor, generando mayores ganancias a la industria.

En un contexto de libre mercado, de estandarización de la producción y de precios descendentes, el negocio del café se convirtió en un terreno propicio para el ingreso de nuevos productores con bajos costos y altos niveles de productividad. Desafortunadamente, Colombia, Guatemala, Costa Rica y muchos países latinoamericanos no cuenta con esas dos condiciones, lo que dificulta aún más la suerte de sus caficultores (Hull, 2009).

Ante la coyuntura de un mercado estandarizado, con el agravante de sus altos costos de producción, se considera que algunos elementos fundamentales en la solución a largo plazo para superar esta trampa de los productos básicos son, entre otros: la diferenciación del café, a través de la calidad, la utilización de los derivados financieros, para aprovechar los picos de los precios internacionales y el ascenso en la cadena de valor (Hull, 2009).

Pero no solo los productores están expuestos a la incertidumbre del mercado, los pequeños tostadores, exportadores y comercializadores también sufren del desconocimiento profundo de las dinámicas del mercado y en muchas ocasiones quedan atrapados en contratos que los obligan a cumplir con precios que negociaron antes de un aumento inesperado del mismo provocado para una eventualidad climática, logística o política y al estar descubiertos en sus negociaciones se quedan sin posibilidades y en muchos de estos casos el desenlace es la quiebra de estas pequeñas empresas.

Ahora qué tal si analizamos la situación particular del tercer productor de café en el mundo: El café en Colombia es el principal producto agrícola desde el punto de vista económico y social, dado que más de 560.000 familias viven directamente del cultivo y aproximadamente dos millones de colombianos dependen directa o indirectamente de esta actividad, generando el 27 % del empleo agrícola del país (Echavarría, 2013).

Analizando el aspecto social de la caficultura colombiana, se pueden apreciar situaciones muy delicadas que necesitan acciones innovadoras y radicales. La situación más notable, es la alta proporción de caficultores pobres que viven en Colombia, este porcentaje alcanzaba en 2013 un 70,2 % (Echavarría, 2013). Sumado a este nivel de pobreza, se evidencian grandes problemas de focalización en los apoyos de la Federación Nacional de Cafeteros (FNC), en los que cerca de la mitad de los caficultores no recibieron ningún apoyo y, paradójicamente, las ayudas se concentran donde el área de café está disminuyendo, mientras que en las zonas emergentes los apoyos son escasos (Echavarría, 2013). La situación del caficultor colombiano es bastante precaria, siendo la actividad productiva con los más bajos ingresos laborales: un productor de café del país

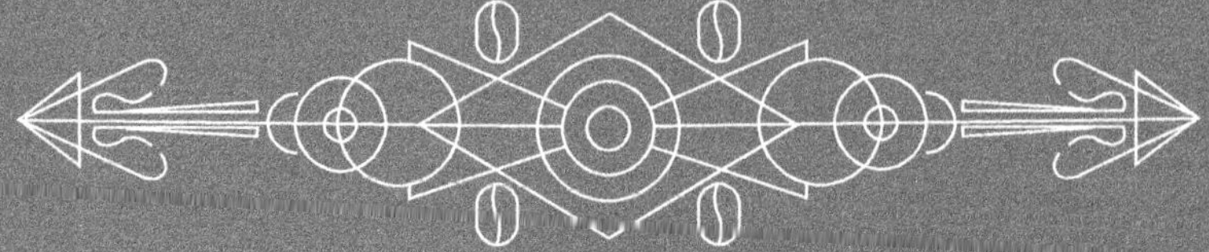

Que tengas este libro en tus manos te hace responsable de aplicar todos estos conocimientos en tu empresa y cuando, con tu experiencia compruebes la eficiencia de cada una de las herramientas aquí expuestas, puedas compartirlas con todos tus colegas, creando así una nueva generación de *empresarios cafeteros conscientes del funcionamiento del mercado y atentos a aprovechar cada una de las oportunidades* que este dé para ganar siempre en el negocio del café.

recibe en promedio solo el 56 % del SMLV (Echavarría, 2013). Adicionalmente, menos del 1 % de los trabajadores asalariados tienen contrato y sólo el 2 % de los caficultores cuentan con seguridad social formal (Echavarría, 2013) (pensión, riesgos profesionales, caja de compensación).

Lo expuesto, entre otras , tiene las siguientes causas: el bajo nivel académico de los caficultores; el envejecimiento de los productores con poco empalme generacional; mínima utilización de herramientas administrativas para el manejo de la finca (desconocimiento de sus costos de producción); baja productividad y por ende aumento en sus costos, lo que ocasiona menor utilidad; inexistencia de seguros agrícolas (sobre todo para pequeños productores); ausencia de un esquema de estabilización de precios; fluctuaciones del mercado y caída de precios del café, que genera pérdida de la rentabilidad de las fincas cafeteras, por ignorar o desconocer los mecanismos de cobertura financiera del café, por parte de sus dueños o sus administradores.

En consecuencia, si la situación de la caficultura colombiana sigue con la tendencia actual, será insostenible, los productores continuarán perdiendo competitividad y se incrementarán los niveles de pobreza.

Después de escribir este capítulo quedo más convencido de la necesidad de que todo el sector conozca detalladamente las herramientas de administración de riesgo de precios que le permitirán a cada uno de los actores del mercado aprovechar las oportunidades para asegurar su utilidad, haciendo del negocio cafetero sostenible y rentable en el tiempo. Que tengas este libro en tus manos te hace responsable de aplicar todos estos conocimientos en tu empresa y cuando, con tu experiencia compruebes la eficiencia de cada una de las herramientas aquí expuestas, puedas compartirlas con todos tus colegas, creando así una nueva generación de empresarios cafeteros conscientes del funcionamiento del mercado y atentos a aprovechar cada una de las oportunidades que este dé para ganar siempre en el negocio del café.

Capítulo 3:

¿CÓMO EMPEZÓ TODO?

En la siguientes paginas podrás viajar a través del tiempo y conocer cómo se realizaban los negocios de café antes y cómo se fue forjando el mercado que conocemos hoy.

Entender el contexto histórico de la negociación de café te dará un conocimiento más profundo del origen de las estrategias de administración de riesgo de precios que se usan actualmente para garantizar la utilidad de tu negocio del cafetero.

Operaciones comerciales con café

¿Cómo inicio todo?

A finales del siglo XIX el mercado del café presentaba una gran vulnerabilidad en su transporte, incertidumbre con la variable clima y una volatilidad de precios incontrolable; un escenario muy parecido al que se vive en pleno año 2023. Estas tres situaciones hicieron imposible que el mercado físico del grano se pudiera controlar, lo que llevó a que colapsara en 1880.

Este hecho motivó a un grupo de 112 mercaderes e importadores a crear, con un importante esfuerzo económico, la Bolsa de Café de Nueva York, iniciando una nueva era para establecer un mercado organizado que serviría para los siguientes cinco propósitos básicos:

- Estandarizar los diferentes tipos de café.
- Negociar el mejor precio en un momento indicado (descubrimiento de precio).
- Proveer un mercado en el que los compradores, mercaderes, tostadores, y distribuidores pudieran protegerse contra los cambios de precio inesperados del café. (trasferencia de riesgo).
- Establecer un sistema de arbitraje para evitar y/o reducir las disputas entre compradores y vendedores.
- Recopilar los datos e información del precio y diseminarlo alrededor del mundo (información del precio).

Producto de este esfuerzo, estos 112 empresarios del café lograron consolidar la Bolsa Internacional del Café en Nueva York, la cual inició operaciones en 1882, generando un modelo funcional que aún hoy se utiliza y en el que cada uno de los integrantes de la cadena de valor del café puede administrar su riesgo de volatilidad de los precios.

Teniendo en cuenta que el caficultor y el tostador no se conocen y que están en lugares muy distantes uno del otro, veamos con más detalle el modelo simplificado que se utiliza en la Bolsa Internacional del Café, para administrar el riesgo de la volatilidad del precio:

Figura 1 Secuencia de operaciones que se llevan a cabo durante la administración de riesgo de la volatilidad de precio, por parte del caficultor y el tostador de café.

Fuente: Estadísticas cafeteras de la Federación Nacional de Cafeteros de Colombia - Elaboración propia del autor.

En la Figura 1 se puede apreciar cómo el caficultor y el comprador del café pueden establecer un precio que es conveniente para las dos partes, incluso con un año de antelación. Es importante anotar que tanto el caficultor como el comprador del café deben tener el conocimiento detallado de sus costos y su utilidad esperada para la óptima utilización de estas herramientas de cobertura y de administración de riesgo de la volatilidad del precio. De lo contrario correrían el riesgo de realizar operaciones en detrimento de la utilidad de su negocio.

En el caso que ilustra la Figura 1, se parte del supuesto de que el caficultor tiene unos costos de producción de COP 689.600 por carga de café pergamino seco (CPS), que equivalen a 125 kg de CPS. Lo que significa que el productor, al aceptar la oferta de la bolsa de COP 897.911/carga de CPS, está garantizando, con un año de antelación, una utilidad del 30,2 % sobre sus costos de producción. En la Figura 1, también se puede ver cómo un año después de la negociación que realizó el caficultor con la bolsa, el precio en el café físico bajó a un nivel de COP 521.262/carga de CPS, precio que efectivamente recibe el caficultor por su café en mercado físico, pero este precio es compensado en su cuenta de futuros de la bolsa con la diferencia del valor negociado 12 meses atrás, tal como se presenta en la parte inferior de la Figura 1.

De este esquema básico del funcionamiento de las negociaciones en bolsa para administrar el riesgo de precios del café hay que dejar claros los siguientes puntos:

1. La bolsa permite a productores y comercializadores de todo el mundo, sin la necesidad de conocerse, fijar el precio que más le convenga a su negocio, siempre basados en un excelente sistema de costos.
2. Tanto el productor como el tostador se comprometen con la bolsa a cumplir con el compromiso de precio negociado. Se debe recordar que las partes nunca se van a conocer y que todo el negocio se hace a través de las cuentas de bolsa de cada participante.
3. En el momento de cerrar la negociación, el productor

vende su café físico al precio que esté el día de la venta, independientemente de si el precio subió o bajo con respecto al precio fijado en la bolsa un año atrás. Ahora, ¿qué pasa si el precio bajó con respecto al precio fijado en la bolsa? Tal cual como se muestra en la Figura 1, el caficultor recibe menos dinero del fijado un año atrás, pero en el momento que revisa su cuenta de bolsa tiene un saldo a favor con la diferencia del valor recibido en el físico y el valor fijado en el pasado. Lo que significa que, al sumar el valor recibido por su café físico, al valor recibido en su cuenta de bolsa, el productor obtiene el precio esperado 12 meses atrás cuando fijó su precio.

4. Al momento de cerrar la negociación, el tostador compra su café físico al precio que tenga el día de la negociación, independientemente si subió o bajó con respecto al precio fijado en la bolsa un año atrás. Ahora, ¿qué pasa si el precio bajó con respecto al precio fijado en la bolsa? Tal cual como se muestra en la Figura 1, el tostador paga menos dinero del fijado un año atrás en la bolsa en el mercado físico, pero en el momento en el que revisa su cuenta de bolsa tiene un saldo en contra con la diferencia del valor pagado en el físico y el valor fijado en el pasado. Lo que significa que al sumar el valor pagado en el físico y el dinero pagado en su cuenta de bolsa, el tostador obtiene el precio esperado 12 meses atrás cuando fijó su precio.

Es probable que después de conocer este esquema básico del funcionamiento de las negociaciones en bolsa te surjan preguntas, pero ten calma, te aseguro que a medida que vayas avanzando en el libro, se resolverán una a una.

Capítulo 4:

HERRAMIENTA 1: LOS CONTRATOS DE FUTUROS

Ya que conoces el origen de la Bolsa Internacional del Café y cuáles fueron sus objetivos fundacionales, estas preparado para internarte más en el mundo de los derivados financieros de café.

Antes de ponernos técnicos definamos qué son los contratos de futuros: son acuerdos legales para comprar o vender una cantidad específica de café con una calidad definida, en una fecha y un lugar establecidos. La normalización de estos contratos permite a los participantes del mercado centrarse en el precio y la elección del mes del contrato. Sin embargo, es importante entender que al comprar o vender futuros, no estás comprando o vendiendo café físico, sino comprometiéndote a hacerlo en el futuro. La mayoría de las transacciones de futuros son financieras y solo el 2 % de los contratos resultan en entregas físicas en la bolsa. Lo que quiere decir que la negociación de futuros es una transacción financiera que rara vez se convierte en un negocio físico.

El volumen permanentemente creciente de operaciones asociadas con el mercado de futuros de café y el hecho de que con mayor frecuencia se utilicen sus cotizaciones como punto de referencia para las transacciones en el mercado físico, son fiel reflejo de la preponderancia que han venido adquiriendo estos mercados en la comercialización de café contemporánea (Libreros, 1990).

En el marco de la negociación de derivados financieros de café, es importante distinguir entre el mercado de futuros del mercado de físicos para entrega futura o forwards. En este último, vendedor y comprador acuerdan, de manera privada, cómo se desarrollará la negociación sobre la entrega futura del producto. La mencionada negociación deberá tener en cuenta los siguientes elementos: el momento de su entrega; la descripción de sus características; la fecha de entrega; la forma de pago; la forma de ventilar las discrepancias y, obviamente, el precio. La solución de este contrato hace concurrir nuevamente al comprador y vendedor para recibir directamente el bien que el vendedor entrega al comprador. Los mismos agentes u otros pueden negociar de la misma manera, acordando en cada caso particular las condiciones que regirán cada transacción (Libreros, 1990).

Los forward son negociaciones que se dan comúnmente entre productores y cooperativas de caficultores, exportadores y tostadores o entre exportadores e importadores. En este tipo de contratos se establecen reglas muy claras para el intercambio físico del café en una fecha futura y es en este tipo de transacciones en las que se dan la mayor cantidad de incumplimientos de las partes involucradas y, por consiguiente, en las que el riesgo de que el negocio no se lleve a cabo como se tenía planeado es mayor; por ello, en muchas ocasiones se terminan aplicando las cláusulas penales del contrato firmado.

El mercado de futuros tiene su inspiración en el mercado de físicos para entrega futura o forwards, pero se introducen en este tipo de transacciones unas normas institucionales que hacen posible agilizar el proceso y, lo que es más importante, hacen concurrir a vendedores y compradores en un mercado

Sin embargo, es importante entender que al comprar o vender futuros, no estás comprando o vendiendo café físico, sino comprometiéndote a hacerlo en el futuro. *La mayoría de las transacciones de futuros son financieras* y solo el 2 % de los contratos resultan en entregas físicas en la bolsa.

centralizado, en el cual, mediante los mecanismos de subasta pública, se establecen los precios de los productos objeto de cada mercado de futuros en particular (Libreros, 1990).

En el mercado de futuros, al momento de liquidar el contrato existen diferentes alternativas a la entrega física del bien. La primera es mediante la entrega o recepción física del bien, como se hace en el mercado físico. La segunda es a través de un acto comercial contrario al que inicialmente se llevó a cabo. Si un individuo compró una cantidad de café para entrega en determinado periodo, puede posteriormente vender una cantidad igual de café para entrega en ese mismo periodo. Desde el punto de vista práctico el individuo ha cancelado su compromiso frente a la bolsa (Libreros, 1990).

Actualmente cerca del 98 % de las operaciones de venta y compra de café en la Bolsa de Nueva York se liquidan por medio de la ejecución de una operación contraria a la transacción original. Y te estarás preguntando: ¿cómo ocurre esto en la práctica? Veamos un ejemplo:

Ejemplo práctico:

Desde el punto de vista del productor

El 22 de febrero de 2023 un productor de café identifica una oportunidad para vender en la Bolsa de Nueva York un contrato de café de 37.500 libras a un precio de USD 72.375 (USD 1,93/lb) en julio del mismo año.

Después de hacer un análisis profundo de sus costos de producción, llega a la conclusión de que producir el café necesario para cumplir con este contrato tiene un costo total de USD 64.500 (USD 1,72/lb) y toma la decisión de enviarle la orden de venta de ese contrato de café a su bróker, el cual ejecuta la operación en la bolsa; automáticamente el productor adquiere el compromiso de vender esas 37.500 libras de café en el mes de julio de 2023. Con este compromiso el caficultor queda tranquilo porque ya tiene asegurado su precio en USD 1,93 /lb y su única misión es mantener o bajar sus costos de producción por libra de USD 1,72/lb.

En el mes de julio, momento en el cual se vence el plazo del contrato establecido con la bolsa, e independientemente de que el caficultor tenga el café o no, la bolsa exige el cumplimiento del contrato. Como vimos anteriormente una de las posibilidades es que el productor

1. Lleve el café físico hasta una de las bodegas autorizadas por la bolsa que pueden ser los siguientes:

» Los puertos del distrito de Nueva York, Virginia, Nueva Orleans, Houston, Miami, Bremen/Hamburgo, Amberes y Barcelona. (Los puntos de entrega de Nueva York y Virginia están a la par; los puntos de entrega de Nueva Orleans, Miami y Houston tienen un descuento de 0.50 centavos por libra; y los puntos de entrega de Bremen/Hamburgo, Amberes y Barcelona tienen un descuento de 1,25 centavos por libra)

2. Lo someta a un proceso de verificación y si cumple con todas las características, qué son las siguientes:

» Olor del café verde (no debe haber olores extraños).
» Calibre de la criba (50 % por encima de la criba 15, no más del 5 % por debajo de la criba 14).
» Color (verdoso).
» Humedad máxima del 12 %.
» Una cantidad máxima de 30 faltas totales en defectos.
» Uniformidad de tostado.
» Una calificación mínima en taza de 70 puntos.

3. Realice la liquidación física del contrato, entregando el café y recibiendo por parte de la bolsa el pago de los USD 72.375, cosa que en muy pocas ocasiones ocurre.

Lo que sí ocurre la mayoría de las veces es que cerca al vencimiento del contrato con la bolsa, el productor le envía una orden de compra de un contrato de café al bróker para así anular la orden de venta anterior.

- ¿Qué? No entendí nada de lo que pasó. Y entonces, ¿dónde está el negocio?

Son seguramente las preguntas que te estás haciendo en este momento.

¡Pues es muy fácil! En julio de 2023 el productor que tiene el compromiso de vender 37.500 lb de café a un precio de USD 72.375 en la bolsa, le pide la cotización actual al bróker de esa misma cantidad de café, resultando que el precio bajó lo que hace que ese mes, ese mismo contrato tenga un precio de USD 60.000 (USD 1,6/ lb). En ese momento el caficultor da la orden al bróker de cruzar el precio al que tiene derecho (USD 72.375) con el precio actual (USD 60.000); este cruce se realiza en la bolsa enviando una orden de compra de un contrato a un precio de USD 60.000.

¿Y cuál es el resultado de comprar 37.500 libras a USD 60.000 (precio actual) y vender las mismas 37.500 libras a USD 72.375 (precio al que tenía derecho el productor)?

¡Exacto! Da como resultado una utilidad de USD 12.375. En este caso el caficultor no tuvo que llevar su café a ninguna bodega certificada de la bolsa para cumplir con su contrato, simplemente anuló su compromiso con una operación contraria a la que realizó inicialmente.

Y ahora la pregunta que te estarás haciendo es: ¿Qué paso con el café físico que el productor tiene listo para vender?

Pues la respuesta es sencilla: el productor vende este café en su cooperativa o a su cliente recurrente.

¿Y a qué precio lo vende?

Es muy probable que el precio al que lo tenga que vender sea menor al precio que tenía el café físico el 22 de febrero de 2023. Ahora, va una pregunta para ti: ¿Aproximadamente de cuantos dólares sería la diferencia del café físico del 22 de febrero al precio recibido por el productor en julio del mismo año?

Si me has seguido hasta este momento, ya tienes la respuesta. ¡Exacto! El dinero que dejó de recibir el productor en el café físico será muy cercano al valor ganado en la operación realizada en la bolsa. De esta manera es como el caficultor compensa su pérdida de valor en el café físico con las ganancias financieras obtenidas en la bolsa; después de hacer el balance general de su operación comercial llegará a un precio de venta muy cercano a los USD 72.375, que era su objetivo inicial.

Desde el punto de vista del tostador

El 22 de febrero de 2023 un tostador de café identifica una oportunidad de comprar en la Bolsa de Nueva York un contrato de café de 37.500 libras a un precio de USD 72.375 (USD 1,93/lb) en julio del mismo año.

Después de hacer un análisis profundo de sus costos de adquisición llega a la conclusión de que el precio de compra ofertado por la bolsa le permite realizar su proceso de tueste y tener la utilidad esperada en su negocio y toma la decisión de enviarle la orden de compra de ese contrato de café a su bróker, el cual ejecuta la operación en la bolsa; automáticamente el tostador adquiere el compromiso de comprar esas 37.500 libras de café en el mes de julio de 2023. Con este compromiso, el tostador queda tranquilo porque ya tiene asegurado su precio de compra en USD 1,93/lb.

En el mes de julio, momento en el cual se vence el plazo del contrato establecido con la bolsa, e independientemente de que el tostador tenga dónde comprar el café o no, la bolsa exige el cumplimiento del contrato. Como vimos anteriormente, una de las posibilidades es que el tostador tome el café físico de una de las bodegas autorizadas por la bolsa y realice la liquidación física del contrato comprando las 37.500 lb de café por un valor de USD 72.375 y recibiendo por parte de la bolsa el café físico. Pero esto no es muy común que suceda.

Lo que sí ocurre la mayoría de las veces es que cerca al vencimiento del contrato con la bolsa, el tostador le envía una orden de venta de un contrato de café al bróker para así anular la orden de compra anterior.

¿Qué? De nuevo no entendí nada de lo que pasó.

¡Pues es muy fácil! En julio de 2023 el tostador que tiene el compromiso de comprar 37.500 lb de café a un precio de USD 72.375 en la bolsa, le pide la cotización actual al bróker de esa misma cantidad de café, resultando que el precio bajó, por lo que en ese mes el contrato tiene un precio de USD 60.000 (USD 1,6/ lb). En ese momento el tostador le da la orden al bróker de cruzar el precio al que tiene derecho (USD 72.375) con el precio actual (USD 60.000); este cruce en la bolsa se realiza enviando una orden de venta de un contrato a un precio de USD 60.000.

¿Cuál es el resultado de vender 37.500 libras a USD 60.000 (precio actual) y comprar las mismas 37.500 libras a USD 72.375 (precio al que tenía derecho el tostador)?

¡Exacto! Da como resultado una pérdida de USD 12.375. Y en este caso el tostador no tuvo que recoger su café en ninguna bodega certificada de la bolsa para cumplir con su contrato, simplemente anuló su compromiso con una operación contraria a la que realizó inicialmente.

Y ahora la pregunta que te estarás haciendo es:

¿Qué paso con el café físico que el tostador tiene que comprar para continuar con su negocio de tostado de café?

Pues la respuesta es sencilla, el tostador compra este café a su consolidador o caficultor de confianza.

¿Y a qué precio lo compra?

Es muy probable que el precio al que lo tenga que comprar sea menor al precio que tenía el café físico el 22 de febrero del 2023. Ahora va de nuevo una pregunta para ti:

¿Aproximadamente de cuantos dólares sería la diferencia del café físico del 22 de febrero de 2023 al precio pagado por el tostador en julio del mismo año?

¡Exacto! El dinero que se ahorró el tostador será muy cercano al valor perdido en la operación realizada en la bolsa. De esta manera es como el tostador compensa su ahorro en el café físico con las pérdidas financieras obtenidas en la bolsa; después de hacer el balance general de su operación comercial llegará a un precio de compra muy cercano a los USD 72.375, que era su objetivo inicial.

Con este sencillo ejemplo revisamos cómo funciona el contrato de futuros. Te mencioné que el café que se entrega a la bolsa debe cumplir unas características particulares. Estas son:

Características del Contrato C de la Bolsa de Nueva York

Una de las mayores ventajas que tiene la negociación de café en la Bolsa de Nueva York, es que las reglas son muy claras: los contratos están tan normalizados que cada uno de los detalles que debe cumplir cada una de las partes están estandarizados. Esto permite a los actores del mercado solo preocuparse por el precio que les permitirá tener una negociación rentable.

El café arábica lavado de Colombia, Costa Rica, El Salvador, Guatemala, Honduras, Kenia, México, Nicaragua, Panamá, Papúa Nueva Guinea, Perú, Uganda, Burundi, India, Venezuela, Ruanda, Ecuador, Republica Dominicana y Brasil se negocia en la Bolsa de Nueva York con reglas establecidas para el Contrato C (La C es de ***coffee***, por si te lo estabas preguntando), que tiene las siguientes características:

Unidad de negociación: 37.500 lb de café almendra (verde), que corresponden a 250 sacos de 150 lb (454 g /lb).

Denominación: Se cotiza en centavos de dólar por libra (454 g/lb).

Vencimientos: Se negocia para entregas de café en marzo (H), mayo (K), julio (N), septiembre (U) y diciembre (Z).

Vida de un contrato: Hasta 36 meses. Es decir, se inicia la negociación de un vencimiento tres años antes de su expiración.

Ultima cotización: Se negocian precios hasta ocho días de mercado anteriores al final del mes de vencimiento.

Periodo de entrega: Un mes, que termina siete días de mercado antes del final del mes de vencimiento.

Ahora que ya entiendes qué son los contratos de futuros, qué no son, cómo funcionan y cuáles son las características del contrato C, pasemos a revisar cómo se relacionan las cantidades negociadas en bolsa, con las negociaciones en físico.

Dinámica de la compra – venta en la Bolsa de NY

Mediante el proceso permanente de subasta pública diariamente se establecen en las diferentes bolsas las cotizaciones de diversos vencimientos que se encuentren activos. Los sistemas de comunicación actuales permiten a cualquier persona seguir paso a paso la evolución de las cotizaciones. En forma simplificada, los analistas del mercado utilizan las denominadas gráficas de apertura, máximo, mínimo y cierre, en las cuales se simplifica la descripción de los movimientos de precio con el detalle requerido (Libreros, 1990). Y estas son las gráficas que usualmente ven los caficultores, exportadores y tostadores y casi de las cuales depende su estado de ánimo diario.

Fuente: Generado con IA en https://picfinder.ai/

Indicadores de volumen negociado

En cuanto a los indicadores del volumen negociado, hay que tener en cuenta que la cantidad de los contratos reportados por la bolsa no tienen una equivalencia física directa, dado que representa la compra – venta de contratos para entrega futura, pero en la medida en la que los contratos se puedan liquidar por la operación contraria, la relación del volumen negociado con el mundo de café físico no es fácil de establecer (Libreros, 1990). En palabras sencillas, una buena proporción del café que se negocia en bolsa nunca va a llegar a producirse o a tostarse, pues se reduce a un ejercicio meramente financiero.

Inventarios Certificados

Los inventarios certificados son la cantidad de café almacenado en las instalaciones designadas y aprobadas por la Bolsa de Nueva York para la entrega física del café. Estos inventarios son monitoreados y verificados por la bolsa para garantizar su calidad y cantidad.

La Bolsa de Nueva York, a través de su división ICE Futures U.S., establece los estándares y requisitos para los inventarios

En palabras sencillas, una buena proporción del *café que se negocia en bolsa nunca va a llegar a producirse o a tostarse*, pues se reduce a un ejercicio meramente financiero.

certificados. Estos incluyen la ubicación de los almacenes, las condiciones de almacenamiento, el manejo adecuado del café y las inspecciones regulares para asegurar la integridad del inventario.

Los inventarios certificados son importantes en el mercado del café porque respaldan los contratos de futuros y opciones de café. Cuando se negocian contratos de café en la Bolsa de Nueva York, existe la opción de realizar la entrega física del café en lugar de liquidar el contrato en efectivo. Los inventarios certificados actúan como la reserva de café disponible para la entrega física.

Los inversores y operadores en el mercado del café monitorean los niveles de inventarios certificados para evaluar la disponibilidad y la oferta del café en el mercado. Un aumento o disminución significativos en los inventarios puede tener un impacto en los precios del café, ya que refleja cambios en la oferta y demanda.

Es importante tener en cuenta que los inventarios certificados son específicos de la Bolsa de Nueva York y no representan todos los inventarios de café en el mundo. Hay otros almacenes y sistemas de almacenamiento en diferentes países que también tienen inventarios de café, pero los inventarios certificados de la Bolsa de Nueva York son utilizados específicamente para respaldar los contratos negociados en esa bolsa.

Los inventarios certificados en EE. UU. en octubre del 2022 fueron los más bajos desde febrero de 1997. El bajo nivel de inventarios certificados a principios de la década de 2020 se debió a que se estaban pagando diferenciales de origen (el diferencial es el valor que se paga de menos o de más, por la calidad del café de cada país) más altos para varios países, reduciendo el incentivo de certificar café, es decir, de entregarlo a la Bolsa Nueva York en lugar de a otros compradores. La función del Contrato C de Nueva York ha evolucionado, siendo menos sobre la entrega física de café y más un mecanismo para el descubrimiento de precio, actuando como un punto de referencia y, naturalmente, como un mecanismo de coberturas de riesgo de precio. Siempre tuvo estos roles, pero ahora son aún más importantes (Ganes, s.f.).

Llamado a margen

Las operaciones de bolsa están acompañadas de operaciones financieras que le son propias. La principal está referida a los márgenes. En el momento de tomar una posición, se debe depositar con el corredor una suma denominada margen de garantía. Este valor, especificado para cada contrato negociado, lo establece la bolsa correspondiente en función del precio del físico y la volatilidad del mercado. En términos generales, los márgenes representan alrededor del 10 % del valor del contrato, dependiendo del bróker. Cuando el comportamiento de los precios es adverso a la posición asumida por el participante, este puede ser llamado por márgenes de variación para reponer la parte del margen de garantía que la fluctuación de precios ha absorbido. De esta manera se ayuda a dar liquidez y seriedad a las negociaciones (Libreros, 1990).

El margen de garantía es la forma en la que la bolsa elimina casi por completo el riesgo de contraparte o, dicho de otra manera, elimina el riesgo de que alguna de las partes no cumpla con su parte del trato. El margen de garantía exigido por la bolsa y por lo tanto por los bróker que representan a productores, tostadores, exportadores y demás actores del mercado ante la bolsa, hace la gran diferencia entre los contratos Forward y los contratos de futuros en la bolsa. En los contratos Forward no existe un margen de garantía que le dé la seguridad a las partes del cumplimiento a cabalidad del contrato firmado. En cambio, en las negociaciones de futuros el margen de garantía le da la seguridad a las partes de que el contrato se llevará a cabo y en el caso de que este margen se agote antes de la fecha de cierre del contrato, el empresario cafetero será llamado a margen por su bróker; en el caso de que el empresario no le transfiera los recursos necesarios para cubrir el margen faltante, la posición en cuestión será cerrada de inmediato y el empresario perderá el margen consumido hasta ese momento y, aparte de esto, quedará descubierto en el mercado, corriendo el riesgo de que el precio se ponga en su contra y tenga que vender su café por debajo de sus costos de producción, generando una pérdida financiera en su empresa cafetera.

Un ejemplo claro de la dinámica de los márgenes de negociación en el mercado de futuros de café se puede ver en el Gráfico 1.

Gráfico 1 Simulación de una situación real de llamados a margen para un contrato de futuros de café.

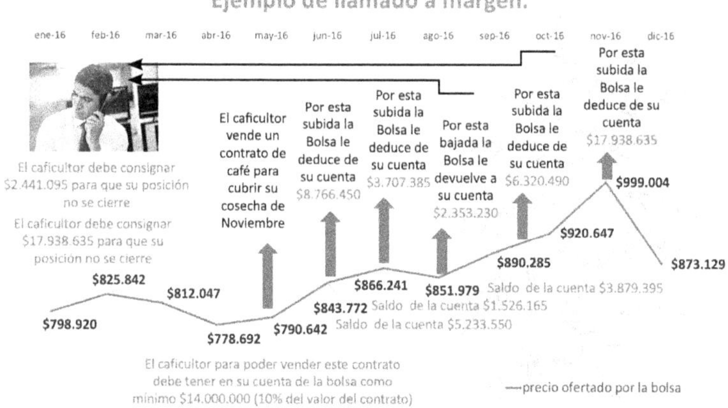

Fuente: Estadísticas cafeteras de la Federación Nacional de Cafeteros de Colombia - elaboración propia del autor.

En el Gráfico 1 se puede ver cómo un productor de café en el mes de mayo de 2016 vendió un contrato futuro de café con un precio de COP 790.642/carga de CPS (esta operación se realizó dado que con este valor obtiene como mínimo una utilidad del 25 %, basado en sus costos de producción) para entrega en noviembre del mismo año.

Para realizar la operación, el caficultor debió transferir a su cuenta de bolsa, mínimo el 10 % del valor total a negociar, que en este caso equivale a COP 14.000.000. A medida que el tiempo avanza, el precio internacional del café en la bolsa empieza a subir y, por consiguiente, el margen inicial que el productor había transferido empieza a disminuir. En el momento en que el margen se agota, el corredor de bolsa del caficultor (el bróker) le hace los respectivos llamados a margen, para que transfiera las cantidades necesarias para que su contrato y su posición no sea cerrada. En este caso el productor cumple con todos los llamados a margen, transfiriendo en total COP 34.379.730. Esta situación hace evidente que la cobertura del riesgo de precio vía futuros puede ser muy exigente en recursos financieros, dado que, si el caficultor no tiene la capacidad económica de cubrir los márgenes requeridos puede perder el margen inicial y a su vez quedar expuesto a la volatilidad del precio.

En el Gráfico 2 se presenta cuál fue el balance final de esta operación, en la que el productor cumplió con todos sus llamados a margen y no quedó descubierto en ningún momento a la volatilidad del precio:

Gráfico 2: Balance de la cobertura vía futuros de un contrato de café en la Bolsa de NY.

Fuente: Estadísticas cafeteras de la Federación Nacional de Cafeteros de Colombia. - Cálculos del autor.

Diferencial de calidad o de origen o de mercado

En el Gráfico 2 se puede apreciar cómo el caficultor recibe por cada carga de café vendida en el físico un precio de COP 1.007.533 y no COP 999.004, que es el precio ofertado por la bolsa. Esta situación se debe a que el precio del café de Colombia en el mercado internacional tiene un diferencial por calidad que hace que su precio sea mayor al precio del Contrato C en la Bolsa de Nueva York. Este diferencial puede subir o bajar dependiendo de la oferta y la demanda del café colombiano.

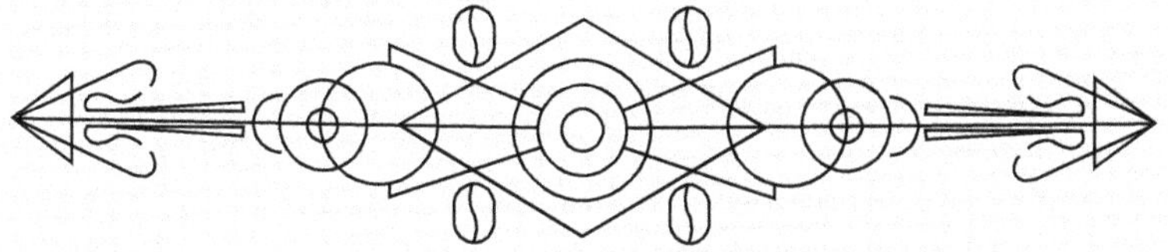

En el caso de los tostadores, exportadores y demás actores del mercado, su riesgo de precio es al alza, lo que los obliga a hacer sus cálculos de cobertura teniendo en cuenta un escenario ácido con respecto al diferencial y tomar *como referencia los promedios más altos de los últimos años*, para que al momento de la liquidación de la cobertura tengan un margen de error aceptable en cuanto al diferencial pagado al productor al final del ejercicio.

El valor de los diferenciales de los países productores no está centralizado y por lo tanto no se pueden aplicar estas estrategias de administración de riesgo de precios para cubrirlo. Por esta razón es vital que todas las coberturas que se realicen por parte de los productores estén basadas en el precio base ofertado por la bolsa y que si este precio cubre sus costos de producción, más el costo de la cobertura y la utilidad esperada por el caficultor, será muy buen negocio, teniendo en cuenta que al final de la operación va recibir un ingreso adicional vía el diferencial que no fue tomado en cuenta para hacer los cálculos de viabilidad de la estrategia de administración de precios.

Gráfico 3: Diferenciales de algunos de los principales países productores de café en Latinoamérica en marzo del año 2023

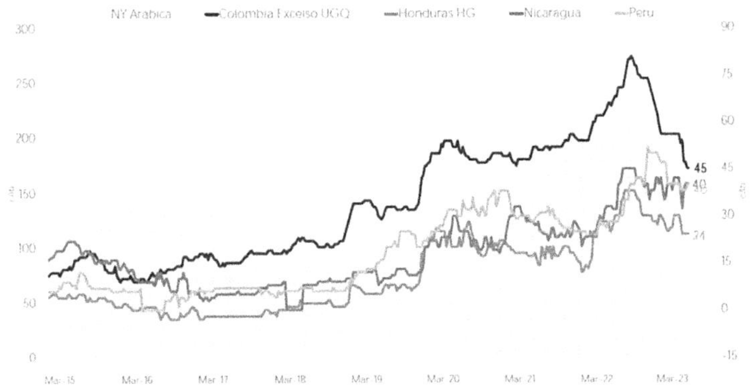

Fuente: Hedge Point Global Markets

En el caso de los tostadores, exportadores y demás actores del mercado, su riesgo de precio es al alza, lo que los obliga a hacer sus cálculos de cobertura teniendo en cuenta un escenario ácido con respecto al diferencial y tomar como referencia los promedios más altos de los últimos años, para que al momento de la liquidación de la cobertura tengan un margen de error aceptable en cuanto al diferencial pagado al productor al final del ejercicio.

En esta simulación del llamado a margen, el productor recibe por su contrato, que en este caso equivalen a 165 cargas de CPS con un factor de rendimiento de 85, un total de

COP 166.242.945 de los cuales debe restar lo invertido en el margen para mantener su posición abierta, que para esta simulación es de un valor de COP 34.379.730, dando como resultado un ingreso neto de COP 131.863.215 y este valor dividido en las 165 carga de CPS, da un precio final por carga de COP 799.171, que es muy similar al precio esperado seis meses atrás, cuando se negoció el contrato de futuro en la bolsa.

Es importante entender que las deducciones o aportes que realiza la bolsa al margen de garantía se realizan cada que el precio en la Bolsa de Nueva York aumenta por encima del valor fijado o disminuye por debajo del valor fijado inicialmente. Esto significa que, si en el mercado se da un fuerte empujón momentáneo, se verá reflejado en el valor del margen de garantía en la cuenta de cada empresario cafetero; y si este margen no es lo suficientemente grande, se corre el riesgo de que en este tipo de movimientos se cierren las posiciones que se tengan abiertas, perdiendo el margen inicial y quedando expuestos a la volatilidad del mercado.

Para dar más claridad a esta dinámica del margen de garantía, analicemos el siguiente ejemplo:

Ejemplo práctico:

Desde el punto de vista del productor

El 13 de febrero de 2023 un productor ve la oportunidad en el mercado de cubrir un contrato de 37.500 lb de café, que tiene presupuestado tener listo para vender el día 23 de febrero de 2023, a un precio de USD 1,74/lb (USD 65.250/contrato); ve interesante este precio ofertado por la bolsa porque al calcular sus costos de producción obtiene un valor de USD 1,15/lb (USD 43.125/contrato) lo que le da la oportunidad de lograr una utilidad de USD 22.125 al momento de vender su café y cerrar la posición tomada en la bolsa.

Después de hacer el presupuesto del negocio, el productor se comunica con su bróker y le pide vender un contrato de 37.500 lb a un precio de USD 1,74/ lb, pero el bróker le informa al caficultor que antes de poder hacer la operación se deben transferir los fondos del margen de garantía a su cuenta de bolsa. El valor exigido en ese momento por el bróker y por las regulaciones de la bolsa equivale al 11 % del valor total a negociar, lo que significa que el empresario cafetero debe consignar a su cuenta de bolsa un valor de USD 7.177,5. Después de transferir los fondos del margen de garantía, el bróker procede con la venta del contrato y el productor queda cubierto a un precio de USD 1,74/lb.

Ahora, veamos cómo se empieza mover el precio y cómo se afecta el margen de garantía que el productor tiene en su cuenta de bolsa:

El 14 de febrero de 2023 el mercado cierra en USD 1,82/lb, lo que significa que aumentó USD 0,08/lb con respecto al precio cubierto, este aumento representa USD 3.000 por todo el lote vendido el día anterior. Lo que deja el saldo del margen de garantía en USD 4.177,5. En este momento, es que el caficultor empieza a sudar frío, la semana sigue su curso.

El 15 de febrero de 2023 el mercado retrocede y cierra en USD 1,77/lb lo que significa que aumentó USD 0,03/lb con respecto al precio cubierto, este aumento representa USD 1.125 por todo el lote vendido dos días antes. Esto deja el saldo del margen de garantía en USD 6.052,5.

En este punto te estarás preguntado: ¿por qué el saldo del margen de garantía vuelve a subir si el día anterior había quedado en USD 4.177,5? Las pérdidas o ganancias de la posición que tengamos abierta en la bolsa se materializan al momento de cerrar la posición. Mientras que esta esté abierta no has ganado ni perdido nada y tendrás la oportunidad de seguir ganando si el mercado está a tu favor, o de perder, si el mercado va en contra de tu posición.

Con esto claro, nunca debes perder la visión global del negocio: debes ser consciente de que lo que ganes o pierdas en la posición financiera en la bolsa lo pierdes o lo recuperas en la misma proporción en el mercado físico al momento de vender tu café.

Para seguir con el ejemplo veamos qué paso el 22 de febrero de 2023 cuando el mercado toca el nivel de los USD 1,95/lb, lo que significa que aumentó USD 0,21/lb con respecto al precio cubierto; este aumento representa USD 7.875 por todo el lote vendido nueve días antes. Pero ¿qué sucede cuando la variación del precio en el mercado está en contra de nuestra posición en la bolsa y el valor del margen total sobrepasa el margen de garantía transferido inicialmente al bróker?

Nunca debes perder la visión global del negocio: debes ser consciente de que lo que ganes o pierdas en la posición financiera en la bolsa lo pierdes o lo recuperas en *la misma proporción en el mercado físico al momento de vender tu café.*

Si has estado leyendo con atención, seguramente ya tienes la respuesta.

¡Estás en lo correcto!

Lo que sucede es un llamado a margen. En el momento en el que el mercado tiene altas probabilidades de seguir un rumbo contrario a tu posición en la bolsa, y antes de que se cierre la posición automáticamente por falta de margen, el bróker te hace un llamado a margen para que deposites más dinero en tu cuenta y cubras las pérdidas de tu posición. Esa es, tal vez, la llamada que nunca querrás recibir; pero tranquilo, si estás bien preparado y has hecho de manera juiciosa las cuentas, no tienes de que preocuparte, levanta el teléfono.

Ahora, ¿qué pasa si no cubro el margen?

Si no se cubre el margen la posición se cierra automáticamente perdiendo el margen invertido inicialmente y quedando expuesto a que el precio retroceda y a que, en el momento que vendas el café en físico, no tengas la cobertura que compense la bajada del precio, perdiendo en los dos lados de la ecuación: en la posición financiera y en la negociación del café físico. De todas las posibilidades, este sería el peor escenario y la que puede quebrar empresas.

En el caso de este ejemplo, el productor contesta el llamado y transfiere los USD 697,5 para cubrir el margen y mantener la posición abierta.

Finalmente, el 23 de febrero, el productor vende el lote de 37.500 lb en el mercado físico a un precio de mercado de USD 1.90/lb, recibiendo en el físico USD 0,16 más por libra, lo que representan USD 6.000 más de lo que tenía presupuestado 10 días antes ,y adicional, recibe el valor del diferencial.

Pero ese mismo día y teniendo en cuenta que el negocio financiero y físico mantienen un balance: si ganas, por un lado, cubres la diferencia por el otro. Después de entregar el café físico a su cliente, pides a tu bróker que cierre la posición de venta en la bolsa, la que te daba derecho a vender las 37.500 lb a un precio de USD 1,74/lb y como el precio en el momento del cierre estaba a USD 1,90/lb, obtienes una pérdida de USD 0,16/lb, lo que representa USD 6000 por todo el lote, dejando un valor total en la cuenta de bolsa del productor de USD 1.875.

Estos USD 1.875 corresponden a USD 7.177,5 del margen de garantía transferido inicialmente más los USD 697,5 que se transfirieron luego para seguir cubriendo el margen adicional (en total: USD 7875), menos los USD 6000 de compensación transferidos a la bolsa por la subida del precio.

Y así, cuando el productor hace el balance general del negocio pudo vender su café a USD 1,74/lb (más el diferencial que le pagaron en el físico), que era el valor que tenía presupuestado el 13 de febrero.

Desde el punto de vista del Tostador

El 13 de febrero de 2023 un tostador ve la oportunidad en el mercado de cubrir un contrato de 37.500 lb de café, que tiene presupuestado comprar el 23 de febrero del 2023 a un precio de USD 1,74/lb (USD 65.250/ contrato) y ve interesante este precio ofertado por la bolsa, porque al calcular sus costos de adquisición de materia prima, concuerda con el presupuesto de su negocio y así lograr sostener el precio negociado con sus clientes de café tostado.

Después de hacer el presupuesto del negocio que llevará a cabo, el tostador se comunica con su bróker y le pide comprar un contrato de 37500 lb a un precio de USD 1,74/ lb, pero el bróker le informa al tostador que antes de poder hacer la operación debe transferir los fondos del margen de garantía a su cuenta de bolsa. El valor exigido en ese momento por el bróker y por las regulaciones de la bolsa equivale al 11 % del valor total a negociar, lo que significa que el empresario cafetero debe consignar a su cuenta de bolsa un valor de USD 7.177,5. Después de transferir los fondos del margen de garantía, el bróker procede con la compra del contrato y el tostador queda cubierto a un precio de USD 1,74/lb.

Ahora veamos cómo se empieza mover el precio y cómo se afecta el margen de garantía que el tostador tiene en su cuenta de bolsa:

El 14 de febrero de 2023 el mercado cierra en USD 1,82/lb lo que significa que aumentó USD 0,08/lb con respecto al precio cubierto, este aumento representa USD 3.000 por todo el lote comprado el día anterior. Lo que deja el saldo del margen de garantía en USD 10.117,5.

El 15 de febrero de 2023 el mercado retrocede y cierra en USD 1,77/lb lo que significa que aumentó USD 0,03/lb con respecto al precio cubierto, este aumento representa USD 1.125 por todo el lote comprado dos días antes, dejando el saldo del margen de garantía en USD 8.302.

Nota: Recuerda que las pérdidas o ganancias de la posición que tengamos abiertas en la bolsa se materializan al momento de cerrar la posición. Mientras que la posición esté abierta no has ganado ni perdido nada; seguirás teniendo la oportunidad de seguir ganando si el mercado está a tu favor, o de seguir perdiendo si el mercado va en contra de tu posición. Ya con esto claro, nunca debes perder la visión global del negocio porque debes ser consciente de que lo que ganas o pierdes en la posición financiera en la bolsa lo pierdes o lo recuperas en la misma proporción en el mercado físico al momento de comprar tu café.

Para seguir con el ejemplo veamos qué paso el 22 de febrero de 2023 cuando el mercado toca el nivel de los USD 1,95/lb lo que significa que aumentó USD 0,21/lb con respecto al precio cubierto; este aumento representa USD 7.875 por todo el lote comprado nueve días antes, dejando el saldo del margen de garantía en USD 15.052,5.

Finalmente, el 23 de febrero el tostador compra el lote de 37.500 lb en el mercado físico a un precio de mercado de USD 1.90/lb, teniendo que pagar en el físico USD 0,16 más por libra, lo que representan USD 6.000 más de lo que tenía presupuestado 10 días atrás y a ese valor le debe sumar el valor del diferencial.

Pero ese mismo día y ya teniendo el café físico en su poder, le pide a su bróker que cierre la posición de compra en la bolsa, la que le daba derecho a comprar las 37.500 lb a un precio de USD 1,74/lb y como el precio en el momento del cierre estaba a USD 1,90/lb se obtiene una ganancia de USD 0,16/lb lo que representan USD 6.000 por todo el lote, dejando un valor total en la cuenta de bolsa del tostador de USD 13.177,5 que corresponden a USD 7.177,5 del margen de garantía transferido inicialmente más los USD 6.000 de compensación por la subida del precio. Y así cuando el tostador hace el balance general del negocio pudo comprar su café a USD 1,74 /lb, que era el valor que tenía presupuestado el día 13 de febrero.

Como se puede ver en el ejemplo anterior, la utilización de los futuros como herramienta de administración de riesgo de precio es muy segura y, al mismo tiempo, muy exigente en recursos financieros disponibles para el cubrimiento de márgenes y en el conocimiento profundo del mercado y del funcionamiento de los contratos de futuros.

Esta dependencia de dinero disponible para cubrir

eventuales llamados a margen y de conocimiento especializado hace que los futuros no sean accesibles para la mayoría de caficultores de Colombia y el resto de los países productores, pues el 95 % de ellos son pequeños productores que tienen menos de 5 Has con escasos recursos económicos y conocimientos muy básicos del funcionamiento del mercado cafetero. Del otro lado de la cadena, la situación es similar pues existe un gran desconocimiento de esta herramienta por parte de los micro tostadores y pequeños comercializadores.

Afortunadamente si tienes este libro en tus manos, ya te estás convirtiendo en un miembro del selecto club de empresarios cafeteros que entienden y utilizan las herramientas del mercado para siempre ser rentable en el negocio del café, independientemente de si eres productor, tostador o comercializador.

Antes de seguir con las demás herramientas de administración de riesgo de precios, quiero resolver varias preguntas que estoy seguro tienes en tu cabeza: ¿Cómo sé si el precio que me ofrece la bolsa es el indicado para cubrirme? ¿Cómo puedo comparar la cotización de la bolsa que está dada en dólares por cada libra de café en almendra con las cargas o el precio por kilo de café pergamino seco que negocio todos los días en la plaza?

Resolvamos estas preguntas con unos cálculos muy sencillos.

Lo primero que tenemos que definir son los datos que necesitamos para hacer la comparación y estos son los siguientes:

- Cotización de la libra de café en la Bolsa de Nueva York.
- Tasa representativa del mercado (Precio de cada dólar en pesos).
- Factor de rendimiento del café que se está negociando.
- Costos de producción.

Con los datos anteriores ya podemos hacer el análisis que nos llevará a concluir si los precios ofertados por la bolsa son apropiados para garantizar la utilidad de nuestro negocio cafetero. El siguiente es un ejemplo real de una finca cafetera, en la cual los caficultores conocen los costos de producción y el factor de rendimiento de su café: dos datos básicos que un empresario cafetero juicioso debe conocer, no solo para las coberturas en bolsa, sino para ganar poder de negociación.

Ejemplo de análisis desde el punto de vista del productor

- Cotización de la libra de café en la Bolsa de Nueva York: USD 1,77/ lb
- Tasa representativa del mercado: COP 4.776/ USD
- Factor de rendimiento del café que se está negociando: 90.
- Costos de producción: COP 1.200.000/carga de 125 kg café pergamino seco (CPS).

Lo primero que tenemos que determinar es cuántas libras de almendra podemos obtener de una carga de 125 kg de CPS con un factor de rendimiento de 90. Esto se hace de la siguiente manera:

$$\text{Factor de rendimiento} = \frac{\text{CPS}}{\text{Almendra sana}} \times 70$$

Empezamos a despejar la formula así:

$$90 = \frac{125}{\text{Almendra sana}} \times 70$$

$$\text{Almendra sana} = \frac{125}{90} \times 70$$

$$\text{Almendra sana} = 97{,}22\ kg$$

De esta manera encontramos que de una carga de café de 125 kg de CPS factor 90 podemos obtener 97,22 kg de almendra. Ahora debemos transformar estos kilos en libras.

$$1\ kg = 1000\ g$$

$$1\ lb = 454\ g$$

$$\text{Cantidad de libras en } 97{,}22\ kg = \frac{97{,}22}{454} \times 1000$$

$$\text{Cantidad de libras en } 97{,}22\ kg = 214{,}14\ lb$$

Teniendo claro que una carga de 125 kg de CPS factor 90 equivale a 214,14 lb podemos calcular que el costo de producción por libra en dólares es el siguiente:

$$\text{Costo por libra de almendra en pesos} = \frac{\text{Costo de producción 125 } kg \text{ de CPS}}{\text{Número de libras de almendra por carga}}$$

$$\text{Costo por libra de almendra en pesos} = \frac{1.200.000}{214{,}14} = \text{COP } 5603{,}81\ /lb$$

Ya con el costo de producción por cada libra de almendra de café en pesos, podemos convertir esos pesos en dólares así:

$$\text{Costo por libra de almendra en Dólares} = \frac{\text{Costo de la libra de almendra en pesos}}{\text{Tasa representativa del mercado (TRM)}}$$

$$\text{Costo por libra de almendra en Dólares} = \frac{5603{,}81}{4776} = \text{USD } 1{,}17\ /lb$$

Siguiendo este mismo método de cálculo, tú también puedes conocer el costo por libra de almendra en dólares, siempre y cuando conozcas tus costos de producción de café.

Análisis de costo – beneficio del escenario planteado

Con las condiciones del ejemplo, este productor tendría la oportunidad de fijar su precio en la bolsa a un valor de USD 1,77/lb, teniendo en cuenta que su costo de producción por libra en dólares es de USD 1,17/lb, tendría una utilidad de USD 0,60/lb, que corresponde a una utilidad del 51 % sobre sus costos de producción.

En este caso, el productor evalúa si esta utilidad del 51 % sobre sus costos de producción está acorde a su estrategia empresarial o no, y puede tomar la decisión informada de realizar la cobertura vendiendo un contrato de futuros en la Bolsa de

Nueva York. Pero antes de hacerlo hay que tener siempre presente los siguientes aspectos:

- Para negociar un contrato de futuros se debe tener disponible por lo menos el 40 % del capital total a negociar en bolsa para cubrir los posibles llamados a margen
- En las negociaciones en bolsa no se tiene en cuenta el diferencial, que en el caso del ejemplo anterior sería un porcentaje adicional de utilidad que recibiría el productor al final de la negociación.
- Las negociaciones de futuros en la Bolsa de Nueva York son un negocio netamente financiero y sus pérdidas y ganancias siempre serán compensadas por las pérdidas y ganancias obtenidas en la negociación del café físico. Por lo que hay que asegurarse siempre de que lo que se negocie en la bolsa es equivalente al café físico que se va a negociar en el mercado físico. Dicho en otras palabras, solo se hacen negociaciones financieras con las proyecciones reales del café que se va a producir o a comprar, porque aquí la especulación no tiene cabida.
- Durante los días hábiles de negociación del precio del café en la Bolsa de Nueva York, el precio varía segundo a segundo; por lo tanto, si se quiere hacer una negociación efectiva se debe monitorear el mercado permanentemente. Una página web donde lo puedes hacer gratuitamente es la siguiente: https://es.investing.com/commodities/us-coffee-c
- Para tener el valor actualizado de la tasa representativa del mercado (TRM) que también cambia segundo a segundo durante su negociación, puedes utilizar las siguientes páginas:
  https://es.investing.com/currencies/
  https://www.banrep.gov.co/es/estadisticas/trm
- Para conocer el precio base de la negociación de la carga de café de 125 kg de café pergamino seco (CPS) en Colombia puede utilizar la siguiente página web:
  https://federaciondecafeteros.org

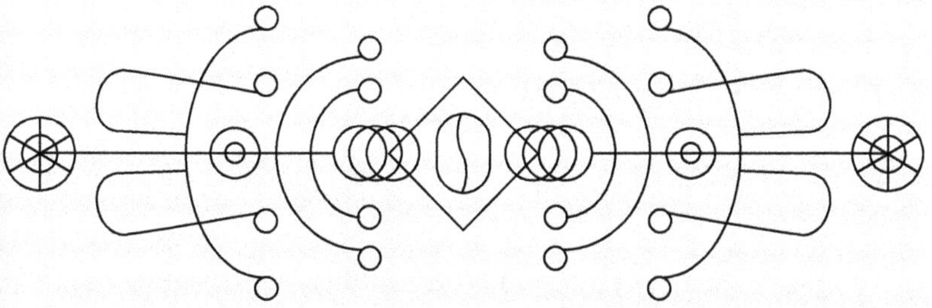

Solo se hacen *negociaciones* financieras con las proyecciones reales del *café que se va a producir o a comprar*, porque aquí la especulación no tiene cabida.

Capítulo 5:

HERRAMIENTA 2: LOS CONTRATOS FORWARD

Un contrato forward en la negociación de café es un acuerdo entre dos partes para comprar o vender café en el futuro a un precio acordado en el presente. Este tipo de contrato permite fijar el precio y la cantidad de café que se intercambiará en una fecha posterior, brindando seguridad y protección contra la volatilidad de los precios del café en el mercado.

En un contrato forward de café, ambas partes acuerdan los términos del contrato, que incluyen el precio por libra de café, la cantidad a ser entregada, la calidad del café y la fecha de entrega futura. Estos términos se negocian y acuerdan entre el comprador y el vendedor, teniendo en cuenta factores como el suministro y la demanda, las condiciones del mercado y las necesidades de ambas partes.

El contrato forward de café es un compromiso vinculante para ambas partes, lo que significa que están obligadas a cumplir con los términos acordados en la fecha de vencimiento del contrato. El comprador se compromete a adquirir la cantidad especificada de café al precio acordado y el vendedor se compromete a entregar el café en la fecha acordada.

Este tipo de contrato es útil especialmente para actores como productores, procesadores y exportadores, ya que les permite protegerse contra posibles cambios desfavorables en los precios del café. Al fijar el precio de antemano, se reducen los riesgos de fluctuaciones en el mercado y se brinda estabilidad en la planificación y gestión de la producción y la comercialización del café.

Consciente de las limitaciones para utilizar herramientas financieras como los futuros y opciones que tienen el 98 % de los caficultores en Colombia, la Federación Nacional de Cafeteros de Colombia, apalancada con recursos del Fondo Nacional del Café y aprovechando la infraestructura de las cooperativas de caficultores de todo el país, diseñó el programa de Compra de Café con Entrega Futura (CCEF), que empezó a operar en el año 2000.

Este programa es ideal para el productor, porque no debe tener cargas administrativas en cuanto a las operaciones de cobertura y lo mejor de todo es que no se necesita capital, ya que las cooperativas se hacen responsables de los posibles llamados a margen de la operación de contrato de futuros que decidan hacer en bolsa.

Para entender mejor el concepto de los forwards y el funcionamiento del programa CCEF, a continuación, te mostraré un ejemplo de simulación de una posible estrategia de forward aplicada por un productor:

- Si el precio del forward está por debajo de los costos de producción no me cubro.
- Si el precio del forward tiene un 25 % de utilidad, cubro el 80 % de la producción siguiente.

Apliquemos este escenario al mes de diciembre de 2019, cuando el productor ha calculado unos costos de producción de COP 773.470, y la cooperativa le ofrece un forward de COP 999.129 para el mes de mayo de 2020, mes en el que se produce su café. Con estos valores el caficultor aplica su estrategia de administración de riesgo de precios y compromete el 80 % de su producción del mes de mayo al nivel ofrecido por la cooperativa, asegurando una utilidad del 29,2 % sobre sus costos de producción. En este caso, independientemente de si el precio del café cae o sube, en mayo de 2020 el caficultor deberá entregar el 80 % de su producción a un precio de COP 999.129 y el 20 % al precio del mercado de ese mes.

En esta simulación se puede ver que es un negocio en el que todas las partes tienen claridad de sus responsabilidades y, por supuesto, de cuál va a ser su utilidad al cierre del negocio, convirtiéndose en una herramienta de administración de riesgo precio muy poderosa para el caficultor.

Desafortunadamente, en la práctica esta estrategia tiene un gran riesgo de incumplimiento por parte de los productores, debido a que cuando el precio de mercado al momento de cumplimiento del contrato de forward está por encima del precio pactado, algunos caficultores eligen incumplir el contrato y vender su café en un lugar diferente a la cooperativa.

Este gran riesgo de incumplimiento se puede apreciar mejor en la Figura 2.

Desafortunadamente, en *la práctica esta estrategia tiene un gran riesgo de incumplimiento por parte de los productores*, debido a que cuando el precio de mercado al momento de cumplimiento del contrato de forward está por encima del precio pactado, algunos caficultores eligen incumplir el contrato y vender su café en un lugar diferente a la cooperativa.

Figura 2 Consecuencia del incumplimiento de los contratos forward, por parte del caficultor.

Fuente: Estadísticas cafeteras de la Federación Nacional de Cafeteros de Colombia - Elaboración del autor.

En la Figura 2 se evidencia la consecuencia que tiene el incumplimiento de los contratos forward por parte de los caficultores, que en este caso por una utilidad de COP 70.671 por carga de café (en comparación al precio pactado en el forward), prefiere incumplir su compromiso, dejando a la cooperativa en una situación financiera complicada, teniendo que cumplir con sus compromisos a los precios calculados con base en el contrato forward que el caficultor incumplió. Este escenario, que desafortunadamente es común en Colombia, hace que las cooperativas sean muy tímidas en la oferta y promoción de esta herramienta de administración del riesgo de precio, limitando su utilización.

Para dejar más claras las consecuencias del incumplimiento de los contratos forward, analicemos lo que paso en el mercado de café en Colombia en el periodo comprendido entre 2019 y 2022 con una historia llamada:

Cooperativas de caficultores: Una crisis inaudita

Que las cooperativas de caficultores de Colombia estuvieran

al borde de la crisis en plena bonanza de precios del café, resultó ser toda una paradoja. El precio del café en el mercado internacional alcanzó niveles que no se veían desde 2011, superando la barrera de los USD 2,45/lb en la Bolsa de Nueva York y traspasando el nivel de los USD 3,01/lb de café colombiano negociado FOB.

Este escenario de precios internacionales que debería estar llenando de alegría a todos los actores de la cadena de valor del café en Colombia, se estaba convirtiendo en una verdadera pesadilla.

Para entender la grave situación que estaba viviendo el sector cafetero nacional hay que tener claridad en el significado de los siguientes conceptos y actores del mercado:

Cooperativas de caficultores:

Son asociaciones que reúnen a caficultores de zonas específicas del país. Su objetivo es generar economías de escala que les permitan a sus asociados contar con la infraestructura para asegurar la comercialización de su café.

Adicionalmente, las cooperativas juegan un papel fundamental en la regulación del precio interno del café, pues en cada municipio cafetero del país, la cooperativa establece el precio mínimo de compra.

Las cooperativas de caficultores también son un actor vital en la regulación de los precios de los insumos y fertilizantes utilizados por los productores. Principalmente porque los precios máximos de venta de estos productos son establecidos en los almacenes agropecuarios de las mismas entidades.

Lo anterior significa que:

- Si comercializadores particulares quieren entrar al mercado a comprar café, lo deben hacer por encima de los precios establecidos por las cooperativas.
- Y si quieren vender insumos y fertilizantes para ser competitivos deben hacerlo por debajo de los precios fijados por las cooperativas en sus almacenes.

Servicios adicionales de las cooperativas

- Créditos con bajas tasas de interés.
- Becas estudiantiles para los hijos de los asociados.
- Negociaciones Forward para el aseguramiento de precios.
- Y, por supuesto, la garantía de compra de todo el café que produzcan los asociados.

Fondo Nacional del Café

Es una cuenta parafiscal conformada por dineros considerados públicos, que se nutre principalmente de la contribución cafetera pagada por cada libra de café exportado (verde, tostado, soluble o en extracto).

Si se calcula la contribución cafetera con una base de exportación de 12 millones de sacos de café excelso de 60 kg, da como resultado USD 95.154.185, con una TRM de COP 4780 equivalen a COP 454.837.004.300 al año.

Y para qué sirven estos 95,15 millones de dólares:

- Garantía de compra por medio de las cooperativas de caficultores.
- Investigación científica y desarrollo tecnológico.
- Servicio de extensión rural.
- Promoción y publicidad del café colombiano alrededor del mundo.

Con lo anterior claro, se pueden describir los acontecimientos ocurridos y los cuales dan como origen la difícil situación financiera de las cooperativas de caficultores:

1. En 2019 el precio interno promedio de la carga de café pergamino seco (CPS) de 125 kg fue de COP 896.752, el más alto de los últimos tres años.
2. En diciembre del 2019 el precio interno llegó al nivel de COP 1.109.000/125 kg de CPS, lo que representó una excelente oportunidad de mercado para fijar este precio.
3. Los caficultores firmaron contratos forward con las cooperativas de caficultores para entregar más del 50 % de su cosecha a un precio de COP 1.109.000/125kg de CPS durante el 2021 sin tener muy claros sus costos

de producción proyectados para los próximos años y sin tener muy clara su producción proyectada.

4. Las cooperativas de caficultores firmaron contratos forward con la Federación Nacional de Cafeteros de Colombia para cubrir los compromisos asumidos con los productores.
5. La Federación Nacional de Cafeteros vendió los contratos a futuro en la Bolsa de Nueva York, por el valor equivalente a los contratos forward firmados con las cooperativas de Caficultores, asegurando y fijando el precio negociado.
6. La Federación Nacional de Cafeteros le giró recursos del Fondo Nacional del Café a las cooperativas de caficultores para que pudieran comprar el café establecido en los contratos Forward firmados con los productores.

Este es el escenario perfecto que debió pasar:

1. Los productores cumplen con sus contratos firmados en diciembre de 2019 a un precio de COP 1.109.000/125 kg de CPS.
2. Las cooperativas de caficultores cumplen con sus contratos firmados con la Federación Nacional de Cafeteros.
3. La Federación Nacional de Cafeteros vende el café entregado por las cooperativas de caficultores a precio de mercado.
4. Con las ganancias de las ventas del café a precio de mercado, la Federación Nacional de Cafeteros paga el margen generado por las ventas de los contratos a Futuro que realizó en 2019 y libera nuevos cupos para celebrar nuevos contratos Forward con las cooperativas a precios de mercado.
5. Las cooperativas de caficultores ofrecen nuevos contratos Forward a los caficultores asociados para que aseguren un precio por encima de los COP 2.000.000/125kg de CPS para los años 2022 y 2023.

De esta manera todos los actores de la cadena de valor estarían cumpliendo con su parte del negocio, se estarían beneficiando de la estructura gremial y estarían aprovechando las oportunidades del mercado.

Todo esto suena muy bien, pero la realidad de este negocio fue muy diferente.

Escenario real de lo que sucedió en 2021:

1. Los productores incumplieron con sus contratos firmados en diciembre de 2019 a un precio de COP 1.109.000/125 kg de CPS.
2. Las cooperativas de caficultores incumplieron con los contratos firmados con la Federación Nacional de Cafeteros.
3. La Federación Nacional de Cafeteros no tuvo café para vender a precio de mercado.
4. No se obtuvieron ganancias de las ventas del café a precio de mercado. Por lo tanto, la Federación Nacional de Cafeteros tuvo que disponer de los recursos del Fondo Nacional del Café para cubrir el margen generado por las ventas de los contratos a Futuro que realizó en 2019. De esa forma, se quedó sin fondos suficientes para liberar nuevos cupos para celebrar nuevos contratos Forward con las cooperativas de caficultores a precios de mercado.
5. Las cooperativas de caficultores suspendieron la celebración de contratos Forward a los caficultores asociados, lo que impidió asegurar un precio por encima de los COP 2.000.000/125kg de CPS para los años 2022 y 2023.
6. Con el objetivo de recuperar las pérdidas del Fondo Nacional del Café en la cobertura del margen de los contratos de Futuros que no tuvieron su contrapartida en el físico, la Federación Nacional de Cafeteros evaluó los posibles procesos legales por el incumplimiento de los contratos Forward por parte de las cooperativas de caficultores.
7. Las cooperativas de caficultores empezaron a comprar café por encima de los COP 2.000.000/125kg de CPS para vendérselo a la Federación Nacional de Cafeteros a COP 1.109.000 /125kg de CPS y tratar de mitigar el incumplimiento de los contratos.
8. Las cooperativas de caficultores no tenían herramientas legales suficientes para hacer cumplir los contratos fir-

mados con los caficultores, lo que las puso en una situación imposible en la que pierden en cada escenario.

Todo esto puede llevar a las cooperativas a una quiebra financiera, dando origen a un nuevo modelo de mercado en las zonas cafeteras del país manejado exclusivamente por empresas privadas.

La misma suerte la corrieron los exportadores, tostadores y comercializadores que realizaron contratos forward con los productores, con un agravante adicional y es que por ser actores privados no contaron con la posibilidad de hacer uso de los recursos del Fondo Nacional del Café para cubrir el margen generado por las ventas de los contratos a Futuro.

Después de leer estos acontecimientos y teniendo en cuenta que muy probablemente eres un productor de café, estoy casi seguro de que hay ideas que te inquietan:

» ¿Cómo voy a cumplir esos contratos, si el precio está casi 1,5 veces más alto?
» Si cumplo con los contratos el negocio no da.
» Los fertilizantes, la mano de obra y demás costos de producción están por las nubes y si cumplo con los contratos pierdo plata.
» Las cooperativas y exportadores nos estafaron porque ellos sabían que el precio se iba a poner así de alto.

Y muchas otras justificaciones que los caficultores que no cumplieron con los contratos Forward se dan día a día. Pero si el problema se hubiera abordado con el siguiente enfoque todo lo que pasó se podía haber evitado:

Sí los caficultores hubieran tenido las herramientas suficientes para cumplir con sus contratos, lo hubieran hecho sin problema. Estas herramientas debieron ser planteadas por la institucionalidad, los dirigentes de las cooperativas y las exportadoras afectadas. Para entender este punto hay que entender cuáles fueron las principales razones por las que los productores no están cumpliendo con sus contratos y cuáles pueden ser las posibles soluciones a las problemáticas planteadas por los caficultores:

Problemática: Los precios fijados están muy por debajo del precio actual del mercado.

Solución: Los precios actuales no se van a perder, solo se van a aplazar en el tiempo y se tendrán estos precios para la próxima cosecha, pues en la medida en la que los productores cumplan con sus contratos, inmediatamente se abre la oportunidad para fijar la misma cantidad entregada al precio actual.

Problemática: El precio fijado en este momento no cubre los costos de producción debido al aumento de los precios de los fertilizantes y la mano de obra; aumentos que no se proyectaron al momento de firmar los contratos Forward.

Solución: Se activan líneas de créditos con el fin de que los productores cubran de manera efectiva los sobrecostos actuales de los fertilizantes y de la mano de obra. Esta línea especial de crédito solo se habilitaría para los productores que cumplan con sus contratos forward y que firmen inmediatamente nuevos contratos a los precios actuales, asegurando el ingreso futuro y posterior pago de los créditos. De esta manera los productores tendrían capital de trabajo para seguir con su actividad productiva, no perderían la oportunidad de disfrutar los precios actuales, no destruirían esta herramienta de administración de riesgo de precios y las cooperativas no se quebrarían y cumplirían con su propósito de mejorar la calidad de vida de sus asociados que son los mismo caficultores.

Después de conocer los pros y los contras de las negociaciones de contratos de futuros en la Bolsa de Nueva York y los Forward con los actores del mercado, te estarás preguntando de nuevo:

- ¿Existirán otras alternativas que tengan lo mejor de los dos mundos?
- ¿El mercado del café habrá diseñado una herramienta que no tenga un riesgo de margen ilimitado y a la vez no me amarre a un precio fijo?
- ¿En el mercado existirá una herramienta que me permita seguir ganando dinero si el mercado sigue una tendencia a mi favor, pero que si se pone en contra me proteja?

Las respuestas las daré en el siguiente capítulo.

Capítulo 6:

HERRAMIENTA 3: LAS OPCIONES DE CAFÉ

Las opciones en la negociación de café son instrumentos financieros que brindan a los participantes del mercado la oportunidad de comprar o vender café a un precio preestablecido en una fecha futura, pero sin la obligación de hacerlo. Es decir, las opciones ofrecen el derecho, pero no la obligación de comprar (opción de compra) o vender (opción de venta) café a un precio acordado, denominado precio de ejercicio, durante un período de tiempo específico.

Las opciones en la negociación de café funcionan de la siguiente manera: el comprador de una opción paga una prima al vendedor a cambio del derecho de comprar o vender café en el futuro. Si el comprador decide ejercer su opción, el vendedor está obligado a cumplir con el acuerdo. Sin embargo, si el comprador decide no ejercer su opción, pierde la prima pagada y no hay más obligaciones para ninguna de las partes.

Las opciones en la negociación de café son valiosas para ti como participante del mercado, ya que te permiten gestionar y protegerte contra la volatilidad de los precios del café. Por ejemplo, si eres un productor de café puedes comprar una opción de venta para protegerte contra una caída en los precios del café, mientras que un tostador o comerciante puede comprar una opción de compra para asegurar un precio fijo si espera que los precios del café suban.

El hecho de que los riesgos de margen estén completamente abiertos, y puedan ser insostenibles financieramente ha hecho que los mercados de futuros desarrollen instrumentos que permitan cubrir el riesgo ilimitado, en el caso de que el comportamiento de precios sea adverso. Este mecanismo lo dan las opciones sobre el Contrato C que se están negociando desde octubre de 1986 (Libreros, 1990).

Las opciones tienen la ventaja de limitar los riesgos de movimientos adversos del precio. En el peor de los casos, la inversión máxima queda limitada al valor de la prima, puesto que el ejercicio de la herramienta es opcional. Las opciones dan una gran variedad de modalidades de cobertura del riesgo de precio, la forma en la que se establecen y se combinan dan pie a una amplísima gama de estrategias (Libreros, 1990).

Las opciones se pueden liquidar de cuatro maneras distintas:

- **A.** Ejerciéndolas.
- **B.** Dejándolas expirar.
- **C.** Renegociándolas.
- **D.** Cancelándolas por posiciones contrarias.

En los dos primeros casos los resultados son evidentes. Si el precio tuvo la evolución prevista, el comprador podría obtener una utilidad derivada de la diferencia que exista entre el precio del contrato futuro y el precio base de la opción, descontando el valor de la prima.

Si el precio tuvo una evolución contraria a lo esperado se puede no ejercerla y tomar el valor de la prima como una inversión.

Sin embargo, existe la posibilidad de negociarla nuevamente, y esta posibilidad se materializa cuando la opción tie-

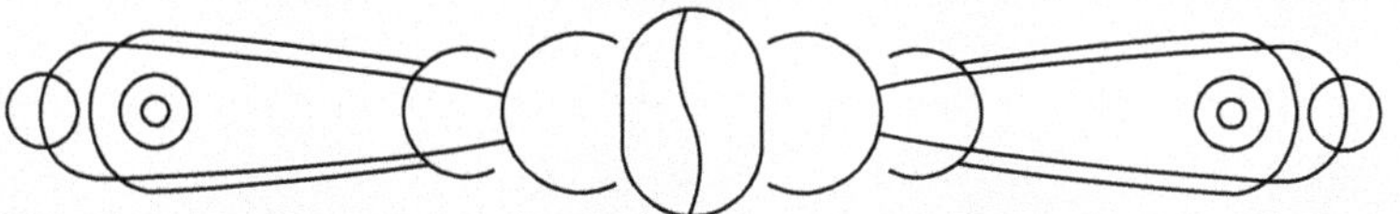

Si eres *un productor de café* puedes comprar una opción de venta *para protegerte contra una caída en los precios del café*, mientras que *un tostador o comerciante* puede comprar una opción de compra *para asegurar un precio fijo si espera que los precios del café suban.*

ne todavía un valor y se toma la decisión de venderla antes de su expiración. En este caso es importante tener en cuenta una nueva definición: el denominado factor DELTA, que es la fluctuación que va teniendo diariamente la opción desde que la compras hasta el momento de su expiración (para entenderlo mejor, es algo así como la TRM, que cambia a diario su valor, para arriba o para abajo). Estas fluctuaciones ocurren por dos cosas: cuando el mercado está intranquilo y hay alta incertidumbre el valor de la opción sube; y cuando, por el contrario, el mercado se encuentra en calma y tranquilo, el valor de la opción baja.

Vale la pena aclarar que estos movimientos del valor de las opciones no tienen que ver con las variaciones que tenga el precio del contrato futuro correspondiente (Libreros, 1990). Es decir, el valor de las opciones no depende de los factores que causan las variaciones diarias del mercado, tales como clima, políticas en países productores, tasas de interés, etc.

Ejemplo práctico:

Desde el punto de vista del caficultor

Para entender de manera clara cómo funcionan las opciones veamos un caso práctico desde la perspectiva de un productor de café:

- En primer lugar, el productor establece una estrategia de opciones basado en sus costos de producción.
- Luego monitorea el mercado para identificar las oportunidades de cobertura, con los sitios web que he mencionado en capítulos anteriores.
- Finalmente, en el momento en que el mercado muestre un escenario que se acople a la estrategia de opciones diseñada, se realiza la cobertura, llamando a su bróker para que compre una Opción put compo (Este tipo de opción le permite al caficultor cubrirse ante una bajada del precio del café y a la vez ante la bajada del dólar).

En la siguiente simulación el caficultor establece que su estrategia de cobertura es la siguiente, (recuerda que la estrategia depende de los costos de producción y que es única para cada finca cafetera):

- Si el precio del futuro más el precio de la prima de la opción no alcanzan a cubrir los costos de producción, no compra la opción.
- Si el precio del futuro más el precio de la prima de la opción cubren los costos de producción, cubre el 100 % de la producción y la traviesa siguiente.
- Si el precio del futuro más el precio de la prima de la opción alcanzan un 10 % de utilidad, cubre el 100 % de la producción y la traviesa de los tres años siguientes.

Si la estrategia establecida por el caficultor se aplicara en el escenario de precio de 2010 en Colombia, se tendría la siguiente situación:

Tabla 1 Oferta promedio mensual del precio del café en la Bolsa de NY por carga de café, al igual que el precio promedio de las opciones para tener el derecho a vender su café a esos precios.

	Promedio mensual del precio de la carga de café en bolsa	Promedio mensual del precio interno de la carga de café	Precio de la opción por carga en pesos	Precio de la carga menos el precio de la opción	Costos de producción	Utilidad de la cobertura por carga	% de utilidad por carga
dic-10	*$780.196*	*$896.589*	*$70.218*	*$709.978*	*$689.600*	*$20.378*	*2,96%*
nov-10	*$713.601*	*$790.296*	*$64.224*	*$649.377*	*$689.600*	*-$40.223*	*-5,83%*
oct-10	*$687.470*	*$751.222*	*$61.872*	*$625.598*	*$689.600*	*-$64.002*	*-9,28%*
sep-10	*$650.754*	*$801.608*	*$58.568*	*$592.186*	*$689.600*	*-$97.414*	*-14,13%*
ago-10	*$631.644*	*$834.798*	*$56.848*	*$574.796*	*$689.600*	*-$114.804*	*-16,65%*
jul-10	*$633.378*	*$810.629*	*$57.004*	*$576.374*	*$689.600*	*-$113.226*	*-16,42%*
jun-10	*$603.519*	*$750.263*	*$54.317*	*$549.202*	*$689.600*	*-$140.398*	*-20,36%*
may-10	*$559.688*	*$676.952*	*$50.372*	*$509.316*	*$689.600*	*-$180.284*	*-26,14%*
abr-10	*$541.504*	*$660.179*	*$48.735*	*$492.769*	*$689.600*	*-$196.831*	*-28,54%*
mar-10	*$526.865*	*$688.281*	*$47.418*	*$479.447*	*$689.600*	*-$210.153*	*-30,47%*
feb-10	*$530.362*	*$678.531*	*$47.733*	*$482.629*	*$689.600*	*-$206.971*	*-30,01%*
ene-10	*$554.180*	*$716.730*	*$49.876*	*$504.304*	*$689.600*	*-$185.296*	*-26,87%*

Fuente: Estadísticas cafeteras de la Federación Nacional de Cafeteros de Colombia - Cálculos del autor.

Si se sigue la estrategia planteada anteriormente, este caficultor compra la opción ofertada por la bolsa en el mes de diciembre de 2010 para cubrir el valor de su traviesa y su cosecha, adquiriendo el derecho de vender en mayo de 2011 a un precio de COP 780.196, al igual que el derecho de vender su cosecha a ese mismo precio en el mes de noviembre de 2011.

A continuación, se puede ver el Gráfico del comportamiento del precio del café en 2011.

Gráfico 4 Comportamiento del precio ofertado en la Bolsa de NY equivalente a una carga de café en el año 2011.

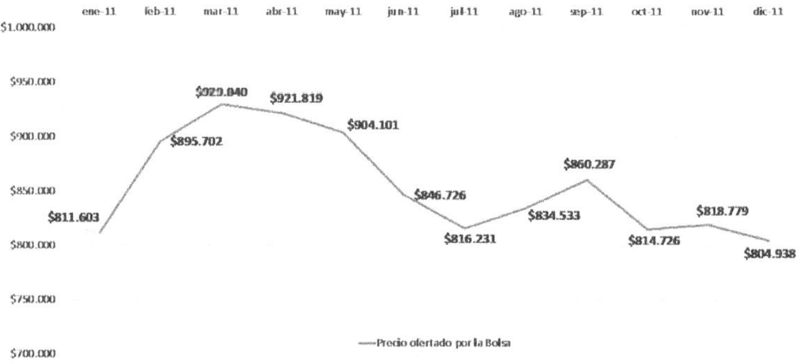

Fuente: Estadísticas cafeteras de la Federación Nacional de Cafeteros de Colombia - Cálculos del autor.

Teniendo en cuenta el Gráfico 4, el balance de la estrategia aplicada por el caficultor es el siguiente:

- El caficultor invirtió para cubrir las **89.6 cargas de su traviesa** un total de **COP 6.291.497** y **COP 9.437.245** para cubrir las **134,4 cargas de su cosecha.**
- En mayo de 2011 el precio interno del café estuvo en **COP 1.021.806** (el caficultor recibió este precio por carga en el físico y no los COP 904.101 que ofrecía la bolsa, debido a que el precio del físico incluye el diferencial que recibe el café colombiano por su calidad), lo que le dio la oportunidad de recibir un total de **COP 91.553.817 por su traviesa**. Es decir, el caficultor NO ejerció la opción y vendió a precio más elevado su café en la plaza. Y ahí es donde esta herramienta empieza a mostrar sus bondades, porque

por una prima de COP 6.291.497, el caficultor adquirió el derecho de vender su café donde más rentabilidad le genere.

- A los ingresos totales se les debe restar el valor de la prima COP 91.553.817 **- COP 6.291.497**. Dando como resultado **COP 85.262.320** de ingresos por su traviesa.
- Precio promedio de la carga = COP 85.262.320 / 89,6 = **COP 951.588,** garantizándole al productor una **utilidad del 32,8 %**
- En noviembre de 2011 el precio interno del café estuvo en **COP 925.595** (el caficultor recibió este precio por carga en el físico y no los COP 818.779 que ofrecía la bolsa debido a que el precio del físico incluye el diferencial que recibe el café colombiano por su calidad), lo que le dio la oportunidad de recibir un total de **COP 124.399.968** por su cosecha.
- A los ingresos totales se les debe restar el valor de la prima COP 124.399.968 **- COP 9.437.245**, dando como resultado **COP 114.962.723** de ingresos por su cosecha.
- Precio promedio de la carga = COP 114.962.723/ 134,4 = **COP 855.377,** garantizándole al productor una **utilidad del 19,4 %**

Como se puede confirmar en el balance de operaciones que realizó el caficultor siguiendo la estrategia de administración de riesgo propuesta, obtuvo utilidades superiores a las esperadas, dado que el precio del café subió y, por el hecho de tener una opción y no un futuro o un Forward, no limitó su ganancia y pudo participar del *rally* del mercado en el 2011.

Y en el caso de que el mercado hubiera bajado, el caficultor habría estado protegido, obteniendo un precio base de COP 780.196, obteniendo una utilidad mínima del 2,96 % (utilidad que podría ser mayor, debido al diferencial pagado en el mercado interno) sobre sus costos de producción.

En la actualidad todas estas herramientas están disponibles para los caficultores del país por medio de las cooperativas, pero desafortunadamente muy pocos actores del mercado y administradores de las cooperativas las conocen o las entienden y, en consecuencia, son muy pocos las que las utilizan para su beneficio empresarial.

Este modelo de negociación también se puede aplicar de manera inversa, protegiendo el precio ante una eventual subida y de esta manera los exportadores y tostadores también pueden aprovechar esta herramienta para proteger su negocio en el caso de hacer una negociación o firmar algún contrato sin aun tener el café comprado.

Para tener un mayor entendimiento de esta herramienta, veamos cómo se puede utilizar en un caso real en el cual un tostador se quiere proteger ante una eventual subida del precio.

Ejemplo práctico:

Desde el punto de vista del tostador

Un tostador que mensualmente necesita 5.000 kg de café en almendra para abastecer a sus clientes tiene claro dos cosas: una, conoce sus costos de adquisición; y dos, que debe aprovechar cada oportunidad que le dé el mercado para disminuir el riesgo de que el precio del café a nivel internacional y nacional aumente demasiado, haciendo que su margen de utilidad desaparezca o lo obligue a subir los precios de su café tostado, disminuyendo su competitividad.

Este tostador tiene una estrategia de administración de riesgo de precios basada en opciones, la cual le permite evitar el riesgo de contraparte que tienen los contratos Forward de incumplimiento por parte de los caficultores y lo aleja del riesgo financiero de llamados a margen que tienen las negociaciones de contratos de futuros en la Bolsa de Nueva York.

En el monitoreo permanente del mercado, el tostador identifica una oportunidad de cubrirse el 11 de enero de 2023, momento en el que el precio del café en la bolsa es de USD 1,42 / lb y la TRM era de COP 4791.

Precio de la libra de café en la Bolsa en pesos = 1,42 × 4791

Precio de la libra de café en la Bolsa en pesos = COP 6803/lb

El tostador de inmediato llama a su bróker para que le cotice una Opción Call Compo (Este tipo de opción le permite al tostador cubrirse ante una subida del precio del café y a la vez ante la subida del dólar) para asegurar el precio de COP 6803/lb durante los próximos dos meses, que es el tiempo que tiene estimado para comprar los próximos 5.000 kg de café en almendra para asegurar su operación.

Mientras que el bróker realiza la cotización, el tostador debe convertir los 5.000 kg en libras, para tener las cifras claras al momento de operar, recordando que todas las negociaciones en bolsa se realizan en libras.

$$\text{Número de gramos en } 5.000\ kg = 5.000\ kg \times 1.000\ g$$

$$\text{Número de gramos en } 5.000\ kg = 5.000.000\ g$$

$$\text{Número de libras en } 5.000.000\ g = \frac{5.000.000\ g}{454\ g}$$

$$\text{Número de libras a negociar} = 11.013\ lb$$

El bróker le responde al tostador con una cotización, que lo protegería de una subida del dólar y del precio internacional del café, asegurándole un precio de COP 6803/lb, por un valor de prima de USD 0,19/lb que a la TRM del día de la negociación correspondería a COP 856 /lb (aproximadamente el 12,6 % del valor por lb asegurado)

Con esta cotización, el tostador debe calcular el precio real asegurado, que se obtiene sumando el valor de la prima de la opción más el precio asegurado.

$$\text{Costo de adquisición de café asegurado} = \text{COP } 6803/lb + \text{COP } 856/lb$$

$$\text{Costo de adquisición de café asegurado} = \text{COP } 7.659/lb$$

El tostador hace un costeo juicioso de su operación y concluye que, si tiene la oportunidad de comprar en los próximos dos meses su café a un precio de COP 7.659/lb, obtiene la rentabilidad que espera de su negocio de café tostado.

Con esta conclusión clara, toma la decisión de comprar la opción y calcula cuál es el valor que debe transferirle al bróker, así:

$$\text{Valor total de la opción call} = \text{Costo de la prima por libra} \times \text{numero de libras a proteger}$$

$$\text{Valor total de la opción call} = \text{COP } 856/lb \times 11.013\ lb$$

$$\text{Valor total de la opción call} = \text{COP } 9.427.128$$

El tostador le transfiere los COP 9.427.128 al bróker, quien realiza la compra de la Opción Call Compo. A partir de ese momento, el tostador queda protegido del alza del precio del café y del dólar, quedando tranquilo y concentrado en conseguir la mejor calidad de grano posible en los próximos dos meses.

Si has seguido la lectura y eres un tostador, debes estar pensando: ¿Cómo es que no conocía esta herramienta y siempre tengo temor a que el precio suba? Déjame decirte que tu sorpresa irá en aumento cuando veas la utilidad al final de este ejercicio de simulación. Sigamos.

El tostador hace bien su tarea y el día 20 de febrero de 2023 compra en los municipios en los que tiene proveedores de café las 11.013 lb que necesita para su operación a un precio de COP 9.643/lb pagando un total de COP 106.198.359 por todo el lote. Precio que está por encima del valor asegurado el 11 de enero de ese mismo año.

Y como el tostador ya tiene el café en su poder, su riesgo desaparece y por consiguiente le pide a su bróker que venda la Opción Call Compo que tenía vigencia hasta el 1 de abril de 2023.

El bróker realiza la venta de la Opción Call Compo obteniendo los siguientes resultados:

Diferencia del precio asegurado y el precio actual de mercado = COP 6803/lb X COP 9643/lb

Diferencia del precio asegurado y el precio actual de mercado = COP 2840/lb

Diferencia del precio total por las 11013 lb = COP 2840/lb x 11013

Diferencia del precio total por las 11013 lb = COP 31.276.920

El bróker le informa al tostador que la Opción Call Compo vía diferencia de precio le generó un saldo a favor de COP 31.276.920 que es consignado de inmediato en la cuenta del tostador. Pero, adicionalmente, le informa que por haber vendido la opción call antes del vencimiento, esta tenía un valor residual o un DELTA de USD 0,04/lb que, a la TRM del día de la negociación, COP 4.959, corresponden a COP 198/lb, lo que representa un saldo adicional a favor de COP 2.184.538, dando como resultado:

Saldo a favor del tostador por la venta de la "Opción call" = COP 31.276.920 + COP 2.184.538

Saldo a favor del tostador por la venta de la "Opción call" = COP 33.461.458

Para terminar, el tostador le resta el saldo a favor obtenido por la venta de la Opción Call Compo al valor total pagado por el café físico, para hacer el balance general de la operación, teniendo el siguiente resultado:

Balance de la operación = COP 106.198.359 - COP 33.461.458

Balance de la operación = COP 72.736.901

$$\text{Valor final pagado por cada libra} = \frac{72.736.901}{11013}$$

Valor final pagado por cada libra = COP 6.604/lb

Al final del ejercicio, el Tostador obtiene un precio por libra que está por debajo del valor que presupuestó el 11 de enero de 2023, teniendo la oportunidad de aumentar la rentabilidad de su negocio, mientras que los demás tostadores que no conocen o que no utilizan estas herramientas se enfrentan a una situación financiera difícil debido a la subida de los precios del café a nivel internacional y de la TRM.

Como puedes ver, las opciones son una alternativa genial para la administración del riesgo de precios y si tenemos muy claros nuestros costos de producción en el caso de los productores o nuestros costos de adquisición de materia prima en el caso de los tostadores, y somos capaz de presupuestar muy bien el costo financiero de las opciones, nunca vamos a perder dinero en nuestras operaciones comerciales con café.

Capítulo 7:

PASANDO DE LA TEORÍA A LA PRÁCTICA

¿Qué necesitas para abrir una cuenta con un bróker que te permita negociar contratos de futuros y opciones de café?

En el desarrollo del libro he abordado la negociación de contratos de futuros y opciones de café en la bolsa y siempre he mencionado a los bróker pero ¿quiénes son estos actores y qué función cumplen en el mercado del café?

Un bróker es una empresa o persona que actúa como intermediario entre los compradores y vendedores de valores. Su función principal es facilitar las transacciones de valores entre los inversionistas y asegurar que se cumplan las regulaciones y normativas del mercado.

Los bróker aparecieron como intermediarios en el mercado bursátil en la década de 1790, en Nueva York, durante el auge de las operaciones bursátiles en Estados Unidos.

En ese momento, el creciente número de inversionistas que deseaban comprar y vender acciones hizo que fuera necesario establecer intermediarios entre ellos para facilitar la negociación y garantizar que se cumplieran las regulaciones y normativas del mercado. Fue entonces cuando apareció la figura de los bróker como intermediarios.

El objetivo principal de los bróker era facilitar el proceso de negociación y reducir los riesgos asociados con la compraventa de acciones. Esto se logró mediante la creación de un mercado organizado, en el que los intermediarios actuaban como corredores, conectando a los compradores y vendedores de acciones y asegurando que se cumplieran las regulaciones y leyes aplicables.

Los bróker pueden ofrecer servicios de diferentes tipos, desde la simple ejecución de órdenes de compra y venta de valores, hasta proporcionar asesoramiento financiero y análisis de mercado. Los bróker también pueden dar acceso a diferentes tipos de productos financieros, como acciones, opciones, futuros, bonos y fondos de inversión.

También cumplen un papel importante en la regulación del mercado, ya que están sujetos a las regulaciones y leyes federales y estatales. Por lo tanto, deben cumplir con las normativas de protección al inversor, tales como la divulgación de información completa y precisa sobre los valores que ofrecen y las comisiones que cobran.

¿Cuáles son los requisitos que debes cumplir como empresario cafetero para abrir una cuenta con un bróker que te permita realizar negociaciones de contratos de futuros y opciones?

Para abrir una cuenta con un bróker y negociar contratos de futuros y opciones de café en la Bolsa de Nueva York, un productor, tostador o comercializador de café debe cumplir los siguientes requisitos:

- **Registro:** el empresario de café debe registrarse con el bróker y proporcionar la información necesaria, incluyendo su nombre, dirección, número de teléfono, dirección de correo electrónico, identificación gubernamental y número de seguridad social.

- **Verificación de identidad**: el bróker debe verificar la identidad del empresario, lo que puede incluir la revisión de documentos como un pasaporte o una licencia de conducir, registros de representación legal, certificados bancarios, entre otros.
- **Evaluación de la experiencia**: el bróker puede requerir que el empresario de café tenga experiencia en el comercio de futuros y opciones de café.
- **Financiación de la cuenta**: el empresario debe depositar fondos en su cuenta de corretaje para cubrir el margen y las garantías requeridas por la Bolsa de Nueva York. Adicionalmente también se pueden requerir los estados financieros de la compañía y la distribución accionaria de la misma.
- **Conocimiento del mercado**: el empresario cafetero debe tener conocimientos sobre los fundamentos del mercado del café y los factores que pueden influir en los precios de los contratos de futuros y opciones de café.
- **Comprensión del riesgo**: el empresario debe entender los riesgos asociados con el comercio de futuros y opciones de café, incluyendo el riesgo de pérdida de capital.
- **Cumplimiento de regulaciones**: el productor, tostador o comercializador de café debe cumplir con las regulaciones y leyes aplicables al comercio de futuros y opciones de café en la Bolsa de Nueva York.

Es importante destacar que estos requisitos pueden variar dependiendo del bróker y de la Bolsa de Nueva York, por lo que es recomendable que como empresario cafetero te informes específicamente sobre los requisitos de tu bróker antes de abrir una cuenta.

¿Cuáles son algunos de los bróker con los que como empresario de café puedes abrir una cuenta que te permita negociar contratos de futuros y opciones de café?

Algunos de los bróker que te pueden servir como intermediario para que desarrolles tus estrategias de administración de riesgo de precios del café basada en negociación de contratos de futuros y opciones son:

- **StoneX**: es líder en la negociación de contratos de futuros y opciones en la bolsa de Nueva York, y es uno de los más reconocidos en el mercado de café. StoneX ofrece una plataforma de negociación en línea que permite a los inversionistas acceder a una amplia gama de productos financieros y datos de mercado en tiempo real. Su sitio web es https://www.stonex.com/.
- **HedgePoint Global Markets**: se especializa en la gestión de riesgos y la negociación de productos financieros derivados, incluyendo contratos de futuros y opciones de café. Ofrece una plataforma de negociación en línea de vanguardia y un equipo de profesionales altamente capacitados y experimentados. Su sitio web es https://hedgepointglobal.com.
- **Interactive Brokers:** Bróker en línea que permite a los inversionistas negociar una amplia gama de productos financieros, incluyendo contratos de futuros y opciones de café. Ofrece una plataforma de negociación en línea avanzada y tarifas competitivas. Su sitio web es https://www.interactivebrokers.com/.
- **TD Ameritrade**: Bróker en línea que permite a los inversionistas negociar una amplia gama de productos financieros, incluyendo contratos de futuros y opciones de café. Ofrece una plataforma de negociación en línea fácil de usar y un servicio al cliente excepcional. Su sitio web es https://www.tdameritrade.com/.
- **E-Trade**: otro Bróker en línea que permite a los inversionistas negociar una amplia gama de productos financieros, incluyendo contratos de futuros y opciones de café. Ofrece una plataforma de negociación en línea intuitiva y tarifas competitivas. Su sitio web es https://www.etrade.com/.
- **Charles Schwab**: Bróker en línea que permite a los inversionistas negociar una amplia gama de productos financieros, incluyendo contratos de futuros y opciones de café. Ofrece una plataforma de negociación en línea fácil de usar y una amplia variedad de recursos educativos. Su sitio web es https://www.schwab.com/.

Cada uno ofrece diferentes servicios y características únicas, por lo que es importante que investigues y compares para elegir el bróker que mejor se adapte a tus necesidades y objetivos de inversión.

Declaración para el futuro

A modo de compromiso contigo querido lector, quiero contarte que mientras que escribo este libro estamos creando Lavaive Financiera, empresa que tiene como objetivo volver fácil, rápido y asequible la utilización de opciones para cualquier actor de la cadena que se quiera proteger ante la volatilidad del mercado y asegurar la utilidad de su negocio cafetero.

En el momento en el que escribo estas líneas no estoy seguro cómo ni cuándo haremos realidad el sueño de poner al servicio de cualquier empresario cafetero las bondades de la utilización de las opciones como estrategia de administración de riesgo de precios del café. Pero lo que sí tengo claro es que trabajaré hasta el cansancio para lograrlo y al cabo de unos años, tú como productor, tostador, comercializador o exportador podrás contactarme con el deseo de ganar siempre en el negocio del café y nosotros, por medio de Lavaive Financiera, te acompañaremos en ese camino de construcción de un negocio sostenible y rentable a largo plazo.

Capítulo 8:

EL ORIGEN Y SU RELACIÓN CON EL DISEÑO DE TU ESTRATEGIA

Todo empresario cafetero debe conocer el origen de su materia prima. En nuestro caso, es la finca cafetera. Por esta razón es importante que sepas cuáles son las variables que afectan directamente la producción de café.

Este contexto general de las características de la producción de café te servirá para entender, independientemente del lugar que ocupes en la cadena de valor del café, lo que puede cambiar desde el origen y así poder diseñar tus estrategias de negocio de una manera más eficaz y con un mayor criterio.

Para el ejercicio práctico de este libro realizamos una simulación comercial de la década comprendida entre 2010 y 2020 de una finca con una producción promedio de 28.000 kg de CPS al año, del suroeste de Antioquia, Colombia.

En esta simulación tuvimos en cuenta cada una de las variables que un empresario cafetero debería analizar a fondo antes de tomar cualquier decisión de inversión en cualquier proyecto de café. Los parámetros fueron los siguientes:

Variedad de café:

Lo primero que debes determinar como empresario cafetero al momento de iniciar tu proyecto productivo es qué variedad o variedades de café vas a tener en tu finca. Esta decisión es fundamental para garantizar tus resultados en el largo plazo del negocio.

Esta es una elección que puede afectar la empresa cafetera por los próximos 20 años; por lo tanto, no se debe hacer a la ligera ni por moda y deber ir en línea con el objetivo fundamental de la empresa en el mediano y largo plazo.

Para la simulación que desarrollamos en este libro, se escogió la variedad Castillo, pues el objetivo fundamental de esta empresa cafetera está enfocado a la productividad con un posible flujo de caja constante con una materia prima de una calidad estándar que cumpla con las características de un café excelso colombiano tipo exportación, que le dé la oportunidad a la compañía de vender el producto sin ningún problema en el mercado nacional y, eventualmente, entrar en el negocio de la exportación directa del café producido en la finca.

Si en tu caso, el objetivo fundamental no es la productividad, no te preocupes, sigue atento leyendo que los parámetros que mencionaré a continuación también aplican para varietales.

Origen genético

Conociendo el origen genético y la metodología de cómo fue creada la variedad que vas a sembrar en tu finca (o que vas a negociar con el caficultor si eres exportador o comercializador), ya puedes pensar en cómo seleccionar los mejores individuos de cada uno de los lotes establecidos y así iniciar con un programa propio de mejoramiento genético, que en el largo plazo te va a llevar a tener cafetos adaptados perfectamente a las condiciones ambientales específicas de la zona donde se estableció el proyecto, dándote un elemento más de diferenciación en tu empresa.

Y como este libro se trata de las estrategias para ganar siempre en el negocio del café, tienes que saber que la adaptación de los cafetos a la oferta ambiental de cada uno los lotes de tu finca es fundamental para garantizar la productividad y la calidad de los granos producidos. Es por esta razón que conocer al detalle el origen genético de la variedad o variedades que vas a sembrar y el diseño de un programa de mejoramiento genético y de adaptación propio será una estrategia fundamental para garantizar las ganancias en tu negocio cafetero.

Recuerda que para la simulación que te mostraré en capítulos posteriores la variedad escogida fue: Castillo y en el caso particular de esta variedad, podemos saber que fue creada por Cenicafé a partir del cruzamiento entre la variedad Caturra (progenitor femenino) y el Híbrido de Timor CIFC#1343 (progenitor masculino). Estos cruces, se cultivaron individualmente por progenie y se les realizó selección por vigor, porte bajo de las plantas, calidad en taza, producción, proporción de defectos de las semillas, tamaño del grano, resistencia completa e incompleta a H. Vastatrix y probable tolerancia a la enfermedad de las cerezas del café (Alvarado, 2002) (Selección por resistencia completa a la roya del cafeto) (Moreno, 2000).

Para la selección de los componentes de la variedad Castillo se tuvieron en cuenta los criterios de evaluación de resistencia completa e incompleta a la roya del cafeto en una o varias combinaciones, su porte bajo y fenotipo compatible en mezcla de progenies, la producción y adaptabilidad a las condiciones de la zona cafetera, así como la productividad similar o superior a la de las variedades Caturra y Colombia. Además, las características del grano y la calidad, similares o superiores a las de otras variedades tradicionalmente cultivadas y la incidencia de enfermedades diferentes a la roya no mayor a la observada en variedades tradicionales (Castillo, 1987).

Por último, se obtuvo una variedad compuesta que combina la resistencia a la roya del cafeto con la probable tolerancia a la enfermedad de las cerezas del café, aunadas a otras características agronómicas sobresalientes que hacen retributiva su adopción por parte de los caficultores.

Productividad

Conocer cuál es el potencial productivo de las variedades que vas a sembrar en tu empresa cafetera te ayudará a tener un marco de referencia de lo que puedes lograr a nivel de producción, este será un indicador de cuánto de ese potencial productivo estás aprovechando para empezar a diseñar estrategias para acercarte poco a poco a ese máximo de productividad en cada cosecha, haciendo de tu cultivo un sistema en constante mejoramiento sostenible. Y si eres exportador o comercializador, la productividad de tu proveedor te permitirá hacer unos compromisos y negociaciones más efectivas, pues sabrás con qué cantidad real de café podrías contar.

Los defectos del grano producidos por la variedad Castillo son similares a los de las variedades Caturra y Colombia, con una importante reducción entre el 7 y el 8 % en la proporción de grano caracol, cuando se le compara con la variedad Colombia. El éxito de la selección por tamaño del grano es un resultado muy notable al lograr una variedad compuesta que posee una proporción de café supremo superior a 80 % en promedio (Castillo, 1987).

La variedad Castillo, requiere del uso adecuado y oportuno de las prácticas para el establecimiento y manejo de los cafetales recomendadas por Cenicafé, entre las cuales se encuentra la selección de material de siembra (colinos), densidades de siembra superiores a 5.000 tallos o plantas/ha, así como los planes de fertilización basados en los análisis de suelos y en el reconocimiento de las condiciones particulares de los lotes, y el manejo integrado de plagas y arvenses, entre otros. El correcto manejo agronómico les garantiza a los caficultores ventajas adicionales en productividad en las diferentes regiones, acordes con las características particulares de suelo y clima de las respectivas áreas geográficas. Teniendo en cuenta el correcto manejo agronómico de la variedad cada árbol tiene un potencial genético de producción de 6,35 kg de cereza/año (Alvarado, 2005).

Oferta ambiental

Como empresario cafetero debe ser consciente de la oferta ambiental de la zona donde está ubicada tu finca. Esto te permitirá conocer cuáles son las épocas adecuadas de siembra, fertilización, manejo de arvenses y demás labores culturales necesarias para que su cultivo sea exitoso.

Conocer al detalle la oferta ambiental también te va a permitir hacer proyecciones de producción muy cercanas a la realidad y de este modo diseñar estrategias de administración de riesgo de precios y coberturas ajustadas a tus condiciones agronómicas. Además, te permitirá mantener a tus clientes informados de los posibles cambios de la oferta de los diferentes cafés que se están produciendo o se van a producir en la empresa cafetera.

Y si eres exportador, comercializador o tostador, conocer la oferta ambiental de la zona donde están ubicados tus proveedores te ayudará a construir una estrategia que te permita tener abastecimiento de café durante todo el año.

En la oferta ambiental, hay varios aspectos para tener en cuenta:

1. Temperatura
2. Precipitación: es la caída al suelo del agua contenida en la atmósfera
3. Evapotranspiración: cantidad de agua del suelo que vuelve a la atmósfera como consecuencia de la evaporación y de la transpiración de las plantas.
4. Distribución de lluvias
5. Horas de luz
6. Cantidad de energía solar

Para el caso particular de la simulación que vas a ver pronto, estos son los aspectos reales, tomados de la página https://es.weatherspark.com/ que tú también puedes consultar para ubicar las zonas que sean de tu interés.

Figura 3 Mapa de la distribución de la temperatura promedio anual sobre la geografía de Antioquia.

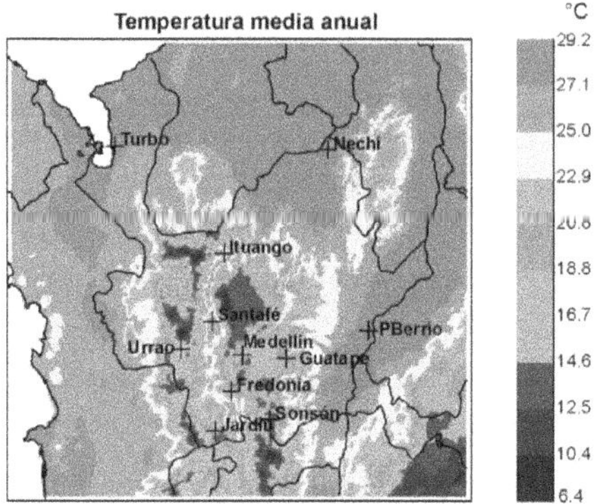

Fuente: https://es.weatherspark.com/y/22512/Clima-promedio-en-Antioquia-Colombia-durante-todo-el-año

Como se aprecia en la Figura 3, el área del suroeste de Antioquia, objeto de las simulaciones de producción, tiene una temperatura media anual de 18,8 a 20,8 grados centígrados. Ideal para el desarrollo del cultivo de café variedad Castillo.

Como empresario cafetero debes analizar muy bien si la temperatura media anual de la zona donde está ubicada la finca cafetera es la ideal para la variedad de café que elegiste para desarrollar tu proyecto cafetero.

Es un error muy común sembrar variedades por moda o por recomendación de caficultores con condiciones totalmente diferentes a las tuyas, situación que te puede llevar al fracaso en tu proyecto cafetero.

Figura 4 Mapa con la distribución de la cantidad de lluvia promedio anual sobre la geografía de Antioquia.

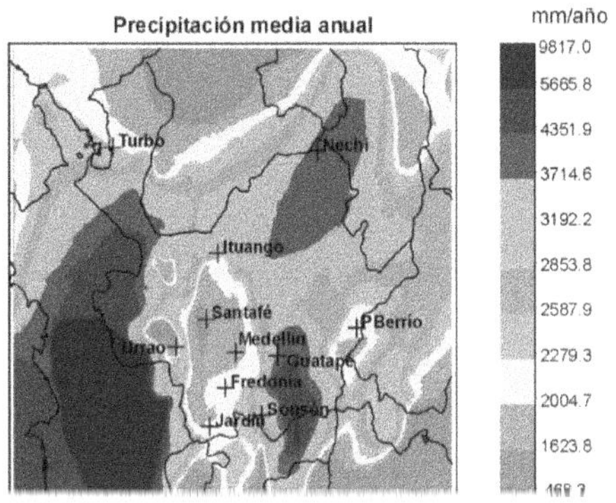

Fuente: https://es.weatherspark.com/y/22512/Clima-promedio-en-Antioquia-Colombia-durante-todo-el-año

Como se aprecia en la Figura 4, el área del suroeste de Antioquia tiene una precipitación media anual de 1623,8 a 2004,7 mm/año.

Como empresario cafetero debes asegurar que en la zona donde se va a llevar a cabo tu proyecto, tengas unos niveles de precipitación adecuados para la variedad escogida para la siembra.

Figura 5 Mapa con la distribución de la cantidad de evapotranspiración anual promedia sobre la geografía de Antioquia.

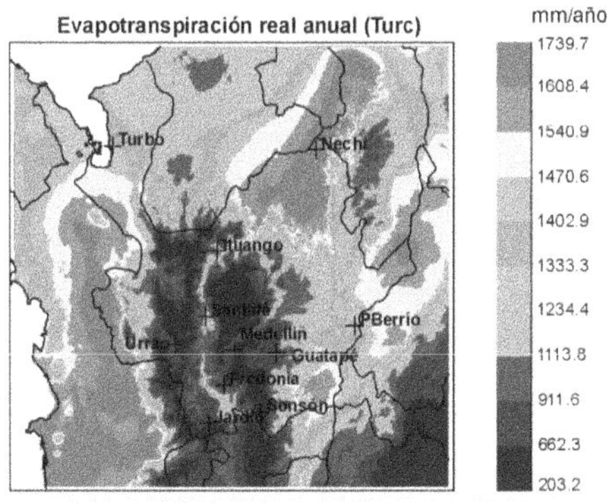

Fuente: https://es.weatherspark.com/y/22512/Clima-promedio-en-Antioquia-Colombia-durante-todo-el-año

Como se aprecia en la Figura 5, el área del suroeste de Antioquia tiene una evapotranspiración real anual de 662,3 a 911,6 mm/año.

Cuando se analice la evapotranspiración, debes tener en cuenta que la diferencia entre la precipitación y la evapotranspiración sea la adecuada para garantizar la cantidad de agua necesaria para el excelente desarrollo de la variedad escogida para desarrollar tu proyecto.

Cuando la precipitación es la adecuada, pero la evapotranspiración es muy alta se puede dar un déficit hídrico que puede afectar la calidad y la productividad del cultivo.

Figura 6 Mapa con la distribución de la cantidad de precipitación mensual en las diferentes subregiones del departamento.

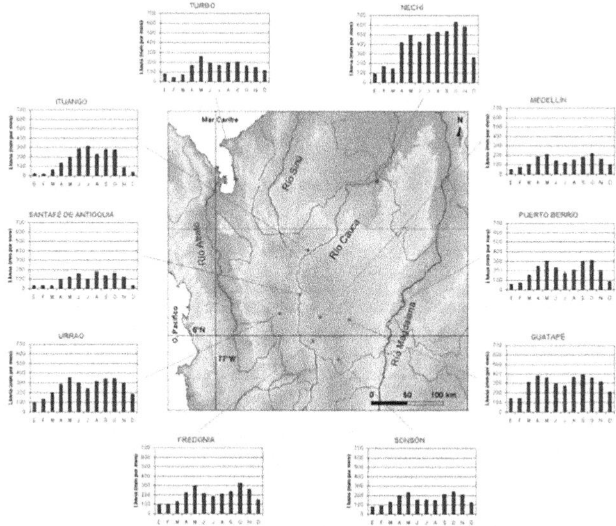

Fuente: https://es.weatherspark.com/y/22512/Clima-promedio-en-Antioquia-Colombia-durante-todo-el-año

Como se aprecia en la Figura 6, el área del suroeste de Antioquia tiene una precipitación mayor en los meses de abril, mayo, septiembre, octubre y noviembre y una precipitación baja en los meses de enero, febrero, marzo y diciembre.

Conocer la distribución de las lluvias va a ser fundamental para la programación de la construcción de los semilleros, el establecimiento de los almácigos, determinar la época ideal de siembra, hacer la planeación de la fertilización, del monitoreo de plagas y enfermedades, del manejo de arvenses, de las podas y demás labores culturales.

Hay que tener en cuenta que este comportamiento de las lluvias puede cambiar si se están presentando fenómenos climáticos como los de la Niña o el Niño, los cuales pueden cambiar sustancialmente estos promedios históricos. Esta situación te obliga a investigar cuáles son las condiciones meteorológicas dominantes para los próximos años de tu proyecto y con base en ellos, realizar tus proyecciones de producción, el cálculo de las necesidades de fertilizantes, mano de obra y labores culturales, realizar programaciones de construcción de almácigos, preparación de terrenos y demás actividades necesarias para garantizar el éxito del proyecto cafetero.

Figura 7 Precipitación de lluvia mensual promedio.

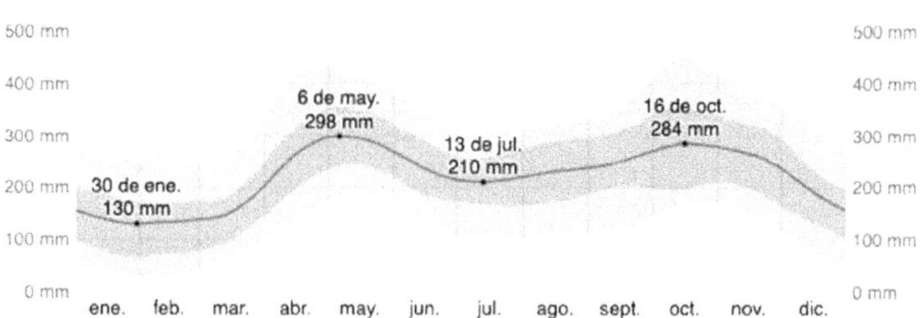

La lluvia promedio (línea sólida) acumulada en un periodo móvil de 31 días centrado en el día en cuestión, con las bandas de percentiles del 25° al 75° y del 10° al 90°.
Fuente: https://es.weatherspark.com/y/22512/Clima-promedio-en-Antioquia-Colombia-durante-todo-el-año

En la Figura 7 se observa cómo los picos de precipitación se dan en los meses de mayo y octubre y las precipitaciones más bajas se presentan en los meses de diciembre y enero.

Figura 8 Horas de luz natural y crepúsculo.

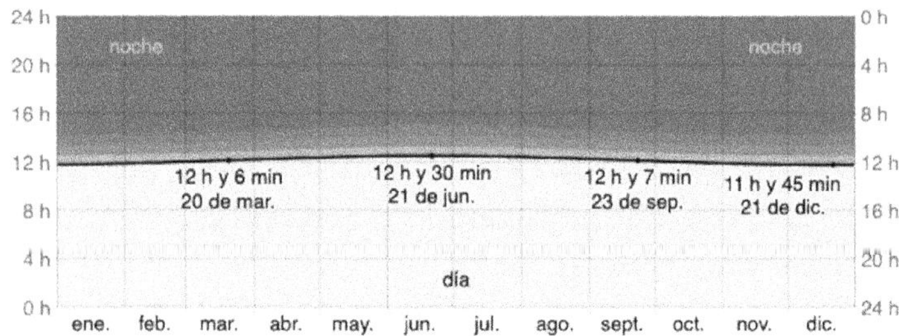

La cantidad de horas durante las cuales el sol está visible (línea negra). De abajo (más claro) hacia arriba (más oscuro), las bandas de color indican: luz natural total, crepúsculo (civil, náutico y astronómico) y noche total.
Fuente: https://es.weatherspark.com/y/22512/Clima-promedio-en-Antioquia-Colombia-durante-todo-el-año

En la Figura 8 se observa cómo las horas de luz en Antioquia son muy estables, teniendo un aumento en el mes de junio y una disminución en el mes de diciembre, situación dada por el equinoccio de verano y el equinoccio de invierno.

El conocimiento de la cantidad de horas de luz y de crepúsculo es fundamental para determinar si es necesario establecer sombrío o no dentro del cultivo, esto con el fin de optimizar el desarrollo metabólico de las plantas para obtener la mayor productividad y calidad de estas.

Figura 9 Energía solar de onda corta incidente diario promedio.

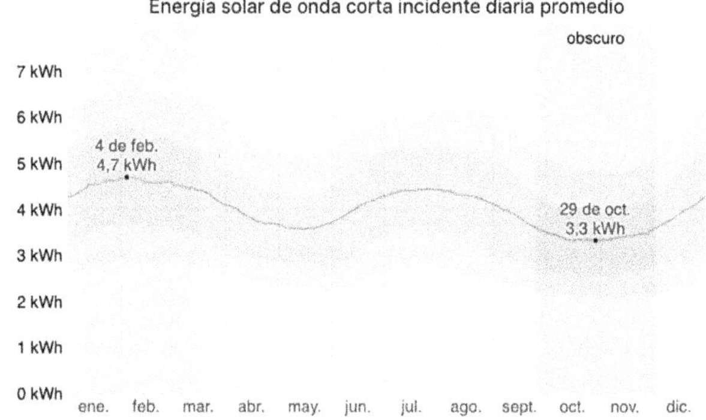

La energía solar de onda corta promedio diario que llega a la tierra por metro cuadrado (línea anaranjada), con las bandas de percentiles 25° a 75° y 10° a 90°.
Fuente: https://es.weatherspark.com/y/22512/Clima-promedio-en-Antioquia-Colombia-durante-todo-el-año

En la Figura 9 se observa que la mayor cantidad de energía solar promedio se presenta durante los meses de enero, febrero, julio y diciembre y los meses con menor energía solar incidente son los meses de abril, mayo, octubre y noviembre.

Soy consciente de que varios de los conceptos que acabas de leer no los conocías y mucho menos sabías que se podían medir y que existen sistemas de información que te pueden informar de manera general el comportamiento de la oferta ambiental de la zona donde estás desarrollando tu cultivo de café.

Puede ser un poco abrumador tratar de conocer toda esta información y más aún, tomar decisiones objetivas y con un criterio profesional basadas en la interpretación de estos análisis climáticos, pero como dice la expresión popular "Roma no se construyó en un día", debes ser consciente de que no te vas a volver un experto meteorólogo de la noche a la mañana, pero a medida que tengas en cuenta cada una de estas variables y registres cómo se comporta tu producción en respuesta a la oferta ambiental de tu finca, irás definiendo patrones que te van a llevar año a año a pronosticar cada vez mejor el comportamiento de tus cafetos.

El análisis y el monitoreo constante de estas variables es fundamental para el diseño de las estrategias de producción, para reaccionar rápidamente ante un eventual cambio de las condiciones ambientales y para desarrollar estrategias comerciales y de cobertura de precios basadas en proyecciones de producción según el comportamiento climático de la zona donde está ubicada la finca cafetera.

Capítulo 9:

TODA ESTRATEGIA SE BASA EN LOS COSTOS

Costos de producción

El cálculo de los costos es fundamental en cualquier eslabón de la cadena de valor del café. Sin el conocimiento detallado de cuánto nos vale cada unidad que estamos comercializando es imposible establecer cualquier estrategia de administración de riesgo de precio.

Los costos de producción son vitales para conocer la rentabilidad en cada negocio o en cada proyecto que desarrolle la compañía y por esta razón no se puede avanzar en el diseño de estrategias que te permitan como empresario ganar siempre en el negocio del café, sin conocer tus costos y los factores que los pueden afectar.

Para este libro detallé la estructura de costos de una finca cafetera, pues es en esta parte de la cadena en la que más falta hace el cálculo juicioso de cada uno de los costos.

Los costos de producción que tuve en cuenta para la simulación, a partir del año 2010, están expuestos en las siguientes tablas y fueron actualizados año por año con el valor de inflación en el periodo comprendido entre 2010 y 2020.

Tabla 2: Costos de mano de obra del año 2010, del cultivo base tomado para las simulaciones.

Costos de mano de obra					
Actividad	Descripción de la actividad	Unidad de medida	Datos nacionales	Valor/Ha	Número de jornales
Germinador	*Construcción de germinador*	*m2 por jornal*	*3*	*$719.985*	*26*
Almácigo	*Construcción de almácigo*	*m2 por jornal*	*0,1*	*$959.980*	*35*
	Llenado de bolsas	*Bolsas por jornal*	*545*	*$1.761.431*	*64*
	Siembra de chapolas	*Chapolas por jornal*	*2043*	*$469.887*	*17*
	Resiembra de chapolas	*Chapolas por jornal*	*1165*	*$824.017*	*30*
	Imprevistos				
			Subtotal	*4.735.301*	*146*
Siembra	*Desrame*	*Árboles por jornal*	*700*	*$1.371.400*	*50*
	Eliminación de arboles - sierra manual	*Árboles por jornal*	*336*	*$2.857.083*	*104*
	Retiro de leña	*Colinos por jornal*	*700*	*$1.371.400*	*50*
	Trazo	*Estacas por jornal*	*800*	*$1.199.975*	*44*
	Ahoyado	*Hoyos por jornal*	*200*	*$4.799.900*	*175*
	Distribución de colinos de café en el lote	*Colinos por jornal*	*800*	*$1.199.975*	*44*
	Aplicación de materia orgánica	*Hoyos por jornal*	*800*	*$1.199.975*	*44*
	Aplicación de correctivos	*Hoyos por jornal*	*800*	*$1.199.975*	*44*

Costos de mano de obra					
Siembra	*Siembra*	*Colinos por jornal*	*250*	*$3.839.920*	*140*
	Imprevistos				
			Subtotal	*$19.039.603*	*694*
Levante	*Primera selección de chupones*	*Árboles por jornal*	*428*	*$2.242.944*	*82*
	Segunda selección de chupones	*Árboles por jornal*	*657*	*$1.461.157*	*53*
	Tercera selección de chupones	*Árboles por jornal*	*657*	*$1.461.157*	*53*
	Plateo manual 0 a 12 meses	*Árboles por jornal*	*400*	*$2.399.950*	*88*
	Plateo manual 12 a 24 meses	*Árboles por jornal*	*400*	*$2.399.950*	*88*
	Desyerba con guadaña	*Jornales por hectárea*	*2*	*$54.856*	*2*
	Fertilización de cafetales	*Árboles por jornal*	*993*	*$966.747*	*35*
	Imprevistos				
			Subtotal	*$10.986.761*	*401*
Lote producción	*Plateo manual*	*Árboles por jornal*	*600*	*$1.599.967*	*58*
	Desyerba con machete	*Jornales por hectárea*	*14*	*$383.992*	*14*
	Fertilización de cafetales convencional	*Árboles por jornal*	*818*	*$1.173.570*	*43*
	Imprevistos				
			Subtotal	*$3.157.528*	*115*
Broca y otros	*Evaluación nivel de infestación*	*Jornales por hectárea*	*0,17*	*$4.663*	*0*
	Aplicación con bomba de espalda	*Jornales por hectárea*	*2*	*$54.856*	*2*
	Imprevistos				
			Subtotal	*$59.519*	*2*
Recolección	*Recolección*	*kg de café cereza por jornal*	*65*	*$59.075.692*	*2154*

Costos de mano de obra					
Beneficio	*Kilos beneficiados por un trabajador*	*kg de café cereza por jornal*	*2000*	*$479.990*	*18*
Otras labores	*Deschuponada de lotes de producción*	*Jornales por hectárea*	*3*	*$82.284*	*3*
	Desbejucar	*Jornales por hectárea*	*2*	*$54.856*	*2*
			Subtotal	*$59.692.822*	*2176*
			Total costos MO	***$98.391.519***	***3561***

Fuente: Estadísticas del Centro de Investigación en Café de la Federación Nacional de Cafeteros - Cálculos del autor.

Se debe tener en cuenta que para los cálculos realizados en la tabla anterior tomé un valor promedio del jornal de COP 27.428 (valor en 2010). Y el cálculo promedio nacional de eficiencia por labor es el calculado por el centro de investigación CENICAFE; tener estos referentes de eficiencia por labor estimados por una institución tan respetada como CENICAFE te puede ayudar a medir que tan lejos o cerca estás de estos números y si después de medir tus resultados ves que te falta eficiencia con respecto a lo medido por el centro de investigación, puedes empezar a pensar en cómo mejorar la eficiencia en tu empresa; con cada pequeña mejora te dirigirás a conseguir un negocio cada vez más ganador, eficiente y sostenible.

Tabla 3: Costos de referencia en 2010 de insumos, del cultivo base tomado para las simulaciones.

Costo de insumos					
Actividad		Unidades a utilizar			
	Insumos	Unidad	Cantidad	Valor unitario ($/unidad)	Valor total
Germinadores	*Guadua inmunizada*	*Guadua*	*30*	*$3.750*	*$112.500*
	Arena	*m3*	*51*	*$35.000*	*$1.785.000*
	Gravilla	*m3*	*15,6*	*$48.000*	*$748.800*
	Puntillas de 2.5 y 3"	*lb*	*7,8*	*$1.750*	*$13.650*

Costo de insumos					
Actividad		Unidades a utilizar			
	Insumos	Unidad	Cantidad	Valor unitario ($/unidad)	Valor total
Germinadores	*Manguera de ½ pulgada*	*und*	*7,8*	*$65.350*	*$509.730*
	Costal de fique	*und*	*31,2*	*$7.599*	*$237.089*
	Semillas	*kg*	*15*	*$11.000*	*$165.000*
	Fungicida	*100 g*	*7,8*	*$18.200*	*$141.960*
	Alambre para amarrar	*kg*	*23,4*	*$3.600*	*$84.240*
	Puntilla 2-1/2 y 3" con cabeza	*lb*	*6*	*$2.300*	*$13.800*
	Imprevistos				
				Subtotal	*$3.811.769*
Almácigo	*Bolsas*	*Paquete/1000*	*36*	*$10.000*	*$360.000*
	Pulpa de café compostada	*kg*	*6000*	*$1.300*	*$7.800.000*
	Guadua inmunizada	*Guadua*	*24*	*$3.750*	*$90.000*
	Fertilizantes	*kg*	*12*	*$22.000*	*$264.000*
	Malla de sombra	*m2*	*306*	*$4.500*	*$1.377.000*
	Imprevistos				
				Subtotal	*$9.891.000*
Siembra	*Lima*	*und*	*30*	*$5.000*	*$150.000*
	Machete	*und*	*30*	*$10.000*	*$300.000*
	Guadañadora	*und*	*6*	*$300.000*	*$1.800.000*
	Gasolina	*Galón*	*60*	*$9.000*	*$540.000*
	Materia orgánica	*Bulto x 50*	*300*	*$11.850*	*$3.555.000*
	Correctivo	*Bulto x 50*	*612*	*$19.800*	*$12.117.600*
	Imprevistos				
				Subtotal	*$18.462.600*
Levante	*Fertilizante*	*Bulto x 50*	*30*	*$85.000*	*$2.634.900*
	Insecticida	*lt*	*3,6*	*$29.000*	*$104.400*
	Fungicida	*lt*	*6*	*$38.700*	*$232.200*
	Imprevistos				
				Subtotal	*$2.971.500*

Costo de insumos					
Actividad		Unidades a utilizar			
	Insumos	Unidad	Cantidad	Valor unitario ($/unidad)	Valor total
Producción	*Fertilizante compuesto*	*Bulto x 50*	*96*	*$85.000*	*$2.500.000*
	Fungicida	*lt*	*6*	*$38.700*	*$232.200*
	Insecticida	*lt*	*6*	*$29.000*	*$450.000*
	Imprevistos				
				Subtotal	*$3.182.200*
Cosecha	*Canasta recolectores*	*und*	*60*	*$30.000*	*$1.800.000*
	Costales recolectores	*und*	*1200*	*$500*	*$600.000*
	Pesa	*und*	*12*	*$30.000*	*$360.000*
	Imprevistos				
				Subtotal	*$2.760.000*
Beneficio y secado	*Depreciación del beneficio*	*Años*	*6*	*$1.000.000*	*$6.000.000*
	Mantenimiento del beneficio	*Años*	*6*	*$300.000*	*$1.800.000*
	Combustible (cisco)	*kg*	*1200*	*$1.000*	*$1.200.000*
	Depreciación del secado	*Años*	*6*	*$800.000*	*$4.800.000*
	Mantenimiento del secado	*Años*	*6*	*$200.000*	*$1.200.000*
	Imprevistos				
				Subtotal	*$15.000.000*
				Total costo	***$56.079.069***

Fuente: Estadísticas del Centro de Investigación en Café de la Federación Nacional de Cafeteros - Cálculos del autor.

El cálculo de los costos es fundamental en cualquier eslabón de la cadena de valor del café. *Sin el conocimiento detallado de cuánto nos vale cada unidad que estamos comercializando* es imposible establecer cualquier estrategia de administración de riesgo de precio.

Figura 10 Panel de control de costos en 2010 de la finca cafetera tomada como base para realizar las simulaciones.

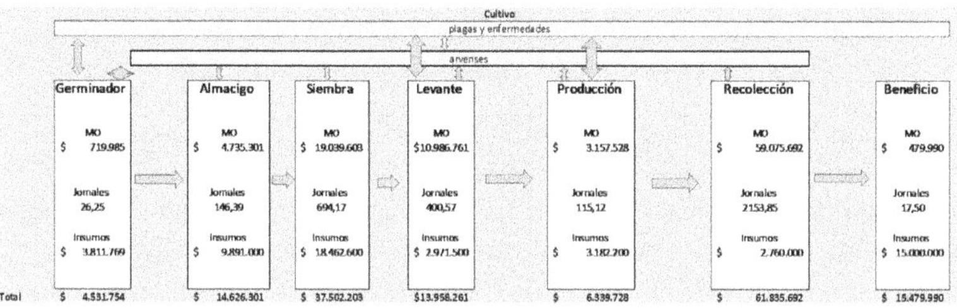

Fuente: Estadísticas del Centro de Investigación en Café de la Federación Nacional de Cafeteros - elaborado por el autor.

En el panel de control de la Figura 10 puedes observar en tiempo real los costos de cada una de las etapas productivas del cultivo del café.

De esta manera eres consciente de la eficiencia en la utilización de mano de obra y de insumos durante todo el ciclo del cultivo. Teniendo como soporte los cálculos anteriores, la simulación de los costos de producción tendrán un valor total de COP 154.273.929.

Como empresario cafetero debes vigilar cada uno de tus costos, saber cómo su aumento o disminución puede mejorar o afectar negativamente la eficiencia de tu negocio.

El conocimiento detallado de tus costos será fundamental en el momento en que estés diseñando tus estrategias de administración de riesgo de precios, porque son estos costos los que determinarán si la estrategia es viable o no, independiente del eslabón de la cadena en el que te encuentres.

La premisa que debes seguir siempre es: si la oferta que encuentro en el mercado no cubre mis costos de producción o de adquisición, ni el costo de la herramienta de cobertura financiera que estoy evaluando, esta estrategia no se puede ejecutar. Pero si la oferta del mercado cubre los costos de producción o adquisición proyectados, el costo de la herramienta financiera y te da el margen de utilidad que esperas, esa estrategia de administración de riesgo se debe ejecutar.- Y así es como se gana siempre en el negocio del café.

Costos de exportación de café

Aunque este libro nos centra en el análisis financiero de una finca de café, utilizando los costos de producción como base de las simulaciones que encontrarás más adelante, es importante que conozcas la estructura de costos de un exportador de café para tener una base clara que te permita realizar tus negociaciones y tomar las mejores decisiones de cobertura, asegurando siempre tu rentabilidad como exportador.

Los datos básicos que necesitas para realizar tus cálculos y conocer el balance financiero de tu ejercicio como exportador son los siguientes:

ORDEN DE PEDIDO	
Número de sacos	*250*
Peso neto x saco	*70*
Cantidad kg café Almendra	*17500*
Calidad de café	*EUROPA*
Factor de rendimiento esperado	*90*
Cantidad de café pergamino seco	*22500*
Precio por kilo + Bonificación (Conversión carga/CPS)	*$20.000*
Precio por kilo + Bonificación (Conversión arroba/CPS)	*$-*
Precio por kilo + Bonificación (Conversión Quintal/CPS)	*$-*
Factor conversión lb americana a kg	*2,2046*
Tasa de cambio	*$4.520*
Riesgo cambiario 2%	*$4.431*
Precio de Bolsa fijado con el cliente USD/lb	*$2,38*
Diferencial fijado con el cliente USD/lb	*$0,70*
Precio final negociado con el cliente	*$3,08*
Precio total en USD	*$118.828*

Después de tener lo anterior muy claro debes empezar a calcular tus costos desde el origen del café hasta tener la almendra lista para ser transportada al puerto de salida del país. Las principales variables para tener en cuenta están en el siguiente cuadro:

Transformación materia prima						
Detalle	Cantidad	Vl unitario	Subtotal COP	Valor USD	Valor USD X KG	%
Transporte Punto de compra a trilladora	22,5	$60.000	$1.350.000	$305	$0,0	0,3%
Cargue y descargue	22,5	$14.000	$315.000	$71	$0,0	0,1%
Materia prima	22500	$20.000	$450.000.000	$101.549	$5,8	88,1%
Trilla	250	$18.000	4.500.000	$1.015	$0,1	0,9%
Empaque	250	$5.800	$1.450.000	$327	$0,0	0,3%
Marcación	250	$2.500	$625.000	$141	$0,0	0,1%
Bolsa hermética tipo grain pro	250	$7.735	$1.933.750	$436	$0,0	0,4%
Control de calidades	250	$2.500	$625.000	$141	$0,0	0,1%
Envío muestra pre-embarque	1	$240.000	$240.000	$54	$0,0	0,0%
		Subtotal Fábrica	$461.038.750	$104.040	$5,9	90%

Como te puedes dar cuenta, más del 90 % (en este ejemplo) del costo total de la exportación de un contenedor de café se concentra en esta primera etapa del proceso y es por esta razón por la cual tienes que estar atento a las negociaciones y a los proveedores.

En el momento que tienes listo el café para para ser llevado al puerto de exportación, se deben tener en cuenta las siguientes variables:

Logística de exportación						
Detalle	Cantidad	Vl unitario	Subtotal COP	Valor USD	Valor USD X KG	%
Cargue	17,5	$7.500	$131.250	$30	$0,00	0,0%
Transporte Trilladora a puerto seguro incluido	20	$150.000	$3.000.000	$677	$0,04	0,6%
Comisión Agente aduana	1	$1.186.500	$1.186.500	$268	$0,02	0,2%
Gastos Operativos Agenciamiento Aduanero	1	$80.000	$80.000	$18	$0,00	0,0%
Inspección policía antinarcótico	1	$950.000	$950.000	$214	$0,01	0,2%
Elaboración DEX	1	$35.000	$35.000	$8	$0,00	0,0%
Elaboración SAE	1	$35.000	$35.000	$8	$0,00	0,0%
Almacenaje y Manipuleo en puerto	1	$1.200.000	$1.200.000	$271	$0,02	0,2%
Fitosanitario	1	$120.000	$120.000	$27	$0,00	0,0%
Fumigación	1	$250.000	$250.000	$56	$0,00	0,0%
Manipuleo en puerto	1	$850.000	$850.000	$192	$0,01	0,2%
Envio doumentos destino	1	$240.000	$240.001	$54	$0,00	0,0%

Logística de exportación						
Detalle	Cantidad	Vl unitario	Subtotal COP	Valor USD	Valor USD X KG	%
BL ORIGEN	*1*	*$158.200*	*$158.201*	*$36*	*$0,00*	*0,0%*
		Subtotal logísticos	$8.235.952	$1.859	$0,11	1,6%

Con el café a bordo del buque tienes que calcular los costos financieros y administrativos de la exportación teniendo en cuenta las siguientes variables:

Financieros y administrativos						
Detalle	Cantidad	Vl unitario	Subtotal COP	Valor USD	Valor USD X KG	%
Contribución cafetera	*$38.581*	*271,2*	*$10.463.032*	*$2.361*	*$0,13*	*2,0%*
4 x mil	*$537.102.289*	*0,004*	*$2.148.409*	*$485*	*$0,03*	*0,4%*
Comisión Broker	*$38.581*	*135,6*	*$5.231.516*	*$1.181*	*$0,07*	*1,0%*
Servicio a la deuda	*$537.102.289*	*2,0%*	*$10.742.046*	*$2.424*	*$0,14*	*2,1%*
Administrativos	*$537.102.289*	*2,0%*	*$10.742.046*	*$2.424*	*$0,14*	*2,1%*
Imprevistos	*$537.102.289*	*1,0%*	*$5.371.023*	*$1.212*	*$0,07*	*1,1%*
Bancos	*$537.102.289*	*0,4%*	*$1.879.858*	*$424*	*$0,02*	*0,4%*
		Subtotal logísitca	$46.577.929	$10.511	$0,60	9,1%

Con cada uno de los costos calculados puedes saber si tu operación de exportación es rentable o no y podrás tener todo el criterio para tomar las mejores decisiones financieras en tu ejercicio comercial.

Nota: Ten en cuenta que los valores que te presento en las tablas anteriores fueron datos de una exportación puntual realizada en 2022 y es muy probable que cada uno de los costos que calculé en ese momento hayan cambiado. Por lo anterior, solo utiliza estas tablas como una guía para calcular tus propios costos, teniendo en cuenta tus condiciones particulares.

¿Qué tal te pareció este acercamiento de los costos de exportación? Se qué si te interesa el tema de comercialización café quisieras tener aún más detalles y por eso te invito que escanees el siguiente QR y descubras el arte de comprar y vender café.

Capítulo 10:

EL PUNTO DE PARTIDA

Panel de simulación

En los más de 15 años que llevo en el negocio del café he tenido excelentes resultados en aquellas iniciativas en las que se han establecido objetivos, metas y estrategias claras y, aunque soy consciente de que en la ejecución de la mayoría de los proyectos empresariales ocurren situaciones que no estaban planeadas, tener un puerto fijado me ha permitido tomar las decisiones necesarias para resolver los imprevistos y llegar a él. Si como empresario cafetero no tienes tu propósito empresarial, tus objetivos, metas y estrategias claras, será casi imposible que logres resultados satisfactorios y sostenibles en el largo plazo.

Para realizar todos los cálculos de este libro fijé unas metas claras de numero de árboles, precio del jornal para el año de inicio de la simulación, producción de cereza promedio por árbol, producción total de cereza, conversión de cereza a pergamino y café pergamino seco producido en la empresa.

Como lo dije anteriormente, es probable que en la ejecución real de este proyecto los números cambien considerablemente, pero tener claro este panel de control será fundamental para reconocer cuáles son circunstancias que están afectando positiva o negativamente el logro de las metas propuestas y con esta identificación y entrada en conciencia será más fácil para nosotros redefinir las estrategias y así llegar a las metas propuestas por caminos emergentes que la misma realidad del negocio nos irá mostrando durante su ejecución.

Teniendo en cuenta la variedad de café, la oferta ambiental y las labores culturales estipuladas en los costos de producción, se tendrá en cuenta el siguiente panel de simulación para la realización de todos los cálculos de este libro.

Tabla 4: Panel de simulación para el año 2010.

PANEL DE SIMULACIÓN	
Numero de árboles	*35000*
Precio del jornal	*$ 27.428*
Producción de cereza promedio por árbol / kg	*4*
Producción total de cereza	*140000*
Conversión de cereza a pergamino	*5*
CPS producido	*28000*

Fuente: Estadísticas del Centro de Investigación en Café de la Federación Nacional de Cafeteros - Cálculos del autor.

Apoyado en el comportamiento climático expuesto anteriormente y la respuesta fisiológica de la variedad escogida para las simulaciones a dicho comportamiento, establecí que el 40 % de la producción total, que corresponde a 11.200 kg de café pergamino seco, se da en el mes de mayo (la traviesa) y el 60 % de la producción restante, que es equivalente a 16.800 kg de café pergamino seco, se da en el mes de noviembre (la cosecha).

Luego de tener la simulación del comportamiento de la producción de la finca, procederé a realizar la simulación de diferentes escenarios de comercialización de este café, teniendo en cuenta el comportamiento real en la dé-

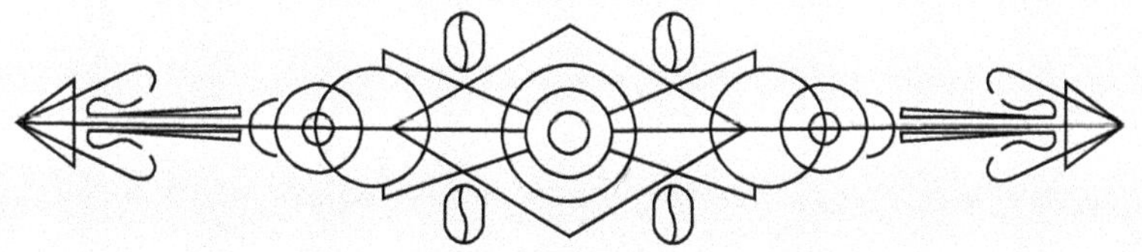

Si como empresario cafetero no tienes tu propósito empresarial, tus objetivos, metas y estrategias claras, será casi imposible que *logres resultados satisfactorios y sostenibles en el largo plazo.*

cada comprendida entre el año 2010 y el año 2020 de las siguientes variables:

Precio interno del café.

Gráfico 5: Precio interno promedio mensual de 125 kg de café pergamino seco en Colombia.

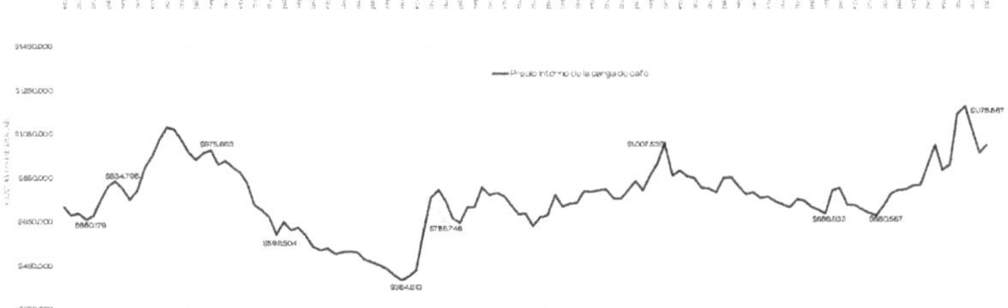

Fuente: Estadísticas cafeteras de la Federación Nacional de Cafeteros de Colombia.

Como puedes apreciar en el Gráfico 5, el precio interno de la carga de café (125 kg de café pergamino seco) en el mercado interno colombiano es muy volátil, teniendo picos muy altos como los observados en 2011 y depresiones considerables como las que se presentaron en 2013.

Estas fluctuaciones se deben a que el precio interno del café en Colombia se calcula por medio de una fórmula matemática que contiene variables con una volatilidad muy alta, tales como el precio de la libra de café en la Bolsa de Nueva York, la tasa representativa del mercado (TRM) y el diferencial de precio que tiene el café colombiano. Esta fórmula te la presento a continuación:

Figura 11: Fórmula para el cálculo del precio interno de la carga de café en Colombia.

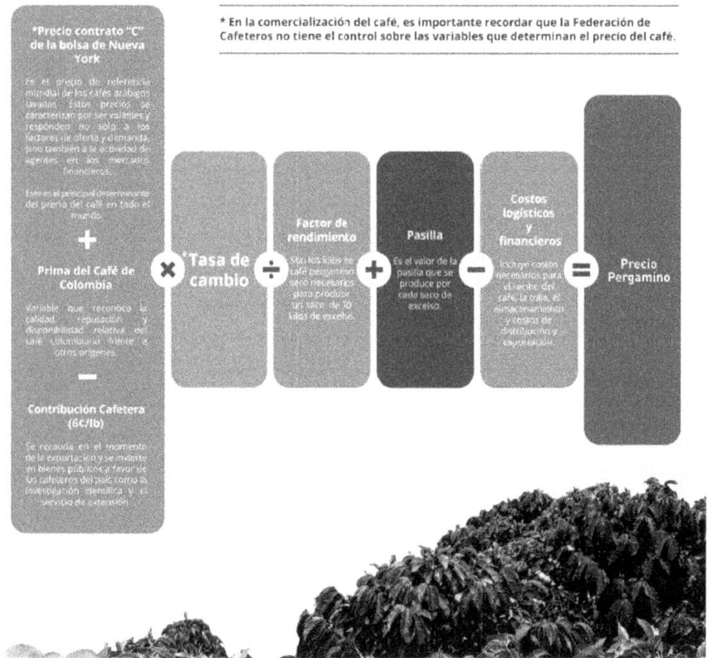

Fuente: Federación Nacional de Cafeteros de Colombia.

Al tener variables tan volátiles, la fórmula anterior somete al empresario cafetero a una incertidumbre financiera considerable, dado que, al no conocer el precio al cual va a vender o comprar su café, no puede hacer ningún presupuesto en su empresa cafetera.

Con este comportamiento extremo y volátil, conviene calcular el promedio del precio interno de la carga de 125 kg de café pergamino seco en el periodo comprendido entre el año 2010 y el año 2020, para determinar si el negocio cafetero eventualmente fue rentable, a pesar de los altibajos del precio. En este sentido se presenta el siguiente cuadro en el que se trae a valor presente el promedio del precio anual de la carga de café en la década analizada, precisando que la inflación promedio de estos años fue de 3,64%.

Tabla 5: Precio promedio anual de la carga de café en Colombia traído a valor presente con una inflación de 3,64%.

Año	Precio interno de la carga de café	Precio interno de la carga de café traído a valor presente
2010	$ 754.673	$ 1.079.029
2011	$ 976.024	$ 1.346.502
2012	$ 660.589	$ 879.328
2013	$ 466.374	$598.899
2014	$ 702.634	$870.750
2015	$716.423	$ 856.656
2016	$829.827	$ 957.408
2017	$ 818.148	$910.781
2018	$741.105	$910.781
2019	$ 787.473	$816.137
2020	$ 1.048.184	$1.048.184
Promedio del precio interno de la carga de café traído a valor prensente		$923.619

Fuente: Cálculos del autor basados en Estadísticas cafeteras de la Federación Nacional de Cafeteros de Colombia e históricos de inflación del Banco de la Republica.

Del análisis del precio promedio de la década analizada podemos deducir que, si el promedio de los costos de producción está por debajo de este valor, el empresario pudo obtener una utilidad en su empresa cafetera en este periodo de tiempo.

A continuación, te presento los cálculos de los costos de producción promedio traídos a valor presente, teniendo en cuenta la misma inflación promedio de 3,64 %

Tabla 6: Costo promedio anual de la carga de café traído a valor presente con una inflación de 3,64%.

Año	Precio interno de la carga de café traído a valor presente
2010	$ 688.723
2011	$ 713.792
2012	$ 739.774
2013	$ 766.702
2014	$ 794.610

2015	*$ 823.534*
2016	*$ 853.511*
2017	*$ 884.578*
2018	*$ 916.777*
2019	*$950.148*
2020	*$ 984.733*
Promedio del precio interno de la carga de café traído a valor prensente	$828.808

Fuente: Cálculos del autor basados en Estadísticas cafeteras de la Federación Nacional de Cafeteros de Colombia e históricos de inflación del Banco de la Republica.

Haciendo los cálculos de la rentabilidad promedio de la producción de una carga de 125 kg de café pergamino seco en la década analizada, evidenciamos una rentabilidad promedio del 11,43 %.

Este ejercicio general del análisis de los promedios de los precios internos y de los costos de producción traídos a valor presente de los 10 años estudiados, confirma que el negocio cafetero operado con una visión de mediano y largo plazo y aplicando estrategias con las que se puedan aprovechar los aumentos extremos de precio, para compensar las bajadas de estos, puede convertir la producción de café en un negocio rentable y sostenible.

Cotización internacional del café en la Bolsa de Nueva York.

Gráfico 6: Cotización de la libra de café en la Bolsa de Nueva York de la década analizada.

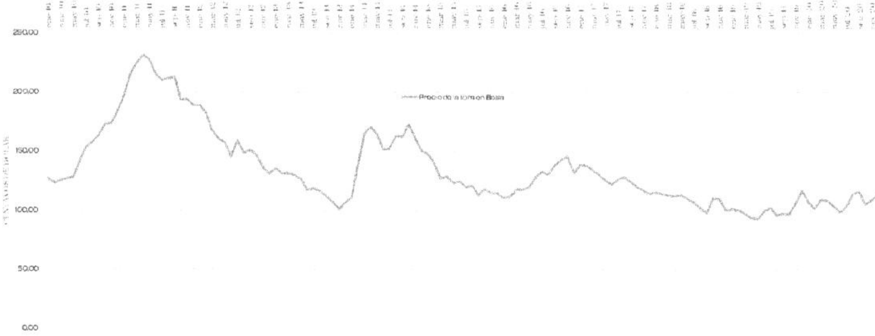

Fuente: Estadísticas cafeteras de la Federación Nacional de Cafeteros de Colombia.

En el gráfico anterior podemos apreciar cómo el precio de la libra de café en la Bolsa de Nueva York en los 10 años estudiados tiene una tendencia a la baja desde los altos precios obtenidos en el año 2011. Esta tendencia a la baja somete a una presión competitiva al productor de café, debido a que, si no se vuelve más eficiente en el manejo de sus costos y en su nivel de productividad o si no busca alternativas de diferenciación vía calidad en taza, puede quedar por fuera del mercado.

En el siguiente gráfico puedes apreciar que la tendencia a la baja de precio del café se extendió hasta el mes de junio de 2020, momento en el que el precio cambió de dirección por razones fundamentales, tales como: la crisis logística causada por la pandemia, los problemas climáticos en las zonas productoras de Brasil y Colombia.

Gráfico 7: Cotización de la libra de café en la Bolsa de Nueva York hasta el 26 de marzo de 2023.

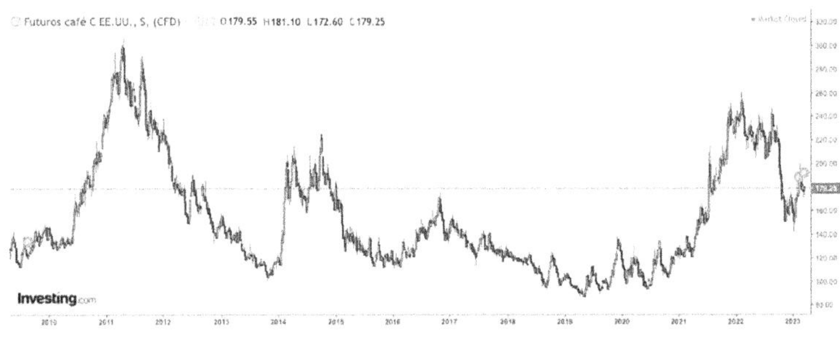

Fuente: Investing.com.

La situación de los empresarios cafeteros desde principios del año 2020 hasta octubre de 2022 no fue fácil: los precios del grano se dispararon, al mismo tiempo que todos los insumos necesarios para la producción también lo hicieron. Prueba de eso es el precio de la urea granular, insumo fundamental para la nutrición de los cultivos de café, que en menos de dos años aumentó un 189 %.

Gráfico 8: Cotización del área granular en la Bolsa de Nueva York hasta el 26 de marzo de 2023.

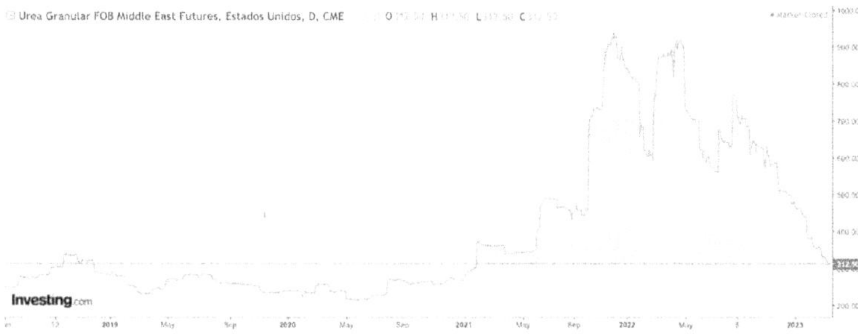

Fuente: Investing.com.

Pero, como ya te debes estar dando cuenta, los mercados son cíclicos y no suben o bajan para siempre y, al igual que el precio del café, el precio de la urea a nivel internacional empezó a bajar en los últimos meses de 2022, lo que significa que los fertilizantes también tuvieron una disminución en su precio y es probable que sigan esa tendencia.

Me alegra que a medida que avanzas en la lectura de este libro, vayas entendiendo que si como empresarios cafeteros somos capaces de medirle el pulso al mercado e identificar su comportamiento cíclico, podremos aprovechar ese conocimiento para diseñar estrategias que nos permitan siempre ganar dinero en este negocio, independientemente de la volatilidad momentánea del mercado.

Tasa representativa del mercado.

Gráfico 9: Tasa Representativa del Mercado en Colombia de los 10 años analizados.

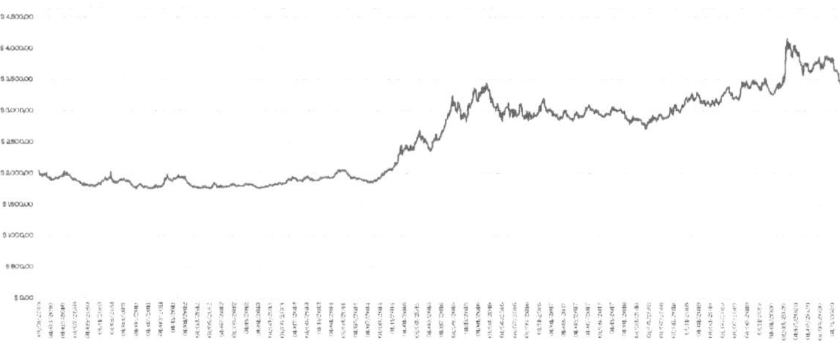

Fuente: Banco de la República de Colombia.

En el Gráfico 9, se evidencia una tendencia alcista en el comportamiento de la tasa representativa del mercado en 10 años analizados; hasta ahora, esto ha favorecido a los productores de café en Colombia, dado que en la medida en la que el peso colombiano se devalúa con respecto al dólar, el precio interno del café aumenta. Esta situación ha compensado de manera directa la tendencia a la baja que ha tenido el precio de la libra de café en la Bolsa de Nueva York, evitando una crisis de precios en el país, como la que se presentó en 2013.

En el mes de octubre de 2022 la TRM alcanzó un valor de COP 4.950 por cada dólar, cotización histórica que favoreció el precio interno del café, pero afectó directamente a los tostadores y, por consiguiente, a los consumidores finales que tuvieron que pagar más por su café.

En situaciones como estas es vital tener herramientas que permitan diseñar estrategias de administración del riesgo de volatilidad en la tasa de cambio. En el caso de los productores, deberían tener claro cómo aprovechar a mediano y a largo plazo esta subida histórica por medio de opciones put, que los cubran ante una eventual caída. Y los tostadores, comercializadores y exportadores deberían conocer detalladamente las herramientas que les permitan minimizar el riesgo de tasa de cambio al momento de firmar los contratos con sus clientes.

Cotización de las opciones put

Gráfico 10: Precio de las Opciones Put "ATM En-El-Dinero" con expiración a 1 año en pesos por cada 125 kg de café pergamino seco.

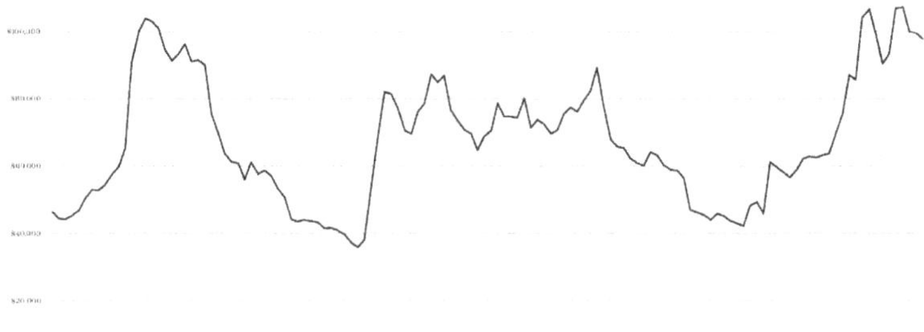

Fuente: Cálculos del autor

En el Gráfico 10 se muestra un comportamiento parecido al comportamiento del precio interno de la carga de café (125 kg de café pergamino seco) en Colombia, lo que significa que, al subir el precio interno del café en el país, las primas para acceder a esos precios en el futuro serán más costosas. En el caso contrario, se presentaría una situación similar: a menor precio interno de la carga de café, menor será el precio de las primas para acceder a estos precios en el futuro.

La clave en el análisis y monitoreo de los precios de las opciones es encontrar el momento exacto en el cual la relación costo – beneficio de la compra de la opción sea la ideal, permitiéndole al caficultor cubrir su producción a un precio que le genere la rentabilidad esperada.

En la posición de los tostadores, exportadores y comercializadores, es importante construir y monitorear la gráfica de precios de las primas de las opciones call. Estas opciones son herramientas que permiten a los actores del mercado asegurar un precio mínimo para el café. En caso de que comience a subir, la opción call les devolverá las ganancias generadas por dicho aumento, compensando así el incremento en el precio del café físico. En consecuencia, cuando uno de los actores del mercado identifique un precio del café o un precio de la prima que sean coherentes con su estructura de costos de adquisición de materia prima, debe aprovechar la oportunidad que le da el mercado para cubrirse y asegurar la rentabilidad de su negocio.

En el Gráfico 11 verás el precio de las primas de las opciones call ofrecidas por el mercado el 17 de mayo del 2023 para obtener el derecho y no la obligación a diferentes precios del café para diciembre del mismo año.

Gráfico 11: precio de las opciones call el 17 de mayo de 2023 para comprar en diciembre del mismo año.

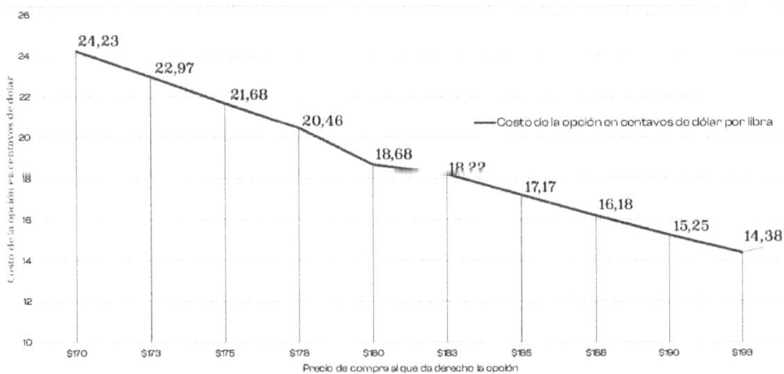

Fuente: https://www.barchart.com/futures/quotes/KCZ23/options/dec-23

¿Cómo interpretamos esta gráfica?
Si un tostador o un exportador firma un contrato el 17 de mayo de 2023 con uno de sus clientes para entregarle 15.000 libras de café el 15 de diciembre del mismo año, automáticamente este tostador o exportador queda expuesto al riesgo de que el precio comience a aumentar y con cada centavo de dólar que suba, será un centavo menos de utilidad en su negocio ¿Entonces qué debe hacer?

1. Calcular los costos de adquisición del café qué acaba de comprometer, que para este ejemplo equivalen a 179 centavos de dólar por libra. No olvides que en estos costos se incluye: el valor del café pergamino seco, el transporte hasta la planta, el costo de la trilla, las mermas de trilla y selección de defectos, el empaque, entre otros (si quieres repasarlos, ve al Capítulo 9 donde los encontraras detallados).
2. Se define el precio base que se negoció con el cliente, que para este ejemplo fue de 186 centavos de dólar por libra (que era el precio de la libra de café al cual cerró la Bolsa de Nueva York el día de la negociación), más el diferencial por calidad, que también fue fijado en el contrato, que para este caso fue de 45 centavos de dólar por libra; dando un total de negociación de 231 centavos de dólar por libra de café, los cuales pagará el cliente el 15 de

diciembre, cuando se cierre el negocio.

3. Ya con los costos de adquisición y el precio de venta claros, el tostador o exportador debe evaluar las diferentes alternativas de cobertura por medio de opciones y escoger la que sea más rentable para él. Para este ejemplo el tostador o exportador eligió la opción call que le da el derecho, pero no la obligación, de comprar estas 15.000 libras a 180 centavos por libra y que tiene un costo de prima de 18,68 centavos de dólar por libra. La compra de esta opción le da la tranquilidad al comercializador de que, si el precio el 15 de diciembre está por encima de los 180 centavos, la Bolsa le reconocerá cada centavo que esté por encima de ese valor, asegurando su rentabilidad.
4. Ahora que se conoce el costo de la cobertura financiera, el tostador o exportador se lo debe sumar al costo de adquisición del café que se comprometió a entregar el 15 de diciembre, dando como resultado un valor total de 197,68 centavos de dólar que sería el costo total por libra del café negociado.
5. Y si le restamos al precio pactado que es de 231 centavos de dólar por libra, el costo total, que es de 197,68 centavos de dólar por libra, tendremos una utilidad final de 33,32 centavos de dólar por libra. Esta utilidad ya estará asegurada por la opción. En el caso de presentarse un rebote en el mercado y el precio supere los 180 centavos de dólar por libra en la Bolsa, la opción compensará cada centavo de dólar que esté por encima. Y en el caso de que el precio baje, el tostador o exportador no estará obligado a ejercer la opción y podrá comprar el café más barato en el mercado, aumentando su margen de utilidad.

Después de este ejemplo te hago varias preguntas: ¿Cuánto vale tu tranquilidad? ¿Estarías dispuesto a aumentar en un 10 al 13 % tus costos para asegurar un 14,4 % de utilidad final en tu negocio cafetero? ¿O prefieres proyectar un 22,5 % de utilidad, pero quedando expuesto al mercado que en cualquier momento se puede poner en tu contra y causarte pérdidas sustanciales? ¿Qué camino escoger? Esto te lo diré en el siguiente capítulo.

Capítulo 11:

¿QUÉ CAMINO ESCOGER?

LOS CUATRO CAMINOS POSIBLES PARA LA NEGOCIACIÓN DE CAFÉ

A partir de este punto entraremos en materia: en las siguientes páginas haremos un recorrido por la misma década pero con cuatro diferentes caminos de comercialización del café de una misma empresa cafetera:

1. Vender de contado
2. Usar opciones de café
3. Usar contratos forward
4. Usar contratos de futuro

De forma paralela veremos cómo las mismas circunstancias y los mismos eventos de mercado pueden afectar a dos productores de maneras opuestas: entenderás también la importancia de conocer y utilizar de manera eficiente las diferentes herramientas de administración de riesgo de precios que existen. Entenderás con datos reales cómo el comportamiento del mercado internacional del café puede ser una verdadera pesadilla para un actor del mercado y cómo este mismo comportamiento volátil e impredecible del precio internacional y de la tasa de cambio puede no afectar negativamente a los participantes del mercado que saben cómo utilizar esta misma incertidumbre a su favor.

RENTABILIDAD DE LA EMPRESA CAFETERA VENDIENDO SU CAFÉ AL CONTADO EN LOS 10 AÑOS COMPRENDIDOS ENTRE 2010 Y 2020

El precio de contado es el precio actual del café, el cual permite negociar el producto para su entrega inmediata o pronta. Este es el modelo de negociación más utilizado en los países latinoamericanos y es la forma de negociación que está impresa en el imaginario de los caficultores tradicionales de café.

En esta forma de comercialización, el caficultor solo conoce el precio al cual le van a comprar su café en el momento que llega al punto de compra de la cooperativa o del comprador particular. Esto hace que el productor se convierta en un participante que solo recibe el valor calculado por el comprador, debido a que su único poder de negociación es comparar los precios que los demás compradores le ofrecen por su producto.

Además de no tener ningún poder de negociación, el caficultor posee otro problema al momento de negociar su grano de contado: no tiene posibilidad alguna de elaborar, revisar y/o ajustar su presupuesto, pues hace todo el proceso productivo totalmente a ciegas, ignorando cuál es el valor que recibirá cuando tenga su producto terminado.

En la siguiente simulación realizaré los cálculos de la rentabilidad de un productor que cumple con las características mencionadas en el capítulo de costos de producción, oferta ambiental y panel de simulación. En este ejercicio teórico se estableció que la estrategia de venta de este productor de café es la siguiente:

- El caficultor procesa su café y, al final de su proceso, ignora cuáles son exactamente sus costos de producción.
- Cuando sale de su finca con el café pergamino seco, el caficultor no sabe con certeza a cómo venderá su café.
- El caficultor no tiene la oportunidad de planear sus inversiones, dado que desconoce cuánto dinero recibirá cuando venda su café.
- El caficultor no tiene control de sus finanzas y está expuesto al vaivén del mercado.

Por absurdo que parezca, esta es la estrategia más utilizada por los caficultores en Colombia y en casi todos los países productores para comercializar su café.

A continuación, te presentaré el comportamiento financiero de esta estrategia, teniendo en cuenta los precios mensuales promedio de cada uno de los años analizados.

2010

Considerando las condiciones establecidas en el punto del panel de simulación, se tiene claro que el productor objeto de esta simulación ofrece al mercado el 40 % de su café pergamino seco en el mes de mayo (la traviesa), y el 60 % restante en noviembre (la cosecha).

Tomando los datos del punto en el que se calcularon los costos de producción de la empresa cafetera en cuestión, se tiene que para 2010 los costos de producción de 125 kg de café pergamino seco eran de COP 688.723.

Gráfico 12: Precio interno mensual promedio de 125 kg de café pergamino seco en Colombia en el año 2010.

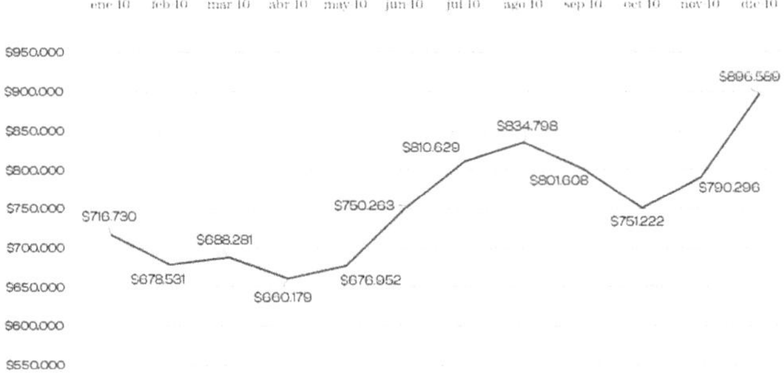

Fuente: Estadísticas cafeteras de la Federación Nacional de Cafeteros de Colombia.

Del análisis del Gráfico 12, se deduce lo siguiente:

El productor objeto de esta simulación empieza en 2010 con buenas expectativas, evidenciando que el precio promedio del mes de enero está por encima COP 28.007 de sus costos de producción.

En el mes de febrero el panorama cambia y el precio se ubica COP 10.192 por debajo de los costos de producción calculados por el productor. Pero, como aún faltan tres meses para ofertar su café en el mercado, el caficultor guarda las esperanzas de que el precio se recupere para el mes de mayo.

En el mes de marzo el precio reacciona un poco, pero en los meses de abril y mayo cae nuevamente llegando al precio promedio de COP 676.952, valor que está por debajo de los costos de producción en COP 11.771 por carga de 125 kg de café pergamino seco, lo que significa para el productor una pérdida del 1.7 % en la venta del 40 % de su producción anual.

Luego de vender el 40 % de su producción anual con una pérdida del 1,7 %, el productor ve cómo en los meses de junio, julio y agosto el precio sube hasta llegar a un promedio de COP 146.075 por encima de sus costos de producción, pero desafortunadamente, en el mes de agosto aún no tiene su café disponible para ofrecerlo en el mercado.

En este punto, el caficultor piensa que existe una mano oscura que manipula el mercado obligándolo a vender barato y por debajo de sus costos de producción y, después que ha vendido el café, hace subir los precios para quedarse con la utilidad que debería ser para él, que es el que hace el trabajo más duro con el mayor riesgo de la cadena de valor del café. Pero como ya hemos visto, esta afirmación se aleja de la realidad.

Luego, en los meses de septiembre y octubre, el precio interno del café empieza a bajar y el caficultor queda expuesto a la misma situación que vivió meses antes, cuando el precio bajó a un nivel que no alcanza a cubrir sus costos de producción. Afortunadamente, en el mes de noviembre de 2010 el café aumenta su precio interno, alcanzando el precio promedio de COP 790.296, dándole la oportunidad al productor de vender el 60 % de su producción con una ganancia del **14,7 %.**

2011

El año 2011 empieza con un muy buen horizonte, las pérdidas del primer semestre de 2010 se compensaron, en cierta medida, con las utilidades obtenidas en las ventas del segundo semestre.

A continuación, se presenta el Gráfico 13. en el que se ilustra la situación que vivió el productor en el año 2011.

Gráfico 13: Precio interno mensual promedio de 125 kg de café pergamino seco en Colombia en el año 2011.

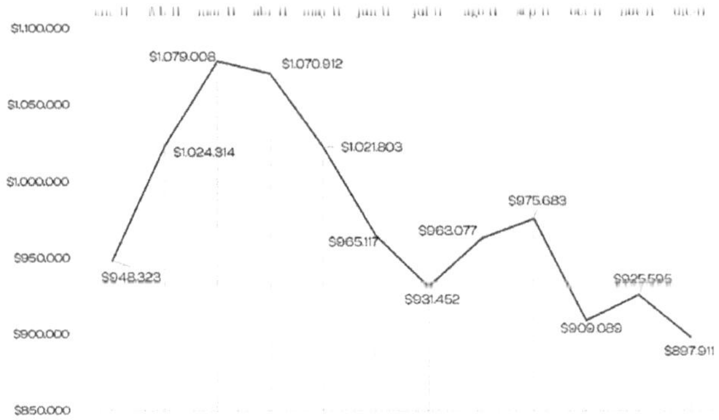

Fuente: Estadísticas cafeteras de la Federación Nacional de Cafeteros de Colombia.

El caficultor inicia el año recalculando sus costos de producción según la inflación del año anterior, que fue de 2,27 %, lo que da como resultado unos costos de producción de COP 704.357 por carga de 125 kg de café pergamino seco.

Tomando como referencia los anteriores cálculos y el comportamiento promedio mensual del precio interno del café en el año 2011, el caficultor quedó expuesto a las siguientes situaciones:

En los primeros meses del año, el caficultor ve cómo el precio alcanza niveles récord, hasta llegar en marzo a COP 1.079.008, lo que genera en él una expectativa de que el precio sólo puede subir. Pero en el mes de abril el precio empieza una corrección a la baja, llevándolo al nivel de COP 1.021.803 en el mes de mayo, precio con el cual el caficultor vende el 40 % de su producción anual con una utilidad de **45,1 %.**

Después del mes de mayo el precio sigue cayendo, teniendo una pequeña recuperación en el mes de septiembre, para continuar su caída hasta llegar al mes de noviembre a un valor de COP 925.595, precio que le genera una utilidad al productor del **31,4 %.**

2011 termina con un balance muy alentador para el caficultor, dado que obtuvo una utilidad del 45,1 % en el 40 % de su cosecha anual y del 31,4 % en el 60 % de la misma. Esta utilidad extraordinaria fue utilizada por el productor para empezar el proceso de implementación de prácticas que lo llevarán a mejorar su productividad y rentabilidad en los próximos años.

Planteo en el ejercicio la actitud responsable del caficultor de reinvertir las utilidades adicionales en el mejoramiento de su productividad, implementando estrategias de conservación de suelos, realizando podas productivas, haciendo negociaciones anticipadas para garantizar los precios de los fertilizantes y demás insumos necesarios para sus próximas cosechas, haciendo las renovaciones programadas para asegurar la mayor productividad posible en su empresa cafetera, implementando el monitoreo y manejo integrado de plagas, enfermedades y arvenses.

Sin embargo, tú y yo sabemos que, en la realidad no es común que los productores de café realicen inversiones coherentes con una estrategia empresarial a largo plazo, a pesar de obtener excelentes resultados financieros en años de precios altos. Al contrario, utilizan estas ganancias extraordinarias de forma reactiva y, en muchas ocasiones, las destinan a negocios diferentes a la actividad cafetera: en estas situaciones, los más felices y beneficiados son los concesionarios de carros y el sector de la construcción.

2012

El productor inicia 2012 recalculando sus costos de producción según la inflación del año anterior, que fue de 3,4%, lo que da como resultado unos costos de producción de COP 728.305 por carga de 125 kg de café pergamino seco.

Gráfico 14: Precio interno mensual promedio de 125 kg de café pergamino seco en Colombia en el año 2012.

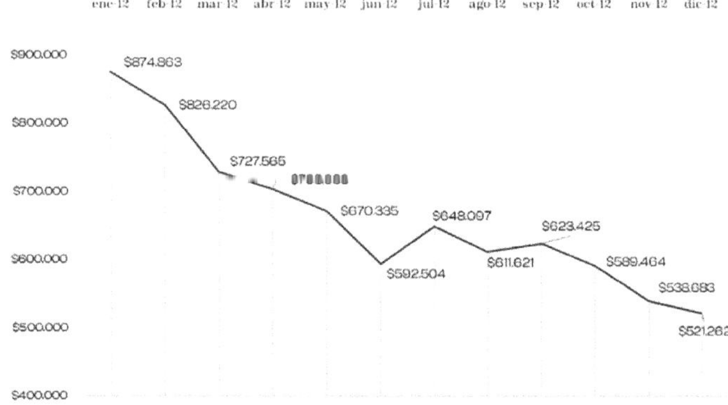

Fuente: Estadísticas cafeteras de la Federación Nacional de Cafeteros de Colombia.

Antes de leer el análisis, con solo ver la gráfica, puedes adivinar cómo será el estado anímico de este productor que vende de contado al finalizar 2012. El caficultor inicia el año con un precio que aún está por encima de sus costos de producción actualizados. Pero, durante el transcurso de los primeros meses, ve cómo el precio empieza una caída que llega a COP 670.335 en mayo. Esta situación obliga al productor a vender el 40 % de su producción anual con una pérdida del 7,9 %.

2012 sigue su curso y el precio sigue su tendencia a la baja, llegando en noviembre a un precio interno mensual promedio de COP 538.683, valor que hace que el productor venda el 60 % de su producción anual con una pérdida del 26 %.

Este año fue terrible para las finanzas del caficultor dado que en ninguno de los dos momentos del año en los que ofreció su café en el mercado pudo obtener precios que le cubrieran sus costos de producción y, por el contrario, estuvo obligado a financiar su empresa cafetera para continuar con su operación.

Mientras tanto, los tostadores de café que tenían sus costos calculados con los precios del 2011 estaban ganando de manera significativa un excelente margen de utilidad, pues el costo de adquisición de su materia prima venía bajando su valor.

Y si estos tostadores y comercializadores conocían las herramientas de administración de riesgo que hemos mencionado en este libro, muy seguramente estarían ejecutando sus estrategias para asegurar estos bajos precios para los próximos años.

2013

El caficultor recalcula sus costos de producción según la inflación de 2012, que fue de 3,17 %, cifra que genera como resultado unos costos de producción de COP 751.392 por carga de 125 kg de café pergamino seco.

Gráfico 15: Precio interno mensual promedio de 125 kg de café pergamino seco en Colombia en el año 2013.

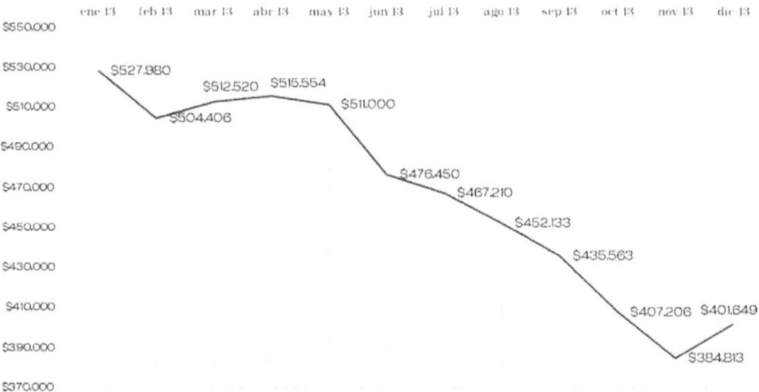

Fuente: Estadísticas cafeteras de la Federación Nacional de Cafeteros de Colombia.

La moral y el ánimo del caficultor se mueven en la misma dirección del comportamiento del precio del café para 2013, veamos el análisis:

2013 inicia con un panorama catastrófico dado que los precios no alcanzan a cubrir los costos de producción y su tendencia es a la baja. En mayo de 2013 el precio promedio mensual del café en Colombia fue de COP 511.000, lo que hace que el productor tenga una pérdida de 32 % en el 40 % de la producción total del año.

Estos precios bajos generaron una situación difícil del sector cafetero, lo que dio como resultado el paro nacional cafetero, que promovió cierre de vías y disturbios públicos en todo el país. Si llevas varios años en el negocio cafetero, recordarás que la mayoría de los productores culpaban a los especuladores, a la Federación Nacional de Cafeteros, a la Bolsa de Nueva York, al gobierno Nacional entre otros, de manipular el mercado y causar la bajada exagerada del precio, pero muy pocos eran conscientes de que gran parte de la responsabilidad la tenían ellos mismos. ¿Por qué? Dos años atrás, entusiasmados por los buenos precios, aumentaron el número de árboles de café en sus fincas con la ilusión de que los precios siguieran subiendo, pero, desafortunadamente el mercado no funciona así. Cuando el mercado evidenció que la producción de Colombia pasó de 7,8 millones de sacos en 2011 a 11,7 millones de sacos en 2013, un 50 % más, por el efecto de la oferta y demanda empezó a bajar el precio.

Ahora, ¿seremos capaces de predecir comportamientos similares en el futuro? Para responder a esta pregunta quiero que analices la siguiente tabla que describe la destinación de los créditos tomados por los productores durante 2022:

Destino de créditos a cafeteros

Actividad	Créditos	Monto ($ millones)	Participación
Sostenimiento	**4.283**	**$ 27.329,91**	**29,97%**
Nuevas siembras	3.618	$ 38.629,99	25,32%
Construcción de beneficiaderos	**2.162**	**$ 28.310,63**	**15,13%**
Renovación de cafetales tecnificados jóvenes (< 9 años al sol/<12 años a la sombra y semisombra)	1.858	$ 18.254,13	13%
Renovación por zoca de cafetales tecnificados jóvenes (>54 meses)	**972**	**$ 5.424,38**	**6,80%**
Renovación por siembra de cafetales envejecidos (≥ 9 años al sol/≥12 años a la sombra y semisombra)	692	$ 6.775,27	4,84%
Maquinaria y equipo	**651**	**$ 6.518,93**	**4,56%**
Maíz amarillo	32	$ 129,89	0,22%
Frijol	**13**	**$ 57,38**	**0,09%**
Maíz blanco	10	$ 51,41	0,07%
TOTAL	**14.291**	**$131.481,92**	**100%**

Fuente: Gerencia Técnica FNC.

Como seguramente pudiste concluir, casi el 30 % de los créditos gestionados por los caficultores fueron para realizar siembras nuevas, motivados por los buenos precios de los años 2021 y 2022. Estos nuevos cafetos que entran al parque productivo del café empezarán a dar sus primeros frutos en 2025, lo que genera varios interrogantes:

» ¿Los precios estarán igual de atractivos en el momento que se dé un excedente en la producción colombiana?
» ¿Los productores que hoy se están endeudando para sembrar más café son conscientes del efecto que tiene aumentar la oferta de grano en el mercado?
» ¿Los caficultores están asegurando los precios actuales para el café que van a producir en 2025 o estarán pensando que los precios seguirán subiendo indefinidamente?
» ¿Es posible que se repita la situación que ocurrió en 2013 en 2025?

¿Con base en lo que has leído hasta el momento en este libro. qué conclusiones puedes sacar de la situación actual? Escanea el siguiente código QR y compárteme tus apreciaciones, porque para mí es muy interesante conocer tu punto de vista.

Siguiendo con los acontecimientos ocurridos en 2013, tenemos que el año continuó su curso con una tendencia bajista del precio, llegando a un nivel de COP 384.813 en noviembre. Esta situación obligó al productor a vender el 60 % de su producción anual con una pérdida del 48,8 %.

Y en este punto de la historia, seguramente esta empresa cafetera tuvo que hipotecar la finca para poder obtener financiación y seguir adelante con su operación, pues ya eran dos años con pérdidas.

Al igual que el año anterior, los tostadores seguían aumentando su margen de utilidad debido a la tendencia a la baja del precio del café, pero en la medida en la que veían disminuir el precio, también observaban el aumento de la oferta de café tostado en el mercado por parte de los caficultores que en su afán de no seguir perdiendo, empezaban a tostar su propio café para ofrecerlo en el mercado de manera improvisada y con estrategias de precios bastante agresivas y así ganar participación en el mercado.

2014

Este año, el caficultor recalcula sus costos de producción según la inflación del año 2013, la cual fue de 2,02 %, lo que da como resultado unos costos de producción de COP 766.570 por carga de 125 kg de café pergamino seco.

Gráfico 16: Precio interno mensual promedio de 125 kg de café pergamino seco en Colombia en el año 2014.

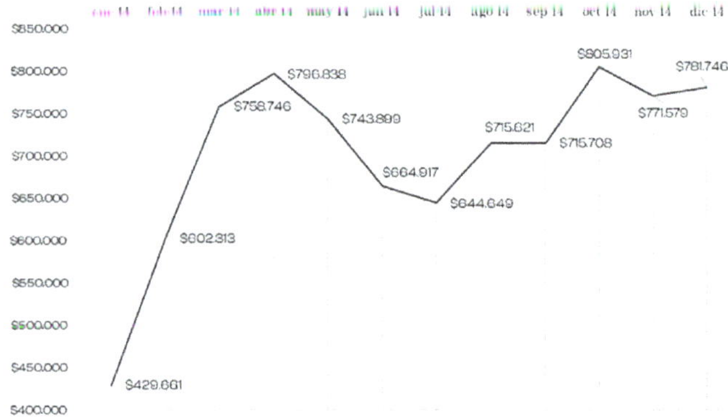

Fuente: Estadísticas cafeteras de la Federación Nacional de Cafeteros de Colombia.

El productor empieza el año 2014 con una importante presión financiera, debido a que viene de dos años de pérdidas considerables. Este año el precio empieza a repuntar, dándose un alza en los precios los primeros meses del año, llegando al mes de mayo con un valor de COP 743.899. Esta situación hace que el caficultor deba vender su traviesa, que equivale al 40 % de su producción total, con una pérdida del 2,9%.

El precio tuvo una corrección a la baja desde principios del mes de abril hasta el mes de julio. Luego empezó su recuperación hasta llegar al mes de noviembre con un valor de COP 771.579, precio que le permite al productor vender su cosecha principal con una utilidad del **0,65%.** Sin embargo, aunque es la primera vez desde el año 2011 que el productor tiene un precio que cubre sus costos de producción, esta utilidad no compensa la pérdida que tuvo en el primer semestre del año.

2015

El productor inicia 2015 recalculando sus costos de producción según la inflación del año anterior, que fue de 2,9 %, lo que da como resultado unos costos de producción de COP 788.801 por carga de 125 kg de café pergamino seco.

Gráfico 17: Precio interno mensual promedio de 125 kg de café pergamino seco en Colombia en el año 2015.

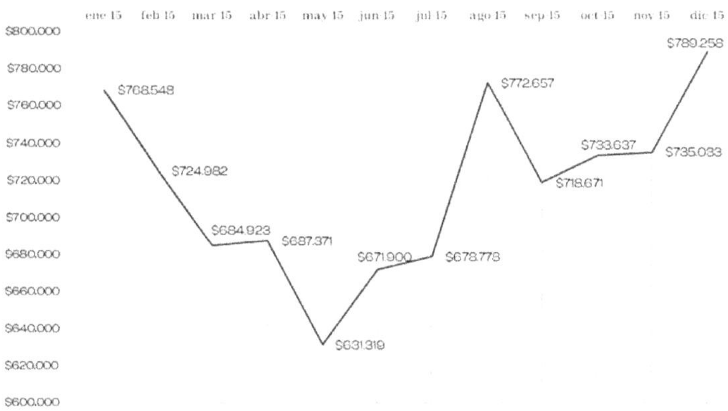

Fuente: Estadísticas cafeteras de la Federación Nacional de Cafeteros de Colombia

El año 2015 empieza con una perspectiva negativa para el negocio cafetero de la empresa cafetera protagonista de esta historia, ya que el precio promedio mensual del mes de enero es inferior a los costos de producción. Como se puede apreciar en el Gráfica 17, el escenario no mejora en los siguientes meses, todo lo contrario, ¡empeora!, llegando al mes de mayo con un precio de COP 631.319, valor muy inferior a los costos de producción, obligando al productor que eligió como estrategia principal la venta de contado, a vender su traviesa con una pérdida del 20 %.

El año sigue su curso y el precio empieza a subir, hasta llegar en el mes de noviembre a un valor de COP 735.033, cuantía que tampoco alcanza a cubrir los costos de producción, dando como resultado una pérdida de 6,8% en la venta de la cosecha principal de esta empresa cafetera.

Como se evidencia en el análisis, este año tampoco fue fácil para el productor: ha tenido que soportar cuatro años de pérdidas acumuladas. Si el caficultor no tiene la posibilidad de refinanciar sus créditos, probablemente la única opción que tenga sería la de vender parte de su finca y así poder cumplir con las obligaciones financieras resultantes de años de precios bajos.

2016

En 2016, el caficultor empieza a ver los resultados de las inversiones que realizó en productividad con las utilidades de 2011 y logra que sus costos de producción se sostengan en los mismos niveles del año anterior, obteniendo un valor de COP 788.801 y evitando la inflación del 2015, que fue del 4,98 %. Esto es un importante alivio en medio de la complicada situación financiera que está atravesando.

Las reinversiones que se hacen para mejorar la condiciones productivas del cultivo, como el establecimiento de sistemas de conservación de suelos, monitoreo constante de plagas y enfermedades, programación de las renovaciones en coherencia con los ciclos de producción de la empresa, programación y ejecución de las podas productivas para asegurar la mayor cantidad de nudos productivos posibles y muchas más acciones que garantizan la sostenibilidad productiva de la empresa, normalmente no se evidencian de inmediato, pero después de algunos años sus resultados tienen un impacto positivo en la eficiencia de la empresa cafetera.

Gráfico 18: Precio interno mensual promedio de 125 kg de café pergamino seco en Colombia en el año 2016.

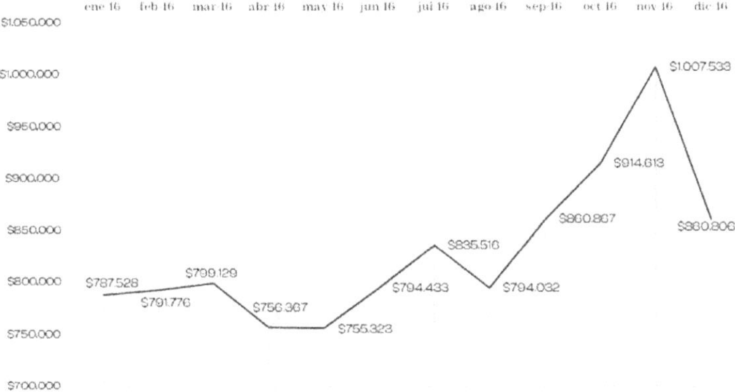

Fuente: Estadísticas cafeteras de la Federación Nacional de Cafeteros de Colombia.

2016 inicia con un precio promedio muy cercano a los costos de producción de la empresa cafetera, lo que genera tranquilidad en el productor. Durante los meses de enero, febrero y marzo el precio tiene un comportamiento lateral. En abril y mayo baja, hasta alcanzar un nivel de COP 755.323, precio al cual el caficultor debe vender el 40 % de su producción anual, con una pérdida del 4,2 %.

Después del mes de mayo, el precio empieza un comportamiento alcista, llegando a su punto máximo en el mes de noviembre, alcanzando un precio de COP 1.007.533, valor que le da la oportunidad al productor de vender el 60 % de su cosecha anual con una utilidad del **27,7 %,** niveles que no había alcanzado desde 2011.

El comportamiento del precio en 2016 es una prueba más de que el mercado del café es impredecible y estar a su vaivén convierte el negocio cafetero en una lotería en la que no se tiene la certeza de si al momento de vender el café se obtiene rentabilidad o, todo lo contrario: se tiene que vender el grano por debajo de los costos de producción.

2017

En 2017 el productor continúa beneficiándose de las inversiones en productividad que realizó con las utilidades de 2011 y logra que sus costos de producción se sostengan en los mismos niveles que el año anterior, obteniendo un valor de COP 788.801 y obviando la inflación de 2016, que fue del 7,52%.

Gráfico 19: Precio interno mensual promedio de 125 kg de café pergamino seco en Colombia en el año 2017.

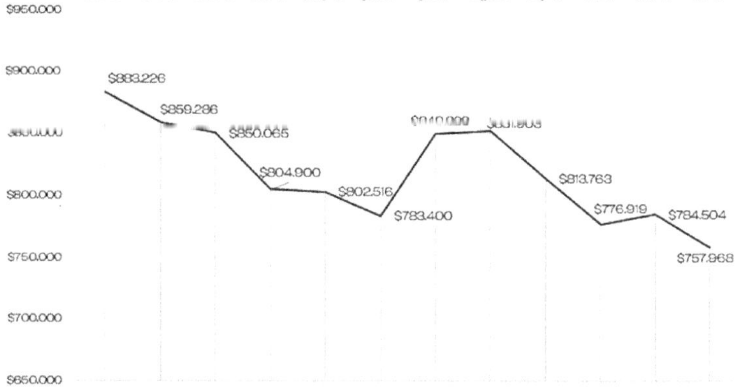

Fuente: Estadísticas cafeteras de la Federación Nacional de Cafeteros de Colombia.

En 2017 el café pergamino inicia con precios que alcanzan a cubrir los costos de producción, pero, si se comparan con los precios alcanzados en noviembre del año 2016, con una tendencia a la baja. En mayo de 2017, el precio promedio mensual de la carga de 125 kg de café pergamino seco se ubica en COP 802.516, lo que significa una utilidad del **1,7 %,** en la venta del 40 % de la cosecha total.

Luego de bajar un poco más en el mes de junio, el precio tiene una corrección alcista en los meses de julio y agosto y continúa bajando, hasta llegar un precio de COP 784.504, valor que no cubre los costos de producción actuales, significando una pérdida del 0.5 % en la venta del 60 % de la producción total del año.

2018

El productor inicia el año 2018 recalculando sus costos de producción teniendo en cuenta la inflación del año anterior, que fue de 4,32 %, lo que da como resultado unos costos de producción de COP 822.877 por carga de 125 kg de café pergamino seco. Lamentablemente, las implementaciones realizadas con las utilidades extras del año 2011 no tuvieron continuidad en los siguientes años, debido a los bajos precios y por supuesto, a las presiones financieras que tuvo la empresa cafetera protagonista de este relato.

Uno de los grandes problemas de los programas de mejoramiento productivo es que no son definitivos y demandan inversiones constantes y un control juicioso de las mismas y si se suspenden, los resultados obtenidos pueden desaparecer haciendo que la empresa cafetera pueda volver a los niveles productivos anteriores a la implementación de los programas de mejoramiento.

Gráfico 20: Precio interno mensual promedio de 125 kg de café pergamino seco en Colombia en el año 2018.

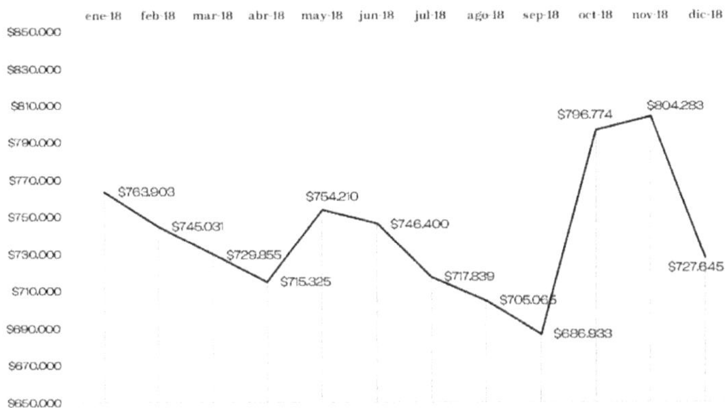

Fuente: Estadísticas cafeteras de la Federación Nacional de Cafeteros de Colombia.

2018 inicia con precios que están por debajo de los costos de producción y con un comportamiento a la baja que se extiende hasta el mes de abril y que en mayo tiene una corrección, alcanzando un nivel de COP 754.210, dando como resultado una venta del 40 % de la producción total del caficultor, con una pérdida del 8,3 %.

Luego, el precio retoma una tendencia bajista que continúa hasta el mes de septiembre. Posteriormente se presenta una corrección en los meses de octubre y noviembre, mes en el cual el precio alcanza la suma de COP 804.283, lo que da como resultado la venta del 60 % de la producción con una pérdida del 2,3%.

2019

El caficultor inicia 2019 recalculando sus costos de producción según la inflación del año anterior, que fue de 3,24 %, lo que da como resultado unos costos de producción de COP 849.538 por carga de 125 kg de café pergamino seco.

Gráfico 21: Precio interno mensual promedio de 125 kg de café pergamino seco en Colombia en el año 2019.

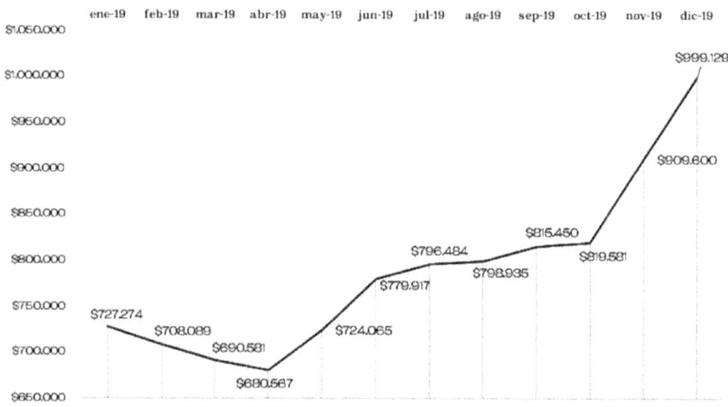

Fuente: Estadísticas cafeteras de la Federación Nacional de Cafeteros de Colombia.

2019 inicia con perspectivas negativas debido a que los precios están por debajo de los costos de producción presupuestados para este año. El comportamiento bajista continúa hasta el mes de abril, cuando el precio sube alcanzando el valor de COP 724.065, valor que está por debajo de los costos de producción y que genera una pérdida del 14,8 % en la primera venta de café del año.

Para fortuna del productor, a partir de junio el precio inicia una tendencia alcista que lo lleva a un nivel de COP 909.600 en el mes de noviembre, lo que da como resultado una utilidad del **7,1 %** en la venta del 60 % de la producción anual.

2020

El caficultor recalcula sus costos de producción teniendo en cuenta la inflación del año 2019, que fue de 3,52 %, lo que da como resultado unos costos de producción de COP 879.442 por carga de 125 kg de café pergamino seco.

Gráfico 22: Precio interno mensual promedio de 125 kg de café pergamino seco en Colombia en el año 2020.

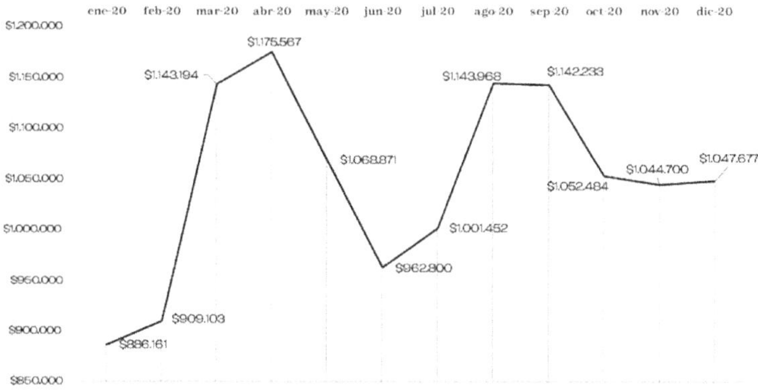

Fuente: Estadísticas cafeteras de la Federación Nacional de Cafeteros de Colombia.

2020 inicia de manera altamente positiva debido a que el precio muestra niveles que superan los costos de producción y su valor presenta un comportamiento alcista. Este comportamiento se sostiene hasta el mes de abril, cuando hay una corrección a la baja. En el mes de mayo el precio de la carga de 125 kg de café pergamino seco es de COP 1.068.871, valor que le permite al caficultor conseguir una utilidad del **21,5 %,** en la venta del 40 % de su producción total. Esta utilidad sólo había sido alcanzada en 2011 y 2016.

El precio siguió bajando durante el mes de junio y luego empezó a subir hasta llegar a un valor de COP 1.044.700 en el mes de noviembre. Lo ocurrido significó para el caficultor obtener una utilidad del **<u>18,8 %</u>** en la venta de su cosecha principal que corresponde al 60 % de su cosecha total.

Análisis de la estrategia de venta de contado

En la siguiente tabla te presento de manera general el resultado de la estrategia de venta de contado de esta empresa cafetera en la década analizada.

Tabla 7: Resumen de los resultados de la estrategia de la venta de contado de la empresa cafetera protagonista de esta historia.

ESTRATEGIA DE VENTA DE CONTADO			
Mes y año de negociación	Costo total	Utilidad total	% de utilidad
may-10	$ 61.709.581	-$ 1.054.716	-1,7
nov-10	$ 92.564.371	$ 13.651.389	14,7
may-11	$ 63.110.387	$ 28.443.153	45,1
nov-11	$ 94.665.581	$ 29.734.387	31,4
may-12	$ 65.256.128	-$ 5.194.141	-8,0
nov-12	$ 97.884.192	-$ 25.485.152	-26,0
may-13	$ 67.324.723	-$ 21.539.123	-32,0
nov-13	$ 100.987.085	-$ 49.268.285	-48,8
may-14	$ 68.684.672	-$ 2.031.304	-3,0
nov-14	$ 103.027.008	$ 673.232	0,7
may-15	$ 70.676.570	-$ 14.110.428	-20,0
nov-15	$ 106.014.854	-$ 7.226.374	-6,8
may-16	$ 70.676.570	-$ 2.999.666	-4,2
nov-16	$ 106.014.854	$ 29.397.626	27,7
may-17	$ 70.676.570	$ 1.228.876	1,7
nov-17	$ 106.014.854	-$ 577.494	-0,5
may-18	$ 73.729.779	-$ 6.152.592	-8,3
nov-18	$ 110.594.669	-$ 2.498.989	-2,3
may-19	$ 76.118.605	-$ 11.242.381	-14,8
nov-19	$ 114.177.907	$ 8.072.333	7,1
may-20	$ 78.797.980	$ 16.972.859	21,5
nov-20	$ 118.197.005	$ 22.210.675	18,8
Totales	**$ 1.916.903.944**	**$ 1.003.883**	**-0,3**

Fuente: Cálculos del autor.

En la Tabla 7 te muestro cómo la empresa cafetera, con la estrategia de venta de contado obtuvo en los 10 años analizados una utilidad total de COP 1.003.883, lo que equivale a una utilidad del 0,05 % sobre la inversión total hecha en el mismo periodo de tiempo. También es importante anotar que, si se promedia el porcentaje de utilidad de cada venta realizada por el caficultor en el periodo analizado, el resultado es negativo: -0,3 %. Esto quiere decir que en la mayoría de las transacciones que realizó tuvo pérdida y la razón por la cual obtuvo una utilidad monetaria marginal fue por que tuvo suerte al vender en cinco oportunidades su cosecha principal con utilidades superiores al 14 % y en una ocasión con una utilidad superior al 30%. Si la situación de azar positiva hubiera ocurrido con la traviesa, el productor no hubiese obtenido utilidades; al contrario, habría tenido un balance negativo de la operación realizada en los últimos 10 años.

También conviene destacar que en esta simulación se asumió que el caficultor utilizó de manera responsable las ganancias adicionales de 2011 para implementar estrategias de aumento de productividad que le permitieron absorber el impacto de la inflación en los costos de producción durante 2015, 2016 y 2017. Si se realizara el cálculo de los costos de producción con la inflación de los años mencionados, el balance de la operación de esta empresa cafetera sería negativo, dando pérdidas financieras.

Después de analizar todo lo que le pasó a este empresario cafetero durante 10 años ¿Qué piensas? ¿Será que existe una forma diferente de navegar esta década sin tanto sufrimiento financiero?

Acompáñame a analizar el comportamiento de la misma empresa, con las mismas características productivas, con los mismos precios de mercado, pero con una estrategia de venta diferente: las Opciones de café.

RENTABILIDAD DE LOS ÚLTIMOS 10 AÑOS DE LA EMPRESA CAFETERA VENDIENDO SU CAFÉ UTILIZANDO UNA ESTRATEGIA DE ADMINISTRACIÓN DE RIESGO DE PRECIO BASADO EN OPCIONES

Quiero que prestes mucha atención a esta parte del libro porque, en lo personal, pienso que las opciones son la herramienta de administración de riesgo que tiene más ventajas y nos da mayor movilidad para estar seguros y, a la vez, aprovechar las oportunidades que da el mercado para seguir ganando en nuestro negocio cafetero.

Pero antes de iniciar el camino comercial de 10 años de la empresa cafetera del ejemplo utilizando opciones como su estrategia de administración de riesgo de precios, es importante que consideres los siguientes puntos:

- Las opciones son derivados financieros que te dan la oportunidad de obtener un seguro a la variación ilimitada de los precios, tanto a la baja (para el vendedor) como al alza (para el comprador).
- Puedes negociar dos tipos: la opción vendedora (put) y la opción compradora (call). Las opciones sobre el Contrato C se están negociando desde octubre de 1986.
- Cuando compras una opción vendedora adquieres el derecho, no la obligación, de vender un contrato futuro al precio base, en el momento en el que decidas ejercer la opción. En otras palabras, adquieres el derecho de elegir si vendes o no al precio pactado.
- Cuando compras una opción compradora adquieres el derecho, no la obligación, de comprar un contrato futuro, al precio base, en el momento en el que decidas ejercer la opción. En otras palabras, adquieres el derecho de elegir si compras o no al precio pactado.
- Las opciones te dan la ventaja de acotar los riesgos de movimientos adversos del precio. Y, en el peor de los casos, la pérdida máxima queda limitada al valor de la prima, puesto que el ejercicio es opcional. Hago énfasis en pérdida máxima porque el costo de la prima es realmente una inversión.

El precio de las opciones está determinado en gran medida por la volatilidad implícita de las opciones, que no es más que el precio que tiene la opción en determinado momento del mercado. Cuando hay incertidumbre y volatilidad en el mercado, tienden a ser más caras y cuando hay calma y precios de cambio suaves, tienden a ser más baratas. En el Gráfico 23 vemos la volatilidad implícita de las opciones junto al precio promedio de la libra de café en la Bolsa de Nueva York en la década que estamos analizando.

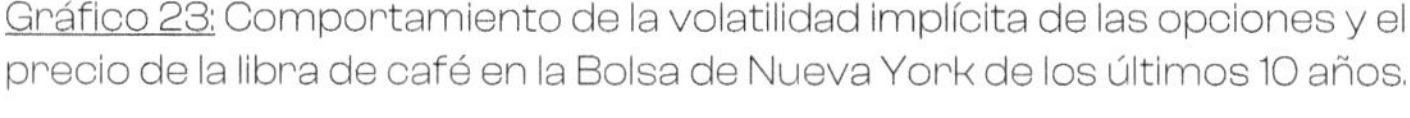
Gráfico 23: Comportamiento de la volatilidad implícita de las opciones y el precio de la libra de café en la Bolsa de Nueva York de los últimos 10 años.

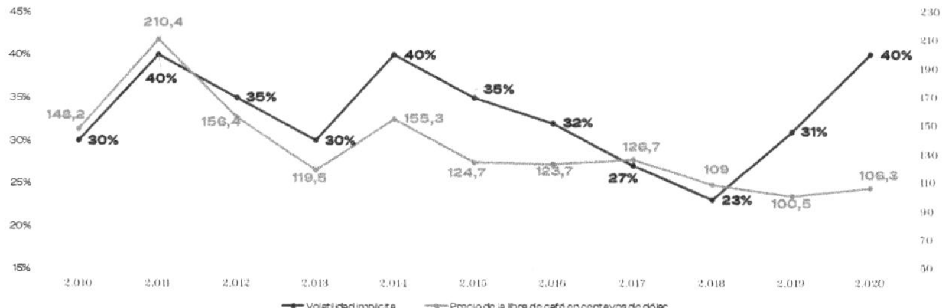

Fuente: Cálculos del autor - Federación Nacional de Cafeteros de Colombia.

Como puedes observar, la volatilidad implícita de las opciones tiene variaciones similares y en ocasiones mayores a los del precio de la libra de café en la bolsa. Lo expuesto significa que no se podría calcular con exactitud cuál será el precio de una opción en el futuro.

Pero lo que sí podemos hacer es establecer una estrategia que defina claramente en qué momento la empresa cafetera debería hacer la inversión de comprar una opción para cubrir el riesgo de precio.

A continuación, te presentaré la lógica que utilizará la empresa cafetera durante 10 años para hacer su cobertura basada en opciones. Es importante que entiendas que la siguiente estrategia se planteó con fines académicos y que no es una recomendación explicita para seguirla al pie de la letra en tus negociaciones. Pero sí puede convertirse en una guía para que diseñes tu propia estrategia basada en opciones, teniendo en cuenta tus recursos y objetivos empresariales:

- Si el precio del futuro más el precio de la prima de la opción no alcanzan a cubrir los costos de producción, no se compra la opción.
- Si el precio del futuro más el precio de la prima de la opción cubre los costos de producción, se procede a comprar la

opción del 100 % de la producción y la traviesa siguiente.

- Si el precio del futuro más el precio de la prima de la opción alcanzan un 5 % de utilidad, se compra la opción del 100 % de la producción y la traviesa de los 3 años siguientes.

El escenario de mercado que te plantearé durante los 10 años de ejercicio comercial de nuestra empresa cafetera tiene las siguientes consideraciones:

- Los precios que se tendrán en cuenta para la negociación de los futuros y las opciones serán los del mes y el año analizado. Y se ignora el comportamiento de la curva de futuros, dado que estos datos se calculan diariamente y no se cuenta con el registro de los precios futuros ofrecidos en cada mes y cada año considerados. (Si los diferentes comportamientos de la curva de futuros y como pueden influir en las negociaciones de opciones y futuros te causan curiosidad, busca el Gráfico 38)
- El precio de las opciones se calculará teniendo en cuenta la volatilidad implícita anual promedio, el precio At The Money (ATM) de las opciones put a un año y el precio de la libra de café en la Bolsa de Nueva York del mes que se está analizando.
- Realicé las negociaciones de esta simulación bajo la hipótesis de que la empresa cafetera tenía la capacidad financiera para comprar las opciones en el momento en el cual la estrategia definida anteriormente determinara que era necesaria la operación de compra.
- En la siguiente simulación se hará la cobertura siguiendo la estrategia definida, independientemente del volumen del café cubierto en cada operación, como se opera en el mercado OTC.

Advertencia: En ningún momento la estrategia de administración de riesgo propuesta en este capítulo del libro es una recomendación explicita de mi parte. Solo debes considerarla como un ejercicio académico que te servirá de base para que tu empresa cafetera diseñe sus propias estrategias de administración de riesgo de precios, teniendo en cuenta tus objetivos empresariales, tu capacidad financiera y tu estrategia empresarial a mediano y largo plazo.

A continuación, te presentaré el comportamiento financiero

de esta estrategia, teniendo en cuenta los precios mensuales promedio de cada uno de los años de la última década.

Resultado de la estrategia de administración de riesgo de precio basado en opciones

2010

Teniendo en cuenta las condiciones que establecimos en el punto del panel de simulación, tenemos claro que el productor protagonista de este libro ofrece al mercado el 40 % de su café pergamino seco en el mes de mayo y el 60 % restante en el mes de noviembre. Tomando los datos del capítulo en el que se calcularon los costos de producción de la empresa cafetera en cuestión, se tiene que para 2010 los costos de producción de 125 kg de café pergamino seco ascienden a COP 688.723.

Para 2010 se calculó el precio de la opción put para cada precio promedio mensual ofrecido por la bolsa, por el equivalente a una carga de 125 kg de café pergamino seco. Este cálculo se realizó para identificar las oportunidades de cobertura por medio de opciones, aplicando la estrategia de administración de riesgo de precio propuesta.

Tabla 8 Resumen del precio de las opciones de cada mes y la utilidad de su utilización como cobertura en el año 2010.

	Promedio mensual del precio de la carga de café en bolsa	Precio de la opción por carga en pesos	Precio de la carga menos el precio de la opción	costos de producción	Utilidad de la cobertura por carga	% de utilidad por carga
dic-10	*$726.246*	*$65.362*	*$660.884*	*$688.723*	*-$27.839*	*-4,04%*
nov-10	*$664.256*	*$59.783*	*$604.473*	*$688.723*	*-$84.250*	*-12,23%*
oct-10	*$639.932*	*$57.594*	*$582.338*	*$688.723*	*-$106.385*	*-15,45%*
sep-10	*$605.755*	*$54.518*	*$551.237*	*$688.723*	*-$137.486*	*-19,96%*
ago-10	*$587.966*	*$52.917*	*$535.049*	*$688.723*	*-$153.674*	*-22,31%*
jul-10	*$589.580*	*$53.062*	*$536.518*	*$688.723*	*-$152.205*	*-22,10%*
jun-10	*$561.786*	*$50.561*	*$511.225*	*$688.723*	*-$177.498*	*-25,77%*
may-10	*$520.986*	*$46.889*	*$474.097*	*$688.723*	*-$214.626*	*-31,16%*
abr-10	*$504.060*	*$45.365*	*$458.694*	*$688.723*	*-$230.029*	*-33,40%*

	Promedio mensual del precio de la carga de café en bolsa	Precio de la opcion por carga en pesos	Precio de la carga menos el precio de la opción	costos de producción	Utilidad de la cobertura por carga	% de utilidad por carga
mar-10	*$490.433*	*$44.139*	*$446.294*	*$688.723*	*-$242.429*	*-35,20%*
feb-10	*$493.688*	*$44.432*	*$449.256*	*$688.723*	*-$239.467*	*-34,77%*
ene-10	*$515.859*	*$46.427*	*$469.432*	*$688.723*	*-$219.291*	*-31,84%*

Fuente: Cálculos del autor - Federación Nacional de Cafeteros de Colombia.

Según la estrategia, en 2010 no se presentan oportunidades para comprar opciones de cobertura, porque el porcentaje de utilidad por carga siempre dio negativa al momento de sumar los costos de producción más el valor de la prima de la opción.

En 2010 el productor no contaba con ninguna cobertura y vendió su café al precio de contado como se muestra en la siguiente Tabla 9:

Tabla 9 Resumen de las operaciones realizadas por el productor aplicando la estrategia de administración de riesgo de precio utilizando opciones en el año 2010.

Mes de venta	Precio de la prima de la opción	Diferencia del precio cubierto por la opción y el precio en Bolsa del día de la venta.	Compensación de la Bolsa	Ingresos brutos	Venta del físico menos la prima mas la compensación	Precio de venta del físico	Precio de la carga final	% de utilidad
may-10			*Sin cobertura*	*$60.654.865*	*$60.654.865*	*$676.952*	*$676.952*	*-1,7*
nov-10			*Sin cobertura*	*$106.215.782*	*$106.215.782*	*$790.296*	*$790.296*	*14,7*

Fuente: Cálculos del autor - Federación Nacional de Cafeteros de Colombia.

2011

El comportamiento del precio de las opciones de 2011 se presenta en la Tabla 10:

Tabla 10 Resumen del precio de las opciones de cada mes y la utilidad de su utilización como cobertura en el año 2011.

	Promedio mensual del precio de la carga de café en bolsa	Precio de la opción por carga en pesos	Precio de la carga menos el precio de la opción	costos de producción	Utilidad de la cobertura por carga	% de utilidad por carga
dic-11	*$749.278*	*$89.913*	*$659.364*	*$704.357*	*-$44.993*	*-6,39%*
nov-11	*$762.161*	*$91.459*	*$670.702*	*$704.357*	*-$33.655*	*-4,78%*
oct-11	*$758.388*	*$91.007*	*$667.382*	*$704.357*	*-$36.975*	*-5,25%*
sep-11	*$800.799*	*$96.096*	*$704.703*	*$704.357*	*$346*	*0,05%*
ago-11	*$776.826*	*$93.219*	*$683.607*	*$704.357*	*-$20.750*	*-2,95%*
jul-11	*$759.790*	*$91.175*	*$668.615*	*$704.357*	*-$35.742*	*-5,07%*
jun-11	*$788.176*	*$94.581*	*$693.594*	*$704.357*	*-$10.763*	*-1,53%*
may-11	*$841.584*	*$100.990*	*$740.594*	*$704.357*	*$36.237*	*5,14%*
abr-11	*$858.077*	*$102.969*	*$755.107*	*$704.357*	*$50.750*	*7,21%*
mar-11	*$865.543*	*$103.865*	*$761.678*	*$704.357*	*$57.321*	*8,14%*
feb-11	*$833.765*	*$100.052*	*$733.713*	*$704.357*	*$29.356*	*4,17%*
ene-11	*$755.481*	*$90.658*	*$664.823*	*$704.357*	*-$39.534*	*-5,61%*

Fuente: Cálculos del autor - Federación Nacional de Cafeteros de Colombia.

Como se detalla en la Tabla 10, en el año 2011 se presentaron varias oportunidades para aplicar la estrategia de administración de riesgo de precio utilizando opciones. El caficultor las capitalizó de la siguiente forma:

- En febrero, el productor compra las opciones que le dan el derecho de vender toda la producción del 2011.
- En marzo, compra las opciones que le dan el derecho de vender toda la producción de 2012, 2013 y 2014 porque, según la estrategia definida, si el precio del futuro más el precio de la prima de la opción alcanzan un 5 % de utilidad, se compra la opción del 100 % de la producción y traviesa de los tres años siguientes.

En el momento en el que el productor vende su café, obtiene el siguiente resultado de la compra de opciones de febrero de 2011 en mayo y noviembre del mismo año.

Tabla 11 Resumen de las operaciones realizadas por el productor aplicando la estrategia de administración de riesgo de precio utilizando opciones en el 2011.

Mes de venta	Precio de la prima de la opción	Diferencia del precio cubierto por la opción y el precio en Bolsa del día de la venta.	Compensación de la Bolsa	Ingresos brutos	Venta del físico menos la prima más la compensación	Precio de venta del físico	Precio de la carga final	% de utilidad
may-11	*$8.964.643*	*-$115.338*	*No se ejerce la opción*	*$91.553.549*	*$82.588.906*	*$1.021.803*	*$921.751*	*30,9*
nov-11	*$13.446.964*	*-$35.915*	*No se ejerce la opción*	*$124.399.968*	*$110.953.004*	*$925.595*	*$825.543*	*17,2*

Fuente: Cálculos del autor - Federación Nacional de Cafeteros de Colombia.

En mayo y noviembre de 2011, el productor contaba con la opción de vender su café a COP 833.765, la cual no ejerció dado que el precio en la plaza estaba más alto en el momento de la venta del físico, como lo puedes apreciar en siguiente Gráfico 21:

Gráfico 24: precio interno de la carga de café vs. Precio de la carga de café en la bolsa

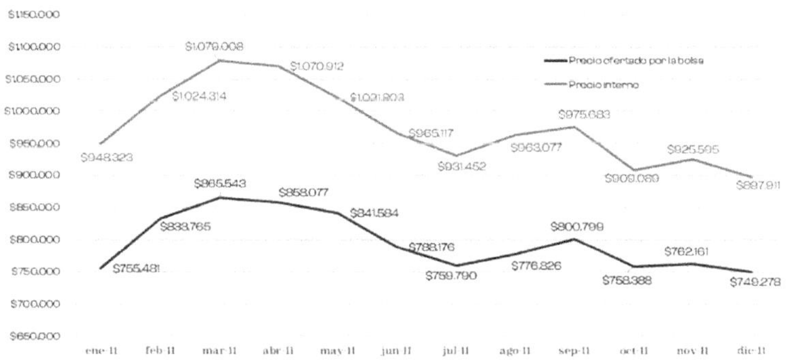

Fuente: Federación Nacional de Cafeteros de Colombia - Cálculos del autor.

En este caso, vemos que el productor estaba seguro de un precio que le cubría sus costos de producción, pero no perdió la oportunidad de seguir ganando dinero con el aumento de precios presentado en el 2011. Y así es como se demuestra la gran virtud de las opciones en comparación a las demás herramientas de administración de riesgo de precios.

2012

El productor inicia 2012 recalculando sus costos de producción según la inflación del año anterior, que ascendió al 3,4 %, porcentaje que genera como resultado unos costos de producción de COP 728.305 por carga de 125 kg de café pergamino seco. El comportamiento del precio de las opciones de 2012 se presenta en la Tabla 12:

Tabla 12 Resumen del precio de las opciones de cada mes y la utilidad de su utilización como cobertura en el año 2012.

	Promedio mensual del precio de la carga de café en bolsa	Precio de la opción por carga en pesos	Precio de la carga menos el precio de la opción	costos de producción	Utilidad de a cobertura por carga	% de utilidad por carga
dic-12	*$482.592*	*$50.672*	*$431.920*	*$728.305*	*-$296.385*	*-40,70%*
nov-12	*$509.088*	*$53.454*	*$455.634*	*$728.305*	*-$272.671*	*-37,44%*
oct-12	*$544.288*	*$57.150*	*$487.138*	*$728.305*	*-$241.167*	*-33,11%*
sep-12	*$559.166*	*$58.712*	*$500.453*	*$728.305*	*-$227.852*	*-31,29%*
ago-12	*$549.736*	*$57.722*	*$492.013*	*$728.305*	*-$236.292*	*-32,44%*
jul-12	*$582.200*	*$61.131*	*$521.069*	*$728.305*	*-$207.236*	*-28,45%*
jun-12	*$534.060*	*$56.076*	*$477.984*	*$728.305*	*-$250.321*	*-34,37%*
may-12	*$580.315*	*$60.933*	*$519.382*	*$728.305*	*-$208.923*	*-28,69%*
abr-12	*$583.722*	*$61.291*	*$522.431*	*$728.305*	*-$205.874*	*-28,27%*
mar-12	*$607.590*	*$63.797*	*$543.793*	*$728.305*	*-$184.512*	*-25,33%*
feb-12	*$666.314*	*$69.963*	*$596.351*	*$728.305*	*-$131.954*	*-18,12%*
ene-12	*$717.791*	*$75.368*	*$642.423*	*$728.305*	*-$85.882*	*-11,79%*

Fuente: Cálculos del autor - Federación Nacional de Cafeteros de Colombia.

En 2012 no se presentaron oportunidades para comprar opciones para cubrir la producción de 2015 porque el porcentaje de utilidad por carga siempre dio negativa al momento de sumar los costos de producción más el valor de la prima de la opción.

En el momento en el que el productor vende su café, obtiene el siguiente resultado de la compra de opciones de marzo de 2011.

Tabla 13 Resumen de las operaciones realizadas por el productor aplicando la estrategia de administración de riesgo de precio utilizando opciones en el año 2012.

Mes de venta	Precio de la prima de la opción	Diferencia del precio cubierto por la opción y el precio en Bolsa el día de la venta.	Compensación de la Bolsa	Ingresos brutos	Venta del físico menos la prima mas la compensación	Precio de venta del físico	Precio de la carga final	% de utilidad
may-12	*$9.306.317*	*$285.228*	*$25.556.413*	*$60.062.016*	*$76.312.111*	*$670.335*	*$851.698*	*16,9*
nov-12	*$13.959.476*	*$356.455*	*$47.907.563*	*$72.398.995*	*$106.347.082*	*$538.683*	*$791.273*	*8,6*

Fuente: Cálculos del autor - Federación Nacional de Cafeteros de Colombia.

En mayo y noviembre de 2012, el productor contaba con la opción de vender su café a COP 865.543 por carga de café pergamino seco de 125 kg. La ejerce aprovechando que el precio era inferior en el momento de la venta del físico y recibe un total de COP 73.463.976 de compensación.

En esta situación quiero que seas consciente de algo: mientras que el precio ofertado por la bolsa en el mes de mayo fue de $580.315, el productor recibió por su café físico $670.335; te estarás preguntando ¿por qué sucedió esto? ¿será que los comercializadores tuvieron compasión de los productores y le pagaron más? La diferencia de $90.020 entre los dos precios es una porción del valor que le transfieren los exportadores a los productores de la prima por la calidad superior del café colombiano que pagan los compradores a nivel internacional.

Para ser más claros: si el productor no tuviera acceso a esta porción de la prima de calidad, al final de su ejercicio financiero hubiera recibido lo siguiente: $580.315, que fue el valor de la carga de café pergamino ofertado por la bolsa en mayo del 2012, más los $285.228 que le reconoce la bolsa por el ejercicio de la opción, menos $103.865, que es el valor que el productor pagó por la prima de la opción, obteniendo un balance de $761.678 por su carga de café, dándole solo $33.373 de utilidad por carga, lo que equivale al 4,6 % sobre sus costos de producción y no el 16,9 % que recibió en realidad por su café físico más la compensación a la qué le dio derecho la opción.

2013

El caficultor recalcula sus costos de producción teniendo en cuenta la inflación de 2012, la cual ascendió a 3,17 %, lo que da como resultado un costo de producción de COP 751.392 por carga de 125 kg de café pergamino seco.

El comportamiento del precio de las opciones de 2013 se presenta en la Tabla 14:

Tabla 14: Resumen del precio de las opciones de cada mes y la utilidad de su utilización como cobertura en el año 2013.

	Promedio mensual del precio de la carga de café en bolsa	Precio de la opción por carga en pesos	Precio de la carga menos el precio de la opción	costos de producción	Utilidad de la cobertura por carga	% de utilidad por carga
dic-13	*$422.319*	*$38.009*	*$384.310*	*$751.392*	*-$367.082*	*-48,85%*
nov-13	*$397.924*	*$35.813*	*$362.111*	*$751.392*	*-$389.281*	*-51,81%*
oct-13	*$413.687*	*$37.232*	*$376.455*	*$751.392*	*-$374.937*	*-49,90%*
sep-13	*$440.083*	*$39.607*	*$400.476*	*$751.392*	*-$350.916*	*-46,70%*
ago-13	*$454.149*	*$40.873*	*$413.275*	*$751.392*	*-$338.117*	*-45,00%*
jul-13	*$463.684*	*$41.732*	*$421.952*	*$751.392*	*-$329.440*	*-43,84%*
jun-13	*$460.423*	*$41.438*	*$418.985*	*$751.392*	*-$332.407*	*-44,24%*
may-13	*$481.033*	*$43.293*	*$437.740*	*$751.392*	*-$313.652*	*-41,74%*
abr-13	*$486.147*	*$43.753*	*$442.394*	*$751.392*	*-$308.998*	*-41,12%*
mar-13	*$488.574*	*$43.972*	*$444.603*	*$751.392*	*-$306.789*	*-40,83%*
feb-13	*$482.802*	*$43.452*	*$439.350*	*$751.392*	*-$312.042*	*-41,53%*
ene-13	*$491.209*	*$44.209*	*$447.000*	*$751.392*	*-$304.392*	*-40,51%*

Fuente: Cálculos del autor - Federación Nacional de Cafeteros de Colombia.

En 2013 no se presentaron oportunidades para comprar opciones para cubrir 2015 porque el porcentaje de utilidad por carga siempre dio negativa al momento de sumar los costos de producción más el valor de la prima de la opción.

El resultado de la compra de opciones de marzo de 2011 en las ventas de café de 2013 se presenta en la Tabla 15:

Tabla 15 Resumen de las operaciones realizadas por el productor aplicando la estrategia de administración de riesgo de precio utilizando opciones en el año 2013.

Mes de venta	Precio de la prima de la opción	Diferencia del precio cubierto por la opción y el precio en Bolsa del día de la venta.	Compensación de la Bolsa	Ingresos brutos	Venta del físico menos la prima mas la compensación	Precio de venta del físico	Precio de la carga final	% de utilidad
may-13	*$9.306.317*	*$384.510*	*$34.452.100*	*$45.785.600*	*$70.931.383*	*$511.000*	*$791.645*	*5,4*
nov-13	*$13.959.476*	*$467.619*	*$62.847.960*	*$51.718.867*	*$100.607.351*	*$384.813*	*$748.567*	*-0,4*

Fuente: Cálculos del autor - Federación Nacional de Cafeteros de Colombia.

En mayo y noviembre de 2013, el productor contaba con la opción de vender su café a COP 865.543, la cual ejerció dado que el precio tenía un valor menor en el momento de la venta del físico, Recibiendo un total de COP 97.300.059 de compensación.

Espero que hasta este punto estés entendiendo y disfrutando de la dinámica del funcionamiento de las opciones de café. Si estás prestando atención tendrás el siguiente interrogante: ¿Por qué, en la operación de noviembre del año 2013 la venta comercial dio pérdidas si se tenía la protección de la opción? Esta pregunta tiene dos respuestas: la primera razón por la cual ocurrió este fenómeno es el ajuste de los costos de producción con base en la inflación, que hace que los costos aumenten cada año; y la segunda y más importante es que el diferencial por calidad transferido al productor en ese mes en particular fue negativo (-5,22 %) lo que significa que los productores en esta ocasión financiaron la operación de compra, trilla, logística, tramites de exportación, contribución cafetera y utilidad de los exportadores. Por estas dos razones la compensación de la bolsa al ejercer la opción no alcanzó a cubrir los costos de producción más la inversión en la prima.

Lo ocurrido en noviembre de 2013 nos debe dejar las siguientes lecciones:

1. Siempre se deben hacer proyecciones realistas en cuanto al posible incremento de los costos de producción de los años venideros o tener estrategias de negoción a futuro con tus principales proveedores de servicios e insumos que aseguren que tus costos proyectados sean lo más acertado posibles.

2. El diferencial por calidad que es transferido a los productores por parte de los exportadores es un arma de doble filo que puede jugar a favor o en contra de los participantes del negocio que estén ejecutando estrategias de administración de riesgo basadas en contratos de futuros u opciones. Por lo que se hace necesario proyectar diferentes escenarios antes de realizar la compra o venta de contratos de futuros o de las primas de las opciones.

2014

En 2014 la estrategia de aumento de la calidad, productividad y disminución de los costos empieza a dar frutos. Esto permite mantener los costos de producción estables en un nivel de COP 751.392, evitando los efectos de la inflación.

El comportamiento del precio de las opciones del año 2014 se presenta en la Tabla 16:

Tabla 16 Resumen del precio de las opciones de cada mes y la utilidad de su utilización como cobertura en el año 2014.

	Promedio mensual del precio de la carga de café en bolsa	Precio de la opción por carga en pesos	Precio de la carga menos el precio de la opción	costos de producción	Utilidad de la cobertura por carga	% de utilidad por carga
dic-14	*$723.529*	*$86.824*	*$636.706*	*$751.392*	*-$114.686*	*-15,26%*
nov-14	*$707.793*	*$84.935*	*$622.857*	*$751.392*	*-$128.535*	*-17,11%*
oct-14	*$726.138*	*$87.137*	*$639.002*	*$751.392*	*-$112.390*	*-14,96%*
sep-14	*$654.728*	*$78.567*	*$576.161*	*$751.392*	*-$175.231*	*-23,32%*
ago-14	*$634.673*	*$76.161*	*$558.512*	*$751.392*	*-$192.880*	*-25,67%*
jul-14	*$580.840*	*$69.701*	*$511.139*	*$751.392*	*-$240.253*	*-31,97%*
jun-14	*$587.787*	*$70.534*	*$517.253*	*$751.392*	*-$234.139*	*-31,16%*
may-14	*$643.813*	*$77.258*	*$566.556*	*$751.392*	*-$184.836*	*-24,60%*
abr-14	*$677.933*	*$81.352*	*$596.581*	*$751.392*	*-$154.811*	*-20,60%*
mar-14	*$683.403*	*$82.008*	*$601.395*	*$751.392*	*-$149.997*	*-19,96%*
feb-14	*$575.989*	*$69.119*	*$506.870*	*$751.392*	*-$244.522*	*-32,54%*
ene-14	*$444.450*	*$53.334*	*$391.116*	*$751.392*	*-$360.276*	*-47,95%*

Fuente: Cálculos del autor - Federación Nacional de Cafeteros de Colombia.

En 2014 no se presentaron oportunidades para comprar opciones para cubrir 2015 porque el porcentaje de utilidad por carga siempre dio negativo al momento de sumar los costos de producción más el valor de la prima de la opción; y si estás siguiendo atentamente el ejercicio, te darás cuenta que desde 2011 no ha se ha presentado un escenario que se acople a la estrategia de administración de riesgo planteada para esta finca, por lo que reitero que cada estrategia es única y el monitoreo del mercado para tomar decisiones correctas es imprescindible. Además, gracias a la estrategia que se siguió en el 2011, esta finca ha protegido su precio por tres años consecutivos.

El resultado de la compra de opciones de marzo de 2011 en las ventas de café del año 2014, se presenta a continuación:

Tabla 17 Resumen de las operaciones realizadas por el productor aplicando la estrategia de administración de riesgo de precio utilizando opciones en el año 2014.

Mes de venta	Precio de la prima de la opción	Diferencia del precio cubierto por la opción y el precio en Bolsa del día de la venta.	Compensación de la Bolsa	Ingresos brutos	Venta del físico menos la prima más la compensación	Precio de venta del físico	Precio de la carga final	% de utilidad
may-14	*$9.306.317*	*$221.730*	*$19.866.975*	*$66.653.350*	*$77.214.009*	*$743.899*	*$861.763*	*14,7*
nov-14	*$13.959.476*	*$157.750*	*$21.201.644*	*$103.700.218*	*$110.942.386*	*$771.579*	*$825.464*	*9,9*

Fuente: Cálculos del autor - Federación Nacional de Cafeteros de Colombia.

En mayo y noviembre de 2014, el productor contaba con la opción de vender su café a COP 865.543, la cual ejerce, dado que el precio presentaba un valor menor en el momento de la venta de físico; recibiendo un total de COP 41.098.620 de compensación.

2015

Durante 2015, el productor continuó beneficiándose de los resultados de la estrategia de aumento de la calidad, productividad y la disminución de los costos, logrando mantener los costos de producción estables en un nivel de COP 751.392, evitando los efectos de la inflación.

El comportamiento del precio de las opciones de 2015 se presenta en la Tabla 18:

Tabla 18 Resumen del precio de las opciones de cada mes y la utilidad de su utilización como cobertura en el año 2015.

	Promedio mensual del precio de la carga de café en bolsa	Precio de la opción por carga en pesos	Precio de la carga menos el precio de la opción	costos de producción	Utilidad de la cobertura por carga	% de utilidad por carga
dic-15	*$762.502*	*$80.063*	*$682.439*	*$751.392*	*-$68.953*	*-9,18%*
nov-15	*$707.856*	*$74.325*	*$633.531*	*$751.392*	*-$117.861*	*-15,69%*
oct-15	*$711.310*	*$74.688*	*$636.622*	*$751.392*	*-$114.770*	*-15,27%*
sep-15	*$711.337*	*$74.690*	*$636.647*	*$751.392*	*-$114.745*	*-15,27%*
ago-15	*$748.705*	*$78.614*	*$670.091*	*$751.392*	*-$81.301*	*-10,82%*
jul-15	*$670.889*	*$70.443*	*$600.446*	*$751.392*	*-$150.946*	*-20,09%*
jun-15	*$656.579*	*$68.941*	*$587.638*	*$751.392*	*-$163.754*	*-21,79%*
may-15	*$617.178*	*$64.804*	*$552.374*	*$751.392*	*-$199.018*	*-26,49%*
abr-15	*$662.723*	*$69.586*	*$593.137*	*$751.392*	*-$158.255*	*-21,06%*
mar-15	*$673.420*	*$70.709*	*$602.711*	*$751.392*	*-$148.681*	*-19,79%*
feb-15	*$700.305*	*$73.532*	*$626.773*	*$751.392*	*-$124.619*	*-16,59%*
ene-15	*$728.626*	*$76.506*	*$652.120*	*$751.392*	*-$99.272*	*-13,21%*

Fuente: Cálculos del autor - Federación Nacional de Cafeteros de Colombia.

Durante 2015 no se presentaron oportunidades para comprar opciones para cubrir 2016 porque el porcentaje de utilidad por carga siempre dio negativa al momento de sumar los costos de producción más el valor de la prima de la opción.

En 2015, el caficultor está totalmente descubierto y el resultado de sus operaciones de venta de café fue el siguiente:

Tabla 19 Resumen de las operaciones realizadas por el productor aplicando la estrategia de administración de riesgo de precio utilizando opciones en el año 2015.

Mes de venta	Precio de la prima de la opción	Diferencia del precio cubierto por la opción y el precio en Bolsa del día de la venta	Compensación de la Bolsa	Ingresos brutos	Venta del físico menos la prima más la compensación	Precio de venta del físico	Precio de la carga final	% de utilidad
may-15			*Sin cobertura*	*$56.566.182*	*$56.566.182*	*$631.319*	*$631.319*	*-16,0*
nov-15			*Sin cobertura*	*$98.788.704*	*$98.788.704*	*$735.035*	*$735.035*	*-2,2*

Fuente: Cálculos del autor - Federación Nacional de Cafeteros de Colombia.

En 2015 el productor no contaba con ninguna cobertura y vendió su café al precio de contado, es decir, para las condiciones de mercado de ese momento, vendió a pérdida.

2016

En 2016 el productor continúa disfrutando los frutos de las estrategias de aumento de la calidad y la productividad y la disminución de los costos, logrando mantener los costos de producción estables en un nivel de COP 751.392, esquivando los efectos de la inflación, la cual ascendió al 4,98 %. Esto se convierte en una gran ventaja competitiva para la empresa cafetera objeto de este libro.

El comportamiento del precio de las opciones de 2016 se presenta en la Tabla 20:

Tabla 20 Resumen del precio de las opciones de cada mes y la utilidad de su utilización como cobertura en el año 2016.

	Promedio mensual del precio de la carga de café en bolsa	Precio de la opción por carga en pesos	Precio de la carga menos el precio de la opción	costos de producción	Utilidad de la cobertura por carga	% de utilidad por carga
dic-16	*$812.753*	*$78.024*	*$734.729*	*$751.392*	*-$16.663*	*-2,22%*
nov-16	*$929.924*	*$89.273*	*$840.651*	*$751.392*	*$89.259*	*11,88%*
oct-16	*$856.985*	*$82.271*	*$774.714*	*$751.392*	*$23.322*	*3,10%*
sep-16	*$828.723*	*$79.557*	*$749.165*	*$751.392*	*-$2.227*	*-0,30%*
ago-16	*$793.065*	*$76.134*	*$716.931*	*$751.392*	*-$34.461*	*-4,59%*
jul-16	*$806.341*	*$77.409*	*$728.932*	*$751.392*	*-$22.460*	*-2,99%*
jun-16	*$785.426*	*$75.401*	*$710.025*	*$751.392*	*-$41.367*	*-5,51%*
may-16	*$735.970*	*$70.653*	*$665.317*	*$751.392*	*-$86.075*	*-11,46%*
abr-16	*$724.846*	*$69.585*	*$655.261*	*$751.392*	*-$96.131*	*-12,79%*
mar-16	*$755.895*	*$72.566*	*$683.329*	*$751.392*	*-$68.063*	*-9,06%*
feb-16	*$768.736*	*$73.799*	*$694.938*	*$751.392*	*-$56.454*	*-7,51%*
ene-16	*$743.676*	*$71.393*	*$672.283*	*$751.392*	*-$79.109*	*-10,53%*

Fuente: Cálculos del autor - Federación Nacional de Cafeteros de Colombia.

Como se presenta en la Tabla 20, en 2016 se presentaron dos oportunidades de aplicar la estrategia de administración de riesgo de precio utilizando opciones, que el caficultor capitalizó de la siguiente forma:

- En el mes de octubre compra la opción para cubrir la cosecha del segundo semestre de 2016.
- En el mes de noviembre compra las opciones que le dan el derecho de vender toda su producción a **COP 929.924 en 2017, 2018 y 2019.**

Resultado de la compra de opciones de octubre de 2016 en la venta de la producción del segundo semestre del año 2016.

Tabla 21 Resumen de las operaciones realizadas por el productor aplicando la estrategia de administración de riesgo de precio utilizando opciones en el año 2016.

Mes de venta	Precio de la prima de la opción	Diferencia del precio cubierto por la opción y el precio en Bolsa del día de la venta.	Compensación de la Bolsa	Ingresos brutos	Venta del físico menos la prima más la compensación	Precio de venta del físico	Precio de la carga final	% de utilidad
may-16			*Sin cobertura*	*$67.676.941*	*$67.676.941*	*$755.323*	*$755.323*	*0,5*
nov-16	*$11.057.161*	*-$72.939*	*no se ejerce al opción*	*$135.412.435*	*$124.355.274*	*$1.007.533*	*$925.262*	*34,1*

Fuente: Cálculos del autor - Federación Nacional de Cafeteros de Colombia.

En noviembre de 2016 el productor contaba con la opción de vender su café a COP 856.985, la cual no ejerció porque el precio estaba a un precio mayor en el momento de la venta del físico.

2017

En 2017 el productor continúa beneficiándose de las inversiones en productividad y calidad que viene realizando con las buenas utilidades de los últimos años y logra que sus costos de producción se sostengan en los mismos niveles del año anterior, obteniendo un valor de COP 751.392 y evitando la inflación del 2016 que fue del 7,52 %.

El comportamiento del precio de las opciones del año 2017 se presenta en la Tabla 22:

Tabla 22 Resumen del precio de las opciones de cada mes y la utilidad de su utilización como cobertura en el año 2017.

	Promedio mensual del precio de la carga de café en bolsa	Precio de la opción por carga en pesos	Precio de la carga menos el precio de la opción	costos de producción	Utilidad de la cobertura por carga	% de utilidad por carga
dic-17	*$698.871*	*$56.609*	*$642.262*	*$751.392*	-*$109.130*	-*14,52%*
nov-17	*$724.518*	*$58.686*	*$665.832*	*$751.392*	-*$85.560*	-*11,39%*
oct-17	*$726.802*	*$58.871*	*$667.931*	*$751.392*	-*$83.461*	-*11,11%*
sep-17	*$744.433*	*$60.299*	*$684.134*	*$751.392*	-*$67.258*	-*8,95%*
ago-17	*$781.740*	*$63.321*	*$718.419*	*$751.392*	-*$32.973*	-*4,39%*
jul-17	*$792.298*	*$64.176*	*$728.122*	*$751.392*	-*$23.270*	-*3,10%*
jun-17	*$742.030*	*$60.104*	*$681.926*	*$751.392*	-*$69.466*	-*9,25%*
may-17	*$751.685*	*$60.886*	*$690.798*	*$751.392*	-*$60.594*	-*8,06%*
abr-17	*$769.359*	*$62.318*	*$707.041*	*$751.392*	-*$44.351*	-*5,90%*
mar-17	*$808.786*	*$65.512*	*$743.275*	*$751.392*	-*$8.117*	-*1,08%*
feb-17	*$812.852*	*$65.841*	*$747.011*	*$751.392*	-*$4.381*	-*0,58%*
ene-17	*$838.683*	*$67.933*	*$770.749*	*$751.392*	*$19.357*	*2,58%*

Fuente: Cálculos del autor - Federación Nacional de Cafeteros de Colombia.

Resultado de la compra de opciones de noviembre de 2016 en la venta de café del año 2017, se presenta a continuación:

Tabla 23 Resumen de las operaciones realizadas por el productor aplicando la estrategia de administración de riesgo de precio utilizando opciones en el año 2017.

Mes de venta	Precio de la prima de la opción	Diferencia del precio cubierto por la opción y el precio en Bolsa del día de la venta.	Compensación de la Bolsa	Ingresos brutos	Venta del físico menos la prima mas la compensación	Precio de venta del físico	Precio de la carga final	% de utilidad
may-17	*$7.998.834*	*$178.239*	*$15.970.232*	*$71.905.434*	*$79.876.832*	*$802.516*	*$891.483*	*18,6*
nov-17	*$11.998.251*	*$205.406*	*$27.606.588*	*$105.437.338*	*$121.045.675*	*$784.504*	*$900.637*	*19,9*

Fuente: Cálculos del autor - Federación Nacional de Cafeteros de Colombia.

En mayo y noviembre de 2017 el productor contaba con la opción de vender su café a COP 929.924, la cual ejerció teniendo en cuenta que el precio era menor en el momento de la venta del físico, recibiendo un total de COP 43.576.820 de compensación por parte de la bolsa. En esta operación podemos analizar el precio real de la prima que la empresa pagó por la opción después de hacer su venta de su café físico. En el momento en que el productor compró la opción en noviembre del año 2016 tuvo un precio de COP 89.273 pero su precio real lo podemos calcular así:

Precio al cual le daba derecho vender el café en la bolsa (PB): COP 929.924

Precio real recibido por el café físico (PF): COP 802.516

Compensación de la bolsa (CB): COP 178.239

Valor inicial de la prima (VP): COP 89.273

Valor final de la primar (VF): PB- ((PF+CB)-VP) = COP 38.441

Ahora te hago la siguiente pregunta ¿Por qué después de recibir el dinero de la venta física bajó el valor de la prima al momento de hacer el balance? ¡Eureka! De nuevo es la acción de la prima de calidad transferida por los exportadores a los productores la que esta vez juega a favor de la empresa cafetera aumentando su utilidad esperada.

2018

El productor inicia 2018 recalculando sus costos de producción con base en la inflación del año anterior, que ascendió a 4,32 %, lo que da como resultado unos costos de producción de COP 783.852 por carga de 125 kg de café pergamino seco.

El comportamiento del precio de las opciones del año 2018 se presenta en la Tabla 24:

Tabla 24 Resumen del precio de las opciones de cada mes y la utilidad de su utilización como cobertura en el año 2018.

	Promedio mensual del precio de la carga de café en bolsa	Precio de la opcion por carga en pesos	Precio de la carga menos el precio de la opción	costos de producción	Utilidad de la cobertura por carga	% de utilidad por carga
dic-18	*$663.945*	*$45.812*	*$618.133*	*$ 783.852*	*-$165.719*	*-21,14%*
nov-18	*$717.687*	*$49.520*	*$668.166*	*$ 783.852*	*-$115.686*	*-14,76%*
oct-18	*$702.105*	*$48.445*	*$653.659*	*$ 783.852*	*-$130.193*	*-16,61%*
sep-18	*$610.659*	*$42.135*	*$568.524*	*$ 783.852*	*-$215.328*	*-27,47%*

	Promedio mensual del precio de la carga de café en bolsa	Precio de la opción por carga en pesos	Precio de la carga menos el precio de la opción	costos de producción	Utilidad de la cobertura por carga	% de utilidad por carga
ago-18	*$623.148*	*$42.997*	*$580.151*	*$ 783.852*	*-$203.701*	*-25,99%*
jul-18	*$634.213*	*$43.761*	*$590.452*	*$ 783.852*	*-$193.400*	*-24,67%*
jun-18	*$654.312*	*$45.148*	*$609.165*	*$ 783.852*	*-$174.687*	*-22,29%*
may-18	*$665.032*	*$45.887*	*$619.145*	*$ 783.852*	*-$164.707*	*-21,01%*
abr-18	*$638.437*	*$44.052*	*$594.385*	*$ 783.852*	*-$189.467*	*-24,17%*
mar-18	*$659.775*	*$45.524*	*$614.250*	*$ 783.852*	*-$169.602*	*-21,64%*
feb-18	*$669.664*	*$46.207*	*$623.457*	*$ 783.852*	*-$160.395*	*-20,46%*
ene-18	*$679.907*	*$46.914*	*$632.994*	*$ 783.852*	*-$150.858*	*-19,25%*

Fuente: Cálculos del autor - Federación Nacional de Cafeteros de Colombia

En 2018 no se presentaron oportunidades para comprar opciones para cubrir 2020 porque el porcentaje de utilidad por carga siempre dio negativo al momento de sumar los costos de producción más el valor de la prima de la opción

Resultado de la compra de opciones de noviembre de 2016 en las ventas de café del año 2018

Tabla 25: Resumen de las operaciones realizadas por el productor aplicando la estrategia de administración de riesgo de precio utilizando opciones en el año 2018.

Mes de venta	Precio de la prima de la opción	Diferencia del precio cubierto por la opción y el precio en Bolsa del día de la venta.	Compensación de la Bolsa	Ingresos brutos	Venta del físico menos la prima mas la compensación	Precio de venta del físico	Precio de la carga final	% de utilidad
may-18	*$7.998.834*	*$264.892*	*$23.734.334*	*$67.577.216*	*$83.312.716*	*$754.210*	*$929.829*	*18,6*
nov-18	*$11.998.251*	*$212.237*	*$28.524.694*	*$108.095.635*	*$124.622.079*	*$804.283*	*$927.248*	*18,3*

Fuente: Cálculos del autor - Federación Nacional de Cafeteros de Colombia.

En mayo y noviembre de 2018 el productor contaba con la opción de vender su café a COP 929.924, la cual ejerció, dado que el precio estaba a un valor menor en el momento de la venta del café físico, recibiendo un total de COP 52.259.028 de compensación.

2019

En 2019 el productor continúa beneficiándose de las inversiones en productividad y calidad que viene realizando con las buenas utilidades de los últimos años y logra que sus costos de producción se sostengan en los mismos niveles del año anterior, obteniendo un valor de COP 783.852 y evitando la inflación del 2018 que fue del 3,24 %.

El comportamiento del precio de las opciones del año 2019 se presenta en la Tabla 26:

Tabla 26: Resumen del precio de las opciones de cada mes y la utilidad de su utilización como cobertura en el año 2019.

	Promedio mensual del precio de la carga de café en bolsa	Precio de la opción por carga en pesos	Precio de la carga menos el precio de la opción	costos de producción	Utilidad de la cobertura por carga	% de utilidad por carga
dic-19	*$812.949*	*$75.604*	*$737.345*	*$ 783.852*	*-$46.507*	*-5,93%*
nov-19	*$747.862*	*$69.551*	*$678.310*	*$ 783.852*	*-$105.542*	*-13,46%*
oct-19	*$685.255*	*$63.729*	*$621.526*	*$ 783.852*	*-$162.326*	*-20,71%*
sep-19	*$681.246*	*$63.356*	*$617.890*	*$ 783.852*	*-$165.962*	*-21,17%*
ago-19	*$671.808*	*$62.478*	*$609.330*	*$ 783.852*	*-$174.522*	*-22,26%*
jul-19	*$677.238*	*$62.983*	*$614.255*	*$ 783.852*	*-$169.597*	*-21,64%*
jun-19	*$668.311*	*$62.153*	*$606.158*	*$ 783.852*	*-$177.694*	*-22,67%*
may-19	*$632.313*	*$58.805*	*$573.508*	*$ 783.852*	*-$210.344*	*-26,83%*
abr-19	*$610.952*	*$56.818*	*$554.133*	*$ 783.852*	*-$229.719*	*-29,31%*
mar-19	*$625.441*	*$58.166*	*$567.275*	*$ 783.852*	*-$216.577*	*-27,63%*
feb-19	*$643.131*	*$59.811*	*$583.320*	*$ 783.852*	*-$200.532*	*-25,58%*
ene-19	*$659.069*	*$61.293*	*$597.776*	*$ 783.852*	*-$186.076*	*-23,74%*

Fuente: Cálculos del autor - Federación Nacional de Cafeteros de Colombia

En 2019 no se presentaron oportunidades para comprar opciones para cubrir 2020 porque el porcentaje de utilidad por carga siempre dio negativa al momento de sumar los costos de producción más el valor de la prima de la opción.
Resultado de la compra de opciones de noviembre de 2016 en las ventas de café del año 2019:

Tabla 27 Resumen de las operaciones realizadas por el productor aplicando la estrategia de administración de riesgo de precio utilizando opciones en el año 2019.

Mes de venta	Precio de la prima de la opción	Diferencia del precio cubierto por la opción y el precio en Bolsa el día de la venta.	Compensación de la Bolsa	Ingresos brutos	Venta del físico menos la prima mas la compensación	Precio de venta del físico	Precio de la carga final	% de utilidad
may-19	*$7.998.834*	*$297.610*	*$26.665.897*	*$64.876.224*	*$83.543.287*	*$724.065*	*$932.403*	*19,0*
nov-19	*$11.998.251*	*$182.062*	*$24.469.190*	*$122.250.240*	*$134.721.180*	*$909.600*	*$1.002.390*	*27,9*

Fuente: Cálculos del autor - Federación Nacional de Cafeteros de Colombia.

En mayo y noviembre de 2019 el productor contaba con la opción de vender su café a COP 929.924,la cual ejerce debido a que el precio estaba a un nivel menor en el momento de la venta del café físico, recibiendo un total de COP 51.135.087 de compensación por parte de la bolsa.

2020

En 2020 el productor continúa disfrutando de los beneficios producto de las inversiones en productividad y calidad que viene realizando con las utilidades de los últimos años y logra que sus costos de producción se sostengan en los mismos niveles que el año anterior, obteniendo un valor de COP 783.852 y evitando la inflación del 2019 que fue del 3,52 %.

El comportamiento del precio de las opciones de 2020 se presenta en la Tabla 28:

Tabla 28 Resumen del precio de las opciones de cada mes y la utilidad de su utilización como cobertura en el año 2020.

	Promedio mensual del precio de la carga de café en bolsa	Precio de la opción por carga en pesos	Precio de la carga menos el precio de la opción	costos de producción	Utilidad de la cobertura por carga	% de utilidad por carga
dic-20	*$813.975*	*$97.677*	*$716.298*	*$ 783.845*	*-$67.547*	*-8,62%*
nov-20	*$828.253*	*$99.390*	*$728.863*	*$ 783.846*	*-$54.983*	*-7,01%*
oct-20	*$832.046*	*$99.845*	*$732.200*	*$ 783.847*	*-$51.647*	*-6,59%*
sep-20	*$893.886*	*$107.266*	*$786.619*	*$ 783.848*	*$2.771*	*0,35%*

	Promedio mensual del precio de la carga de café en bolsa	Precio de la opción por carga en pesos	Precio de la carga menos el precio de la opción	costos de producción	Utilidad de la cobertura por carga	% de utilidad por carga
ago-20	*$890.836*	*$106.900*	*$783.935*	*$ 783.849*	*$86*	*0,01%*
jul-20	*$777.453*	*$93.294*	*$684.159*	*$ 783.850*	*-$99.691*	*-12,72%*
jun-20	*$752.039*	*$90.245*	*$661.794*	*$ 783.851*	*-$122.057*	*-15,57%*
may-20	*$826.158*	*$99.139*	*$727.019*	*$ 783.852*	*-$56.833*	*-7,25%*
abr-20	*$888.185*	*106.582*	*$781.603*	*$ 783.852*	*-$2.249*	*-0,29%*
mar-20	*$866.857*	*$104.023*	*$762.834*	*$ 783.852*	*-$21.018*	*-2,68%*
feb-20	*$713.346*	*$85.602*	*$627.744*	*$ 783.852*	*-$156.108*	*-19,92%*
ene-20	*$725.650*	*$87.078*	*$638.572*	*$ 783.852*	*-$145.280*	*-18,53%*

Fuente: Cálculos del autor - Federación Nacional de Cafeteros de Colombia

Como puedes ver en la Tabla 28, en 2020 se presentó la oportunidad de aplicar la estrategia de administración de riesgo de precio utilizando opciones, la cual el productor aprovechó de la siguiente forma:

- En agosto compro la opción para vender toda la producción de 2021 a un precio de COP 890.836.

En 2020 el caficultor está totalmente descubierto y el resultado de la venta de su café en este año se presente a continuación:

Tabla 29 Resumen de las operaciones realizadas por el productor aplicando la estrategia de administración de riesgo de precio utilizando opciones en el año 2020.

Mes de venta	Precio de la prima de la opción	Diferencia del precio cubierto por la opción y el precio en Bolsa del día de la venta	Compensación de la Bolsa	Ingresos brutos	Venta del físico menos la prima más la compensación	Precio de venta del físico	Precio de la carga final	% de utilidad
may-20	$-		*Sin cobertura*	*$95.770.842*	*$95.770.842*	*$1.068.871*	*$1.068.871*	*36,4*
nov-20	$-		*Sin cobertura*	*$140.407.680*	*$140.407.680*	*$1.044.700*	*$1.044.700*	*33,3*

Fuente: Cálculos del autor - Federación Nacional de Cafeteros de Colombia.

En 2020 el productor no contaba con ninguna cobertura y vendió su café al precio de contado.

Resumen de las transacciones realizadas siguiendo la estrategia de administración de riesgo de precio utilizando opciones.

Después de hacer el recorrido comercial por los 10 años analizados, te invito a ver en la Tabla 30 los costos, la utilidad en pesos y el porcentaje de cada venta de café que realizó el productor objeto de esta historia.

Tabla 30 Resumen de las transacciones realizadas siguiendo la estrategia de administración de riesgo de precio utilizando opciones en los últimos 10 años.

Estrategia de venta utilizando opciones			
Mes y año de negociación	Costo total	Utilidad total	% de utilidad
may-10	*$61.709.581*	*-$ 1.054.716*	*-1,7*
nov-10	*$92.564.371*	*$ 13.651.411*	*14,7*
may-11	*$63.110.388*	*$ 19.478.518*	*30,9*
nov-11	*$94.665.581*	*$ 16.287.423*	*17,2*
may-12	*$65.256.140*	*$ 11.055.971*	*16,9*
nov-12	*$97.884.192*	*$ 8.462.890*	*8,6*
may-13	*$67.324.747*	*$ 3.606.636*	*5,4*
nov-13	*$100.987.085*	*-$ 379.734*	*-0,4*
may-14	*$67.324.723*	*$ 9.889.286*	*14,7*
nov-14	*$100.987.085*	*$ 9.955.302*	*9,9*
may-15	*$67.324.723*	*-$ 10.758.541*	*-16,0*
nov-15	*$100.987.085*	*-$ 2.198.381*	*-2,2*
may-16	*$67.324.723*	*$ 352.218*	*0,5*
nov-16	*$100.987.085*	*$ 34.425.350*	*34,1*
may-17	*$67.324.723*	*$ 12.552.109*	*18,6*
nov-17	*$100.987.085*	*$ 20.058.590*	*19,9*
may-18	*$70.233.151*	*$ 13.079.565*	*18,6*
nov-18	*$105.349.709*	*$ 19.272.370*	*18,3*
may-19	*$70.233.139*	*$ 13.310.148*	*19,0*
nov-19	*$105.349.709*	*$ 29.371.471*	*27,9*
may-20	*$70.233.139*	*$ 25.537.702*	*36,4*
nov-20	*$105.349.709*	*$ 35.057.971*	*33,3*
Totales	**$ 1.843.497.874**	**$ 281.013.559**	**14,75**

Fuente: Cálculos del autor.

En el ejercicio comercial de la empresa cafetera analizada en el presente libro, al utilizar opciones como herramienta principal para la administración del riesgo de precio se obtuvo una utilidad total del 15,2 % sobre la inversión total realizada en la década simulada y una utilidad promedio por transacción de 14,7 %.

Después de este recorrido por estos 10 años utilizando opciones como cobertura de precios podemos concluir que es una estrategia rentable y que le da estabilidad, tranquilidad y sostenibilidad al negocio cafetero, pero solo si es utilizada con disciplina; con una estrategia clara basada en los costos de producción para el caso de los productores, y los costos de adquisición para el caso de los tostadores y comercializadores; con un cálculo claro y juicioso de la utilidad esperada; y de la posible influencia del diferencial en los precios del café físico.

También podemos concluir que es una herramienta que les permite a los actores del mercado del café fijar el precio que más le conviene a su negocio, sin la necesidad de renunciar a mejorarlo en el caso de que el mercado tome un rumbo favorable a los intereses del empresario cafetero, permitiéndole ganar siempre en el negocio del café por medio del pago de una prima.

RENTABILIDAD DE LOS ÚLTIMOS 10 AÑOS DE LA EMPRESA CAFETERA VENDIENDO SU CAFÉ UTILIZANDO UNA ESTRATEGIA DE ADMINISTRACIÓN DE RIESGO DE PRECIO BASADA EN CONTRATOS FORWARD

Una negociación forward es aquella mediante la que se fija el precio del café físico para su posterior entrega, este tipo de negociación no debe confundirse con los contratos de futuros.

Los caficultores que utilizan este tipo de negociación deben tener claro que su negocio no es la especulación con el precio del café, sino, que es fijar los precios de su café para una entrega posterior, aprovechando la infraestructura de sus cooperativas o sus clientes particulares.

Los contratos forward son herramientas que te ayudan como actor de la cadena de valor del café a realizar tu programación financiera y garantizar un precio fijo para el café que aún no se ha producido, vendido o comprado.

Una negociación forward es aquella mediante la que *se fija el precio del café físico para su posterior entrega*, este tipo de negociación no debe confundirse con los contratos de futuros.

Los caficultores que utilizan este tipo de negociación deben tener claro que su negocio no es la especulación con el precio del café, sino, que *es fijar los precios de su café para una entrega posterior,* aprovechando la infraestructura de sus cooperativas o sus clientes particulares.

En la siguiente simulación realicé los cálculos de la rentabilidad de un productor que cumpla con las características que mencioné en el punto de costos de producción, oferta ambiental y panel de simulación. En este ejercicio teórico establecí que la estrategia de venta utilizando forwards de café tiene las siguientes reglas:

- Si el precio del forward está por debajo de los costos de producción no se firma el contrato.
- Si el precio del forward cubre los costos de producción, se cubre el 20 % de la producción o la traviesa siguiente.
- Si el precio del forward tiene un 10 % de utilidad, se cubre el 30 % de la producción o la traviesa siguiente.
- Si el precio del forward tiene un 20 % de utilidad, se cubre el 50 % de la producción o la traviesa siguiente.
- Si el precio del forward tiene un 30 % de utilidad, se cubre el 80 % de la producción o la traviesa siguiente.
- Si el precio del forward tiene un 31 % de utilidad o más, se cubre el 80 % de la producción o la traviesa de los siguientes dos años o más.

Advertencia: En ningún momento la estrategia de administración de riesgo propuesta en este capítulo del libro es una recomendación explicita de mi parte. Solo debes considerarla como un ejercicio académico que te servirá de base para que tu empresa cafetera diseñe sus propias estrategias de administración de riesgo de precios, teniendo en cuenta tus objetivos empresariales, tu capacidad financiera y tu estrategia empresarial a mediano y largo plazo.

A continuación, te presento el comportamiento financiero de esta estrategia, teniendo en cuenta los precios mensuales promedio de cada uno de los años analizados.

2010

Considerando las condiciones establecidas en el punto del panel de simulación, se tiene claro que el productor protagonista de esta historia ofrece al mercado el 40 % de su café pergamino seco en el mes de mayo y el 60 % restante en el mes de noviembre. Tomando los datos del punto en el que calculé los costos de producción de la empresa cafetera en cuestión, se tiene que para 2010, los costos de producción de 125 kg de café pergamino seco ascendían a COP 688.723.

Gráfico 25: Precio interno mensual promedio de 125 kg de café pergamino seco en Colombia en el año 2010.

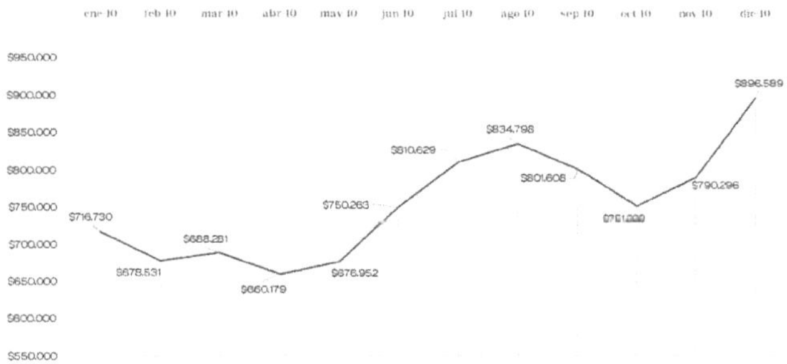

Fuente: Estadísticas cafeteras de la Federación Nacional de Cafeteros de Colombia.

El año 2010 inicia con una oportunidad de cobertura aplicando la estrategia expuesta anteriormente. En este caso, el caficultor procede firmar un contrato forward por **el 20 %** de la traviesa de mayo con un **4,1 % de utilidad.** En los meses de febrero, marzo y abril no se presenta ninguna oportunidad de cobertura, dado que los precios en estos meses siempre estuvieron por debajo de los costos de producción.

En el mes de mayo tampoco se da la oportunidad de hacer alguna cobertura. El caficultor procede a vender el 40 % del total de su cosecha anual de la siguiente manera:

- 20 % de su traviesa la vende a COP 716.730 con una utilidad del **4,1 %.**
- 80 % de su traviesa la vende a COP 676.952 con una pérdida del 1,7 %.

En el mes de junio se da la oportunidad de cubrir **el 20 %** de la cosecha de noviembre con un **8,9 % de utilidad.** Luego, en el mes de julio el precio sube y, cumpliendo con lo estipulado en la estrategia, se cubre **el 30 %** de la cosecha de noviembre con un **17,7 % de utilidad.** El precio sigue subiendo en el mes de agosto, lo que le permite al productor cubrir **el 30 %** de la cosecha de noviembre con un **21,2 % de utilidad.** Con este último contrato forward, el productor ya tiene cubierto el 80 % de su cosecha principal equivalente al 60 % de su cosecha anual. La decisión de cubrir solo hasta el 80 % de su producción, se toma como una medida de cautela, por si se presenta algún imprevisto en la productividad del cultivo, que pueda poner en apuros al productor al momento de cumplir los contratos forward.

El promedio mensual del precio interno de la carga de 125 kg de café pergamino seco en el mes de septiembre presentó un precio por encima de los costos de producción en un **16,4 %,** por lo tanto, el productor cubre **el 30 %** de la traviesa que producirá en mayo del siguiente año. En octubre el precio sigue estando por encima de los costos de producción y siguiendo con la estrategia planteada, el productor hace un forward por **el 20 %** de la traviesa que producirá en mayo de 2011 con un **9,1 % de utilidad.** En noviembre, el precio le da de nuevo la oportunidad al caficultor de cubrir **el 30 %** restante de la traviesa de mayo del año siguiente con un **14,7 % de utilidad.** En este punto ya la empresa cafetera tiene el precio al cual va a vender el 80 % de su producción del primer semestre de 2011, permitiéndole hacer sus presupuestos y tener un manejo administrativo más eficiente.

En el mes de noviembre el productor tiene la obligación de cumplir con los contratos forward firmados para la entrega del 60 % de su producción anual, por lo que debe vender su café con los siguientes precios:

- 20 % de la cosecha con una utilidad del **8,9 %**.
- 30 % de la cosecha con una utilidad del **17,7 %.**
- 30 % de la cosecha con una utilidad del **21,2 %**
- 20 % de la cosecha con una utilidad del **14,7 %**

Para finalizar el año, el productor cubre **el 80 %** de la cosecha del mes de noviembre de 2011 con un **30,2 % de utilidad,** aprovechando que el precio se ubicó en el nivel de los COP 896.589.

De esta forma la empresa cafetera objeto de esta simulación, termina 2010 con el 80 % de la producción total de 2011 cubierta con unos precios por encima de sus costos de producción, garantizando que por lo menos en el 80 % del café que va a vender el año siguiente, va a obtener utilidad.

2011

El 2011 empieza muy bien para el caficultor que implementó una estrategia clara de utilización de forwards como herramienta de administración del riesgo de la volatilidad de los precios, a quien ya no le preocupa que pase con el precio en 2011, porque ya tiene negociado el 80 % de su producción total a un valor que le garantiza cubrir sus costos de producción y adicionalmente obtener utilidad.

Gráfico 26: Precio interno mensual promedio de 125 kg de café pergamino seco en Colombia en el año 2011.

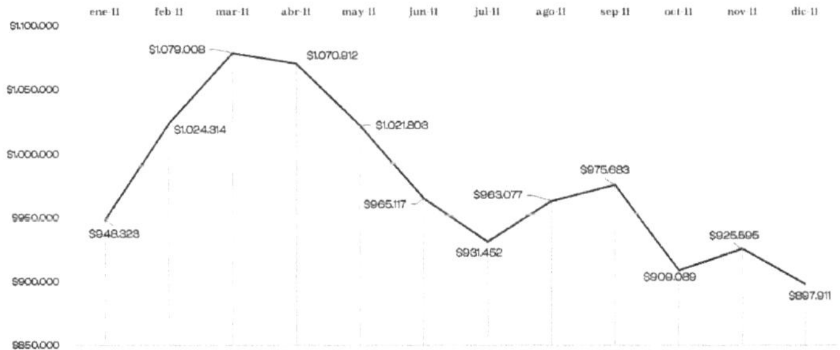

Fuente: Estadísticas cafeteras de la Federación Nacional de Cafeteros de Colombia.

El 2011 arranca con un precio de COP 948.323, que le da la oportunidad al productor de cubrir el 80 % de la Traviesa que ofrecerá en el mercado en mayo de 2012, con un **34,6 %** de utilidad.

En el mes de febrero el precio sigue subiendo y le da la oportunidad al productor de cubrir **el 80 %** de la cosecha de noviembre de 2012 con un **45,4 % de utilidad.** Y como el precio garantiza una utilidad superior al 35 %, el caficultor sigue al pie de la letra su estrategia de administración de riesgo de precio y procede a cubrir la producción total de los próximos tres años: **2012, 2013 y 2014.**

Hago una pausa para responder una pregunta que seguramente te estás haciendo: ¿sabiendo que tengo una utilidad mayor podré renegociar en cualquier momento el valor de utilidad del forward negociado para la traviesa? La respuesta es No y esta es una de las grandes desventajas de los forwards respecto a las opciones que sí lo permiten. Lo que sí es posible hacer es firmar un nuevo contrato apenas se entregue el café del compromiso pactado, siempre y cuando el precio sea atractivo para una nueva cobertura.

En el mes de marzo y abril el precio sigue su comportamiento alcista, pero el caficultor ya tiene su producción cubierta para los próximos tres años. En este caso el productor no tiene de que preocuparse, dado que sus coberturas le van a permitir utilidades superiores al 30 %, independientemente del comportamiento del precio.

En mayo, mes en el que la empresa cafetera tiene disponible el 40 % de su cosecha total, el precio alcanza el nivel de COP 1.021.803; meses atrás ya había comprometido su traviesa a precios que en esos momentos cumplían con las condiciones de la estrategia de administración de riesgo de precio.

A pesar de que el precio actual está mucho más alto que los precios contratados, el productor elige cumplir sus compromisos porque conoce a fondo cuáles son las consecuencias negativas que tienen los incumplimientos. En este orden de ideas, el 40 % de la producción total del año se vende como se relaciona a continuación:

- 30 % de la traviesa con una utilidad del **16,4 %.**
- 30 % de la traviesa con una utilidad del **12,2 %.**
- 20 % de la traviesa con una utilidad del **6,7 %**
- 20 % de la traviesa con una utilidad del **45,1 %**

Pasado el mes de mayo, el precio interno del café inicia un comportamiento bajista llegando hasta el mes de noviembre a un valor de COP 925.595, precio al cual solo se venderá el 20 % de la cosecha principal, dado que el 80 % de la producción del segundo semestre del año ya estaba cubierta desde el año anterior. El 60 % de la producción de esta empresa cafetera se vendió de la siguiente manera:

- 80 % de la cosecha con una utilidad del **27,3 %.**
- 20 % de la cosecha con una utilidad del **31,4 %.**

De esta manera el caficultor termina un año con una excelente utilidad y sin preocuparse por lo que suceda con el precio, dado que ya tenía cubierto el 80 % de su producción total. Con esta utilidad el productor inicia un programa de mejoramiento de la productividad, con el objetivo de administrar de manera eficiente sus costos de producción.

Antes de pasar a 2012, reflexionemos sobre la importancia de cumplir con la estrategia y los compromisos de Forwards adquiridos: seguramente, si el caficultor no honra el compromiso y hubiese vendido la traviesa, es decir el 40 % de su producción a un precio más alto, unos meses más tarde habría tenido que vender el 60 % de su producción a un precio más bajo. Así que realmente el incumplimiento es cambiar una estabilidad y utilidad futura del negocio cafetero por una ganancia inmediata y pasajera; pues las cooperativas o las empresas privadas, pierden confianza y no vuelven a pactar contratos en los cuales el riesgo de incumplimiento es altísimo. Y te lo mostraré en los siguientes años del análisis.

2012

El productor inicia 2012 recalculando sus costos de producción teniendo en cuenta la inflación del año anterior, que llegó al 3,4 %, esta cifra genera como resultado unos costos de producción de COP 728.305 por carga de 125 kg de café pergamino seco.

Gráfico 27: Precio interno mensual promedio de 125 kg de café pergamino seco en Colombia en el año 2012.

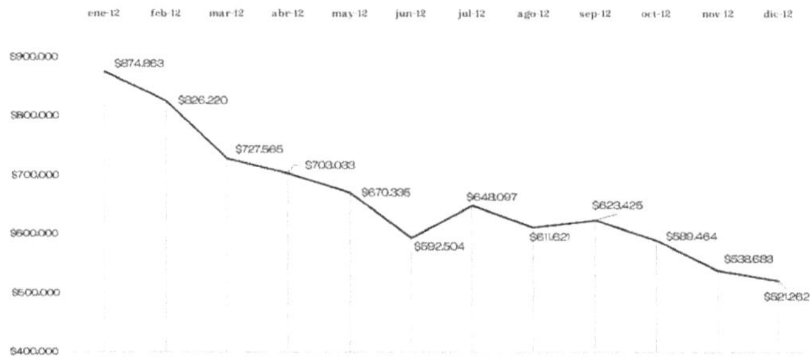

Fuente: Estadísticas cafeteras de la Federación Nacional de Cafeteros de Colombia.

Gracias a que tiene cubierto el 80% del valor de su cosecha, en 2012 el productor está tranquilo y esto le permite concentrarse en la administración de su empresa cafetera, mejorando constantemente su productividad y la calidad de su café. Mientras el resto de caficultores se preocupan por la tendencia bajista del precio durante 2012, el productor de esta empresa puede enfocarse en bajar sus costos de producción para aumentar su utilidad.

En el mes de mayo de 2012 el productor vende el 40 % de su producción total de la siguiente manera:

- 80 % de la traviesa con una utilidad del **30,2 %.**
- 20 % de la traviesa con una pérdida del 7,9 %.

En el mes de noviembre el caficultor vende el 60 % de su producción total así:

- 80 % de la cosecha con una utilidad del **40,6 %.**
- 20 % de la cosecha con una pérdida del 26 %.

Como se detalla en la Grafico 27, no se presenta ninguna oportunidad de cubrir el precio de la producción de 2015, que aún está descubierto.
En este año, al igual que en 2011, el productor utiliza parte de las utilidades obtenidas para fortalecer sus programas de mejoramiento en calidad, productividad y administración.

2013

El Caficultor recalcula sus costos de producción con base en la inflación del año 2012, que fue de 3,17 %, lo que da como resultado unos costos de producción de COP 751.392 por carga de 125 kg de café pergamino seco.

Gráfico 28: Precio interno mensual promedio de 125 kg de café pergamino seco en Colombia en el año 2013.

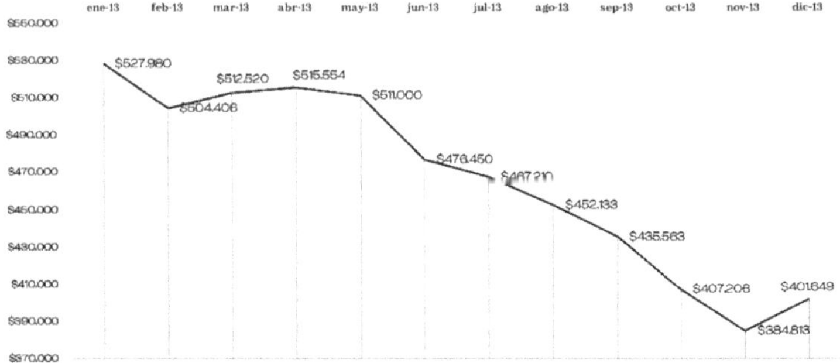

Fuente: Estadísticas cafeteras de la Federación Nacional de Cafeteros de Colombia.

En 2013 continúa la tendencia bajista del precio, alcanzando precios internos históricos, situación que empieza a repercutir en la estabilidad social del sector cafetero en el país. Pero este caficultor es ajeno a las preocupaciones por tener cubierto el 80 % de su producción total con un precio que le garantiza una utilidad superior al 35 %.

En este escenario el productor vende su café en el mes de mayo del 2013 así:

- 80 % de la traviesa con una utilidad del **36,3 %.**
- 20 % de la traviesa con una pérdida del 32 %.

Y en el mes de noviembre, la empresa cafetera cumple con sus contratos forward y recibe lo siguiente por el 60 % de su producción total:

- 80 % de la cosecha con una utilidad del **36,3 %.**
- 20 % de la cosecha con una pérdida del 48,8 %.

De esta manera, mientras que el sector cafetero está sumido en una gran crisis, económica, política y social, nuestro caficultor obtiene utilidad en su negocio.

Y de esto se trata este libro, de que tengas las herramientas suficientes para que el precio del café deje de ser tu mayor problema y preocupación y puedas fijarlo en el momento que más le convenga a tu empresa para dedicarte a lo verdaderamente importante: hacer el mejor trabajo posible en la producción, en el tueste, en el proceso de comercialización o exportación de tu café, dependiendo de tu posición en el mercado.

¿Qué te parece este escenario? Cuando la mayoría de los caficultores de Colombia estaban volcados en las carreteras haciendo un paro nacional y exigiendo subsidios para aliviar la caída de los precios, otros pocos estaban tranquilos siendo rentables en sus ventas de café y preocupados solo por disminuir sus costos de producción para seguir ganando siempre en su negocio de café, pues estaban haciendo uso de estas herramientas que están al alcance de todos, siempre y cuando se cumpla con lo pactado.

2014

En 2014 comienzan los frutos de las estrategias de aumento de la calidad, productividad y reducción de costos. En consecuencia, el caficultor logra mantener los costos de producción estables en un nivel de COP 751.392, evitando los efectos de la inflación.

Gráfico 29: Precio interno mensual promedio de 125 kg de café pergamino seco en Colombia en el año 2014.

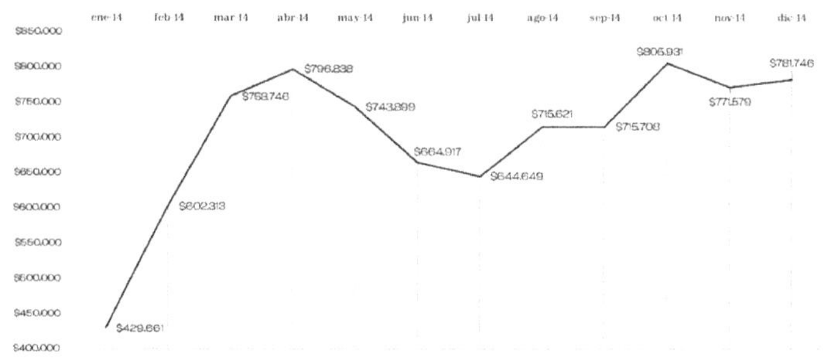

Fuente: Estadísticas cafeteras de la Federación Nacional de Cafeteros de Colombia.

Después de una dura etapa de precios internos históricamente bajos, 2014 inicia con una recuperación del precio. El caficultor objeto de esta simulación continúa cumpliendo su estrategia de administración de riegos de precio y espera que este año el precio alcance niveles que le permitan empezar a cubrir parte de la producción de 2015, que para inicios de 2014 aún está totalmente expuesta a situaciones como las que se presentaron en 2012 y 2013.

En el mes de abril se presenta la primera oportunidad de cobertura, dado que el precio alcanzó el nivel de COP 796.838, permitiéndole al caficultor cubrir **el 20 %** de la de la producción que ofertará en mayo del 2015 con un **6 % de utilidad.**

En mayo el productor cumple con sus contratos forward y vende su café como se muestra a continuación:

- 80 % de la traviesa con una utilidad del **36,3 %.**
- 20 % de la traviesa con una pérdida del 1 %.

En el mes de octubre, el mercado le da al caficultor una nueva oportunidad de cobertura al alcanzar un precio de COP 805.931, y cubre **otro 20 %** de la producción del primer semestre del 2015 con un **7,3 % de utilidad.**

En noviembre el productor puede vender el 60 % de su producción total del año 2014 así:

- 80 % de la cosecha con una utilidad del **36,3 %.**
- 20 % de la cosecha con una utilidad del **2,7 %.**

Adicionalmente, tiene la oportunidad de cubrir otro 20 % de la producción del primer semestre de 2015 con una utilidad del **2,7 %.**

Finalmente, en el mes de diciembre el café alcanza un precio de COP 781.746, circunstancia que le da la oportunidad al productor de completar la cobertura para el 80 % de su producción del primer semestre, con un 20 % adicional con un **4 %** de utilidad.

Si me has seguido hasta aquí, te estarás dando cuenta cómo el caficultor, situado en 2014, está recogiendo las utilidades de las decisiones de cobertura tomadas en 2011 y, al tiempo, está tomando decisiones de cobertura para los años venideros; y, por ahora, está logrando cubrir el primer semestre de 2015. En la práctica este ejercicio, le otorga orden, flujo de caja y tranquilidad con su negocio, independientemente de que suceda con el mercado.

2015

En 2015 el productor continúa cosechando los frutos de las estrategias de incremento de la calidad, la productividad y la reducción de costos, logrando mantener los costos de producción estables en un nivel de COP 751.392, condición que le permite salvar los efectos de la inflación.

Gráfico 30: Precio interno mensual promedio de 125 kg de café pergamino seco en Colombia en el año 2015.

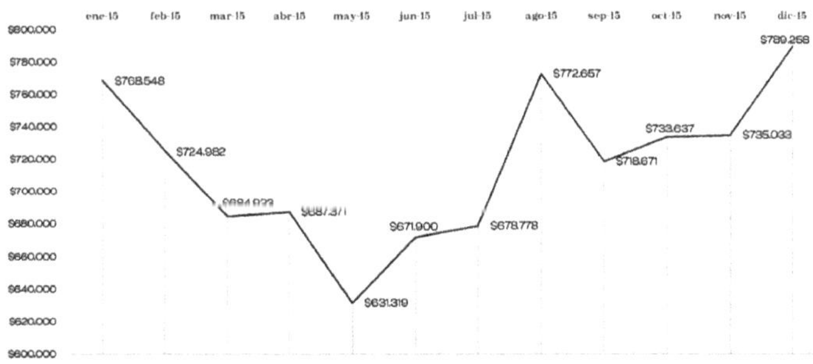

Fuente: Estadísticas cafeteras de la Federación Nacional de Cafeteros de Colombia

Tal como sucedió en el 2013, 2015 inicia con un comportamiento bajista, pero en enero el precio presenta un nivel de COP 768.548, dándole al productor la oportunidad de negociar un forward para cubrir el 20 % de la producción del segundo semestre de ese año, con una utilidad del **2,3 %.**

El precio continúa bajando los meses de febrero, marzo, abril y en mayo alcanza el valor más bajo, tocando los niveles de COP 631.319. Sin embargo, el productor, que aplicó al pie de la letra su estrategia de administración de riesgo basada en contratos Forward, está tranquilo ya que tiene cubierto el 80 % de la producción que sacará a la venta en este mes de la siguiente manera:

- 20 % de la traviesa con una utilidad del **6 %.**
- 20 % de la traviesa con una utilidad del **7,3 %.**
- 20 % de la traviesa con una utilidad del **2,7 %.**
- 20 % de la traviesa con una utilidad del **4 %.**
- 20 % de la traviesa con una pérdida del **16 %.**

En este año, al igual que en los tres años anteriores, no se han presentado precios interesantes que permitan realizar coberturas con contratos forward de manera eficiente y periódica. Por lo que en el mes de noviembre de 2015 el productor se ve obligado a vender el 60 % de su producción total del año así:

- 20 % de la cosecha con una utilidad del **2,3 %.**
- 80 % de la traviesa con una pérdida del 2,18 %.

En diciembre, el precio se ubica en un nivel de COP 789.258, lo que le permite al caficultor cubrir el **20 %** de la producción del primer semestre del año 2016 con un **5 % de utilidad.**

2016

En 2016, el productor continúa recogiendo los frutos de las estrategias de aumento de la calidad, la productividad y la reducción de costos, consiguiendo mantener los costos de producción estables, en un nivel de COP 751.392, evitando los efectos de la inflación, que para 2015 es del 4,98% siendo este logro una gran ventaja competitiva para la empresa cafetera.

Gráfico 31: Precio interno mensual promedio de 125 kg de café pergamino seco en Colombia en el año 2016.

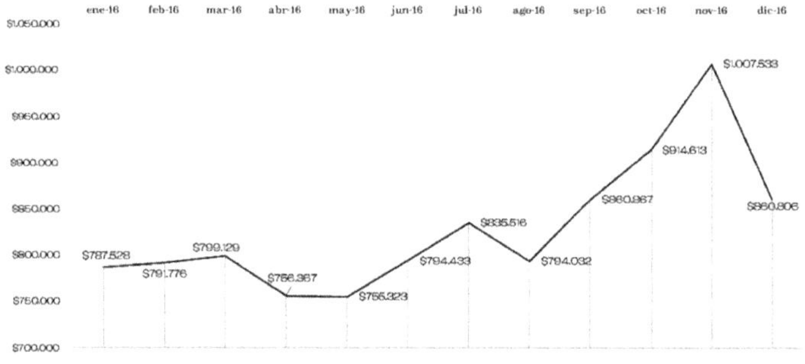

Fuente: Estadísticas cafeteras de la Federación Nacional de Cafeteros de Colombia.

2016 llega con buenas oportunidades de cobertura, que el caficultor capitaliza de la siguiente manera:

- En el mes de enero cubre el **2 0%** de la producción que venderá en mayo, con un **4,8 % de utilidad.**
- En febrero cubre otro **20 %** del café que tendrá disponible en mayo con un **5,4 % de utilidad.**
- Y en marzo cubre con un **6,4 % de utilidad,** el **20 %** restante que le hacía falta para asegurar el precio del 80 % de la producción del primer semestre del año.

En el mes de mayo el productor cumple con todos sus contratos forward y procede a vender el 40 % de su producción total, como se muestra a continuación:

- 20 % de la traviesa con una utilidad del **5 %.**
- 20 % de la traviesa con una utilidad del **4,8 %.**
- 20 % de la traviesa con una utilidad del **5,4 %.**
- 20 % de la traviesa con una utilidad del **6,4 %.**
- 20 % de la traviesa con una utilidad del **0,5 %.**

En los meses siguientes el precio continúa presentando un comportamiento alcista, permitiendo al productor hacer los siguientes compromisos:

- En junio cubre el **20 %** de la producción del segundo semestre del 2016 con un **5,7 %** de **utilidad.**
- En julio cubre el **30 %** de la producción del segundo semestre del 2016 con un **11,2 %** de **utilidad.**
- En agosto cubre el **20 %** de la producción del segundo semestre del 2016 con un **5,7 % de utilidad.**
- Y finalmente en septiembre, cubre con un **14,6 %** de **utilidad,** el **10 %** restante para completar la cobertura del 80 % de la producción del segundo semestre del 2016.
- En octubre el productor tiene la oportunidad de empezar a cubrir el **50 %** del café que va a producir en el primer semestre del 2017 con un **21,7 %** de **utilidad.**

En noviembre de 2016 el precio alcanza un valor de COP 1.007.533, que resulta muy atractivo, pero el caficultor es consciente de que tiene unos compromisos previos a precios inferiores que debe cumplir para tener la oportunidad de cubrir su producción futura al precio actual y garantizar que le sigan ofreciendo los forwards que le permiten tener un negocio rentable, sin importar que pase en el mercado. En este orden de ideas el productor vende la cosecha del segundo semestre de 2016, como se muestra a continuación:

- 20 % de la producción con una utilidad del **5,7 %.**
- 30 % de la producción con una utilidad del **11,2 %.**
- 20 % de la producción con una utilidad del **5,7 %.**
- 10 % de la producción con una utilidad del **14,6 %**
- 20 % de la producción con una utilidad del **34,1 %**

De manera simultánea, en noviembre, el productor se compromete con contratos forward, para vender el 80 % de su producción total de los próximos tres años a un precio de COP 1.007.533.

2017

En 2017 el productor continúa beneficiándose de las inversiones en productividad y calidad que viene realizando con las excelentes utilidades de los últimos años y logra que sus costos de producción se sostengan en los mismos niveles que el año anterior, obteniendo un valor de COP 751.392 y evitando el efecto de la inflación del 2016, que es del 7,52 %.

Gráfico 32: Precio interno mensual promedio de 125 kg de café pergamino seco en Colombia en el año 2017.

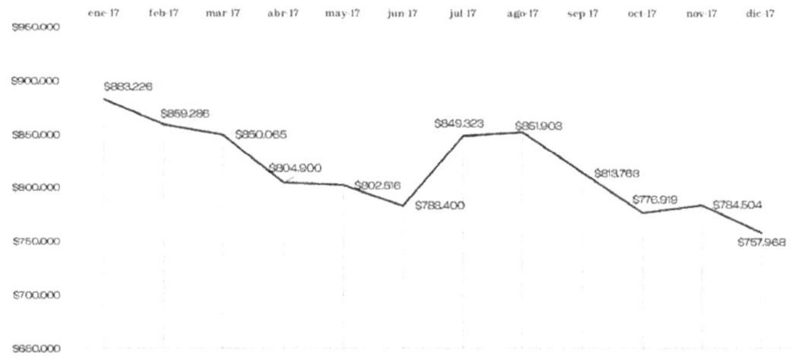

Fuente: Estadísticas cafeteras de la Federación Nacional de Cafeteros de Colombia.

Al tener cubierto el 80 % del total de la producción por los próximos tres años a unos precios que le garantizan una utilidad que cumplen con lo planteado en su estrategia de administración de riesgo de precio, el productor está tranquilo y se concentra en las labores administrativas y agronómicas de su empresa cafetera.

En el mes de mayo, cuando tiene disponible el 40 % de su producción anual, el caficultor cumple con sus compromisos asumidos meses atrás con los contratos forward y vende su café así:

- 50 % de la producción del primer semestre con una utilidad del **21,7 %.**
- 30 % de la producción del primer semestre con una utilidad del **34,1 %.**
- 20 % de la producción del primer semestre con una utilidad del **6,8 %.**

Y mientras que el precio continúa con una tendencia bajista, el productor que tiene clara su estrategia de forwards para la administración del riesgo de precio, sigue tranquilo y enfocado en sacar la mejor cosecha posible para el segundo semestre del año.

En noviembre la empresa cafetera, vende su café de acuerdo con sus contratos forward, obteniendo los siguientes resultados:

- 80 % de la cosecha del segundo semestre la vende con una utilidad del **34,1 %.**
- 20 % de la cosecha del segundo semestre la vende con una utilidad del **4,4 %.**

2018

El productor arranca 2018 recalculando sus costos de producción teniendo en cuenta la inflación del año anterior, que llegó al 4,32 %, lo que da como resultado unos costos de producción de COP 783.852 por carga de 125 kg de café pergamino seco.

Gráfico 33: Precio interno mensual promedio de 125 kg de café pergamino seco en Colombia en el año 2018.

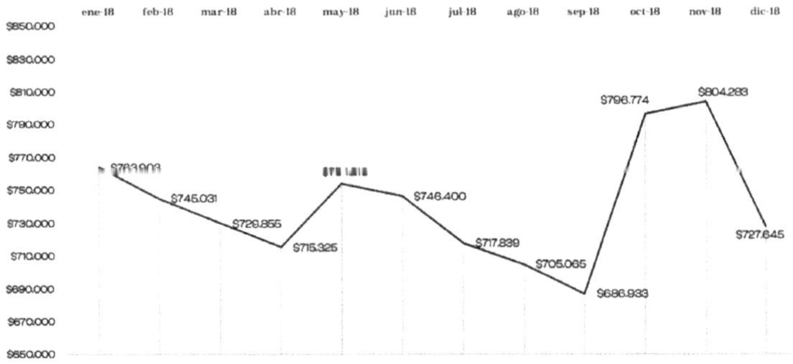

Fuente: Estadísticas cafeteras de la Federación Nacional de Cafeteros de Colombia.

En 2018, el precio comienza con un comportamiento bajista, que llega a su punto más bajo durante el primer semestre del año, en el mes de abril. En mayo tiene una corrección, alcanzando un nivel de COP 754.210.

El productor cumple con sus contratos forward y vende su café de la siguiente manera:

- 80 % del café vendido en el primer semestre obtiene una utilidad del **28,5 %.**
- 20 % del café vendido en el primer semestre obtiene una pérdida del **3,9 %.**

El precio sigue mostrando una tendencia a la baja, llegando a su valor más crítico en el mes de septiembre y, posteriormente presenta una corrección alcista, lo que llevó el precio a un nivel de COP 804.283 en el mes de noviembre.

Es este mismo mes de noviembre, el productor ya tiene disponible su producto para la venta del 60 % de su cosecha total, la cual negocia como se muestra a continuación:

- 80 % de la cosecha del segundo semestre obtiene una utilidad del **28,5 %.**
- 20 % de la cosecha del segundo semestre obtiene una utilidad del **2,6 %.**

2018 termina para el productor con las utilidades esperadas, según su estrategia de administración de riesgo de precio, lo que le permite seguir teniendo un negocio rentable y enfocado a la calidad de su producto y a su productividad.

2019

En 2019 el productor continúa beneficiándose de las inversiones en productividad y calidad que realizó con las utilidades de los últimos años y logra que sus costos de producción se sostengan en los mismos niveles del año anterior, obteniendo un valor de COP 783.852 y evadiendo la inflación del 2018, que es del 3,24 %.

Gráfico 34: Precio interno mensual promedio de 125 kg de café pergamino seco en Colombia en el año 2019.

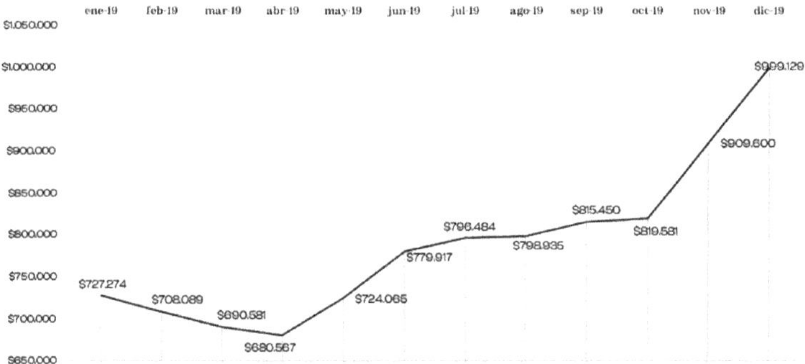

Fuente: Estadísticas cafeteras de la Federación Nacional de Cafeteros de Colombia.

2019 inicia con los precios con un comportamiento a la baja, que termina en abril, mes en el cual empieza a subir.

En mayo, el caficultor cumple con sus contratos forward y vende su café con los siguientes resultados:

- 80 % de la traviesa la vende con una utilidad del **28,5 %.**
- 20 % de la traviesa la vende con una pérdida del **7,63 %.**

Luego, el precio sigue aumentando y le da las siguientes oportunidades de cobertura al productor:

- En julio cubre el **20 %** de la producción del primer semestre de 2020 con un **1,6 %** de **utilidad.**

- En agosto cubre el **20 %** de la producción del primer semestre de 2020 con un **1,9 %** de **utilidad.**
- En septiembre cubre el **20 %** de la producción del primer semestre de 2020 con un **4 %** de **utilidad.**
- En octubre cubre el **20 %** de la producción del primer semestre de 2020 con un **4,6 %** de **utilidad.**

En noviembre el precio alcanza los COP 909.600, el caficultor puede aprovechar y vender su cosecha del segundo semestre del año así:

- 80 % de la producción del segundo semestre con una utilidad del **28,5 %.**
- 20 % de la producción del segundo semestre con una utilidad del **16 %.**

A la vez, el productor aprovecha el precio del mes de noviembre para cubrir el 30 % de la producción del segundo semestre de 2020, con una utilidad del **16 %.**

En el mes de diciembre, el caficultor se encuentra con un precio de COP 999.129 que le permite aplicar su estrategia de administración de riesgo de precio y cubrir el 50 % de su producción del segundo semestre de 2020 con una utilidad del **27,5%.**

Al finalizar 2019, el productor ya tiene asegurado el precio del 80 % de su producción total de 2020.

2020

En 2020, debido a las inversiones en productividad y calidad que realizó con las importantes utilidades de los últimos años, el productor logra que sus costos de producción se sostengan en los mismos niveles que el año anterior, obteniendo un valor de COP 783.852, esquivando el efecto de la inflación de 2019 que asciende 3,52%.

Gráfico 35: Precio interno mensual promedio de 125 kg de café pergamino seco en Colombia en el año 2020.

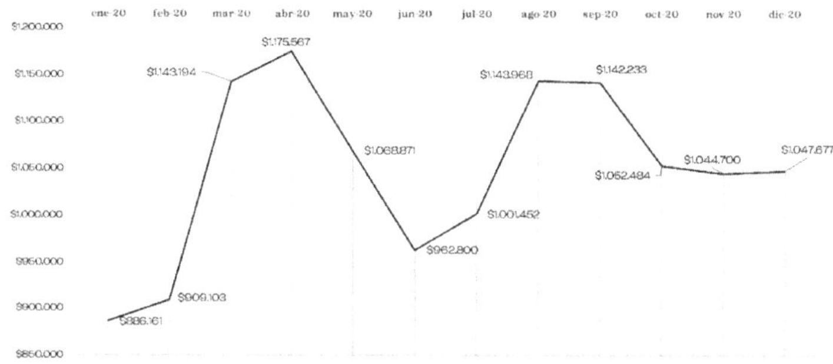

Fuente: Estadísticas cafeteras de la Federación Nacional de Cafeteros de Colombia.

Contrastando con los años anteriores, 2020 comienza con unos precios con tendencia alcista, que le permiten al productor empezar a aplicar su estrategia de administración de riesgo de precio desde el mes de enero, ejecutándola de la siguiente manera:

- En enero cubre el 30 % de la producción del primer semestre del 2021 con una utilidad del **13,1 %.**
- En febrero cubre un 30 % adicional de la producción del primer semestre del 2021 con una utilidad del **16 %.**
- Y en marzo cubre el 20 % restante de la producción del primer semestre del 2021, para completar el 80 % del total, con una utilidad del **45,8 %.**
- Adicionalmente firma contratos forward por el 80 % de su producción anual de los próximos tres años a un precio de COP 1.143.194, asegurando su utilidad en 2021, 2022 y 2023.

Ahora que el productor ya está asegurado por los próximos tres años, sólo debe cumplir los compromisos que ya tenía firmados para 2020, lo que hace a cabalidad, vendiendo su producción del primer semestre del mes de mayo así:

- 20 % con una utilidad del **1,6 %.**
- 20 % con una utilidad del **1,9 %.**
- 20 % con una utilidad del **4 %.**
- 20 % con una utilidad del **4,6 %.**
- 20 % con una utilidad del **36,4 %.**

En el mes de noviembre vende el 80 % de la producción del segundo semestre como a continuación se presenta:

- 50 % con una utilidad del **27, 5%.**
- 30 % con una utilidad del **16 %.**
- 20 % con una utilidad del **33,3 %.**

Así es como termina la ejecución de la estrategia de administración de riesgo de precios basada en contratos Forward aplicada al pie de la letra durante una década. Sé que después de leer este ejercicio te estarás preguntando:

- -¿Qué paso con esta empresa cafetera en los años 2021, 2022 y 2023 en los que los precios estuvieron por encima de los COP 2.000.000?

Y la respuesta es la siguiente: la empresa siguió aplicando su estrategia exitosa de administración de riesgo de precios que la salvó de los años oscuros del 2013, 2014 y 2015, época en la que la mayoría de los productores estaban desesperados saliendo a las vías suplicando ayudas económicas para compensar las pérdidas de su negocio. Además, pudo mantenerse concentrado en mejorar su productividad y calidad, garantizándole siempre una utilidad en cada venta.

- ¿Entonces esta empresa perderá la oportunidad de vender su café a más de COP 2.000.000 por carga de 125 kg de CPS?

No. Por el cumplimiento y confianza que ha demostrado durante todos los años utilizando su estrategia de administración de riesgo, esta empresa tiene la posibilidad de tomar nuevas coberturas a medida que va cumpliendo con las anteriores, lo que le permite aprovechar en el futuro los buenos precios que se le presenten durante su ejercicio comercial.

Dicho de otra manera, esta empresa no pierde la oportunidad de aprovechar los buenos precios actuales, simplemente aplaza el beneficio para los años siguientes y así asegura que siempre va a ganar en sus negociaciones de café, pues, cuando honra el compromiso del forward a precio bajo, la cooperativa o la empresa privada inmediatamente le dan la oportunidad de firmar el siguiente contrato forward a más de COP 2.000.000 la carga.

Análisis de la estrategia de venta de utilizando forwards

En la Tabla 31 relaciono de manera general el resultado de los 10 años analizados de la empresa cafetera siguiendo una estrategia de administración de riesgo basada en la utilización de contratos forward:

Tabla 31 Resumen de los resultados de la estrategia de administración de riesgo de precio basada en forwards de la empresa cafetera protagonista de esta historia.

Estrategia de venta utilizando opciones			
Mes y año de negociación	Costo total	Utilidad total	% de utilidad
may-10	*$61.709.581*	*-$ 341.860*	*-0,6*
nov-10	*$92.564.371*	*$ 15.189.471*	*16,4*
may-11	*$63.110.388*	*$ 11.452.600*	*18,1*
nov-11	*$94.665.581*	*$ 26.615.662*	*28,1*
may-12	*$65.256.140*	*$ 14.732.055*	*22,6*
nov-12	*$97.884.192*	*$ 26.729.848*	*24,6*
may-13	*$67.324.747*	*$ 15.255.200*	*22,7*
nov-13	*$100.987.085*	*$ 19.490.930*	*25,6*
may-14	*$67.324.723*	*$ 19.428.774*	*28,9*
nov-14	*$100.987.085*	*$ 29.887.200*	*26,6*
may-15	*$67.324.723*	*$ 545.718*	*0,8*
nov-15	*$100.987.085*	*-$ 1.297.766*	*-1,3*
may-16	*$67.324.723*	*$ 2.975.688*	*4,4*
nov-16	*$100.987.085*	*$ 14.051.399*	*13,9*
may-17	*$67.324.723*	*$ 15.113.513*	*22,4*
nov-17	*$100.987.085*	*$ 28.430.331*	*28,2*
may-18	*$70.233.151*	*$ 15.502.257*	*22,1*
nov-18	*$105.349.709*	*$ 24.599.366*	*23,4*
may-19	*$70.233.139*	*$ 14.962.071*	*21,3*
nov-19	*$105.349.709*	*$ 27.430.287*	*26,0*
may-20	*$70.233.139*	*$ 6.810.693*	*9,7*
nov-20	*$105.349.709*	*$ 26.548.368*	*25,2*
Totales	**$ 1.843.497.874**	**$ 354.111.807**	**18,6**

Fuente: Cálculos del autor.

Como puedes ver, la estrategia de venta utilizando forwards es más eficiente que la estrategia de venta de contado.

Utilizando una estrategia de administración de riesgo de precios, como la que se simuló, se alcanza una utilidad total de COP 354.111.807 en los 10 años analizados, cifra que corresponde a un 19,2 % de la inversión total, convirtiendo el negocio cafetero en una actividad lucrativa y prospera. En la Tabla 31 también puedes observar cómo el promedio de utilidad por operación de venta es del 18,6 %, porcentaje muy interesante dado que, en dos oportunidades se tuvieron pérdidas en el ejercicio de venta o en otros casos, se tuvieron utilidades de solo el 1 % o el 4 %, pero en otras ocasiones se obtuvieron utilidades del 28 % o el 29 %, generando una compensación que al final del ejercicio da como resultado un negocio rentable y sostenible.

Debemos tener en cuenta que, para el éxito de esta estrategia de administración de riesgo de precio por medio de forwards, es fundamental que el productor tenga un conocimiento detallado de sus costos de producción y el comportamiento agronómico de su cultivo, porque de estos dos factores dependerá la definición de la estrategia de cobertura y su posterior aplicación.

También es importante anotar que, para el éxito de esta estrategia, es esencial el nivel de compromiso y cumplimiento de los contratos por parte del caficultor en situaciones como las que se presentaron en 2011, 2016 y 2020, cuando los precios actuales eran mucho mejores que los precios pactados en los contratos forwards. Si el productor decidiera incumplir el contrato para recibir el beneficio momentáneo, sacrificando el beneficio futuro y continuo, se perdería la confianza en la herramienta y las cooperativas, tostadores o exportadores, que ofrecen este tipo de negociaciones, restringirían su uso o, incluso, podría llegar el momento de que no los vuelvan a ofrecer, por culpa del incumplimiento de los mismos productores.

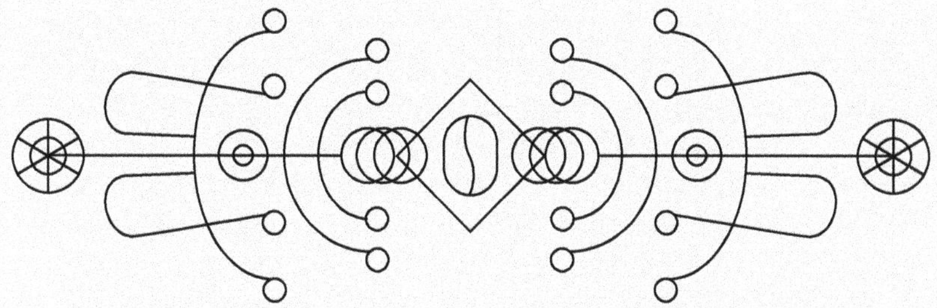

Para el éxito de esta estrategia de administración de riesgo de precio por medio de forwards, *es fundamental que el productor tenga un conocimiento detallado de sus costos de producción y el comportamiento agronómico de su cultivo*, porque de estos dos factores dependerá la definición de la estrategia de cobertura y su posterior aplicación.

RENTABILIDAD DE LOS ÚLTIMOS 10 AÑOS DE LA EMPRESA CAFETERA VENDIENDO SU CAFÉ UTILIZANDO UNA ESTRATEGIA DE FUTUROS

Como ya lo hemos definido antes, los contratos de futuros son un compromiso legal normalizado que consiste en entregar o recibir una cantidad de café, con una calidad específica, en una fecha determinada y en un punto de entrega específico. Su normalización hace posible que los participantes del mercado se centren en el precio y en la elección del mes del contrato.

Es clave que entiendas que al comprar o vender futuros, no se compra o se vende café físico, lo que realmente se negocia es un **compromiso** ante la cámara de compensación a comprar o vender algo en una fecha determinada.

Dicho en otras palabras, la negociación de futuros es una transacción financiera y en muy pocas ocasiones se traduce en un negocio físico. Este escenario de entregas físicas en la bolsa solo representa el 2 % del total de los contratos de futuros que se negocian.

Para operar con futuros es necesario que la empresa cafetera tenga una cuenta con un bróker que lo represente ante la Cámara de Compensación y la bolsa donde esté planificando realizar sus operaciones.

Después de tener la cuenta activa para realizar las operaciones con futuros, debes tener presente lo siguiente:

- La empresa cafetera debe tener la capacidad financiera necesaria para cubrir la contrapartida inicial que exige la bolsa en la cuenta para poder operar, este valor debe ser equivalente por lo menos al 10 % del total de las transacciones estimadas. Por ejemplo, una empresa cafetera que tenga presupuestado hacer operaciones por un valor de USD 200.000, debe tener en su cuenta por lo menos USD 20.000 para poder hacer la primera operación. (Este valor puede cambiar dependiendo del bróker con el cual se abra la cuenta)
- La empresa cafetera (tostador, comercializador, exportador) o el productor de café deberán ser seriamente responsables con la capacidad de apalancamiento que ofrece la bolsa y sólo cubrir el café que se produce o co-

mercializa, o menos, para tener un margen de seguridad. Esta recomendación es importante, porque de lo contrario, puede llevar a la empresa cafetera a una situación financiera compleja: si se tiene la capacidad financiera de depositar USD 100.000 en la cuenta para operar los futuros, la empresa cafetera podrá realizar operaciones por un valor de USD 1.000.000, pero si la producción o comercialización total de esta empresa cafetera solo asciende a un valor de USD500.000, en el momento de cerrar los contratos no se tendrá un volumen de café físico para compensar las operaciones realizadas en bolsa, dejando expuesta a la empresa cafetera o al productor a una pérdida potencial de USD 500.000.

- Tener claro que el valor ofertado en la Bolsa de Nueva York es en centavos de dólar por libra (454 g) de almendra (café verde sin tostar). Es fundamental que tengas en cuenta este aspecto ya que en países como Colombia se negocia el café en kilos de pergamino seco y si no se realizan correctamente las conversiones de kilos de café pergamino seco a libra de 454g de café verde, se pueden incurrir en coberturas con futuros que excedan la contrapartida en café físico y puede pasar lo expuesto en el punto anterior.
- El café ofertado por la Bolsa de Nueva York no incluye el diferencial por calidad que se le paga al café colombiano. Todas las negociaciones de futuros del café Arábica se realizan con la base del precio del contrato C y este no incluye el diferencial de precio que tienen cafés de mayor calidad, como el colombiano. Conocer esto es de vital importancia para la negociación de futuros, dado que en ningún momento se podrá hacer una cobertura directa o con una proporción 1:1, lo que obliga a la empresa cafetera a efectuar correctamente los cálculos de sus coberturas con futuros.

A efectos de precisar el comportamiento del diferencial debemos analizar el Gráfico 36, en el que el precio de la libra del café colombiano con el diferencial está por encima del precio de la libra de café cotizada en la Bolsa de Nueva York.

Gráfico 36: Precio de la libra de café colombiano con el diferencial comparado con el precio de la libra en la Bolsa de Nueva York.

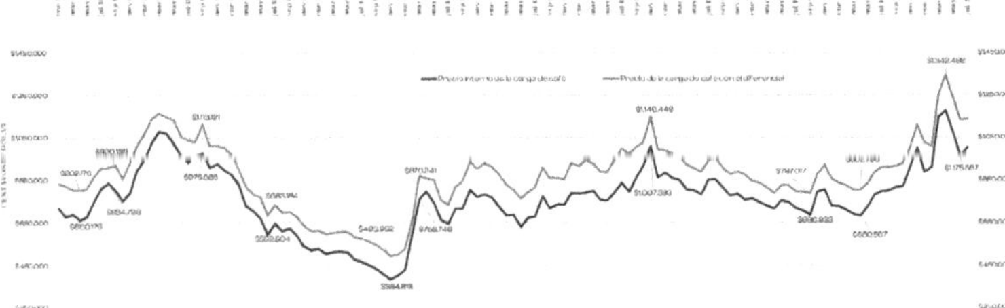

Fuente: Estadísticas cafeteras de la Federación Nacional de Cafeteros de Colombia.

También podemos apreciar que el comportamiento del precio interno que incluye el diferencial y el precio ofertado por la bolsa es muy similar y sigue las mismas tendencias, pudiéndose deducir que en general cambian en una proporción similar. Pero analicemos algunos movimientos del mercado para notar cómo el diferencial puede influir en nuestras coberturas con futuros y opciones

- Supongamos que un tostador identifica una oportunidad para comprar un contrato de Futuros en la bolsa en el mes de abril de 2010 a un precio de COP 660.179 por carga de 125 kg de CPS, momento en el que se estaba ofreciendo esa misma carga de café en COP 837.829 en el mercado interno para la compra del café físico. Con su precio fijado este tostador va a estar tranquilo hasta que tenga que comprar su café. Y esto es en septiembre de ese mismo año, momento en el que el precio en la bolsa está en COP 834.798, lo que significa que la bolsa le reconoce la suma de COP 174.619, que es la diferencia del precio en el momento que el tostador compró el contrato de Futuros en abril y el momento en que vendió ese mismo contrato en septiembre.
- Ahora, con esta compensación el tostador debe ir al mercado físico y comprar su café, el cual tiene un precio de COP 961.034, lo que representa un incremento de COP 123.205 con respecto al precio del café físico en el momento de hacer la cobertura.

En esta operación el tostador, además de asegurar el precio que era favorable para su negocio meses atrás, también tuvo una ganancia de COP 51.414 por carga de café de 125 kg en la diferencia del valor compensado por la bolsa con respecto al aumento del café físico.

¿Por qué sucedió esto? ¿Por qué aumentó con mayor proporción la posición en la bolsa que en el mercado físico?

Esta diferencia se debe a que el diferencial subió en menos proporción o a una menor velocidad que el precio en la bolsa y es por esta razón que el tostador, en este caso particular, tuvo acceso a una compensación mayor por parte de la bolsa para cubrir el aumento de precio del café físico.

¿Qué tal si hacemos un ejemplo desde el punto de vista del productor?

- El productor de este ejemplo identifica una oportunidad para vender un contrato de Futuros en la bolsa en septiembre de 2011 a un precio de COP 975.683 por carga de 125 kg de CPS, momento en el que se estaba ofreciendo esa misma carga de café en COP $1.162.593 en el mercado interno para la venta del café físico. Con su precio fijado, este productor va a estar tranquilo hasta que tenga que vender su café. Y esto pasa en junio de 2012, momento en el que el precio en la bolsa está en COP $592.504, lo que significa que la bolsa le reconoce la suma de COP $ 383.179, que es la diferencia del precio entre el momento que el productor vendió el contrato de Futuros en el mes de septiembre de 2011 y el momento en que liquidó ese mismo contrato de Futuros en junio de 2012. Ahora, con esta compensación, el productor debe ir al mercado físico y vender su café, el cual tiene un precio de COP $713.548 que representa una disminución de COP 449.045 con respecto al precio del café físico en el momento de hacer la cobertura. En esta operación el productor obtuvo una compensación por parte de la bolsa por un valor de COP 383.179 que es menor al valor que disminuyó el precio en el mercado físico, que fue de COP 449.045, dando una diferencia de COP 65.866 por carga de 125 kg; esta diferencia se presenta porque el diferencial disminuyó en mayor proporción o velocidad que el precio en la bolsa.

Estos ejemplos demuestran que las coberturas con futuros y opciones siempre tendrán diferencias con respecto al precio en el mercado físico, las cuales pueden ser positivas o negativas para la parte que esté utilizando la cobertura. Estas diferencias se deben al comportamiento del diferencial de cada país. Aunque este se comporte de manera similar y siga la misma tendencia que el mercado, no cambia en exactamente la misma proporción, lo que causa estas distorsiones entre el mercado financiero y el mercado físico al momento de liquidar las coberturas.

Y la pregunta que seguramente te haces en este momento es:

¿Existe alguna herramienta financiera que nos compense de manera exacta lo que suba o baje el mercado físico?

Desafortunadamente la respuesta es no; por la sencilla razón de que no existe, en el momento en el que escribo este libro, un derivado financiero que permita cubrir el diferencial de cada país productor de café. Por esta razón es fundamental que todas las operaciones de cobertura con futuros y opciones sean rentables sin tener en cuenta el diferencial.

El diferencial del precio por libra del café colombiano se calcula para cada libra (454 g) en almendra (verde, trillado, sin tostar), que cumpla con todas las características del café excelso y liberado en el puerto de origen. Estas condiciones hacen que el diferencial de precio del café colombiano se pague directamente a los exportadores del café y estos, a su vez, son los encargados de transferirlo al productor de café. En el Gráfico 37 presento el diferencial real que reciben los exportadores y el diferencial real que reciben los productores.

Gráfico 37: Diferencial del precio en centavos de dólar por libra de café colombiano liberado en el puerto pagado a los exportadores comparado con el diferencial pagado al productor que vende su café en pergamino seco en el lugar de producción.

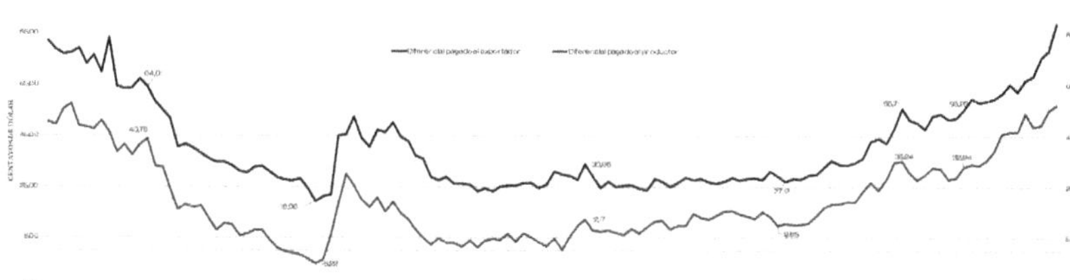

Fuente: Estadísticas cafeteras de la Federación Nacional de Cafeteros de Colombia.

La diferencia entre el precio de la libra de café excelso colombiano liberado en el puerto pagado al exportador y el diferencial recibido por el productor que vende su café en pergamino en cualquier municipio de Colombia, fue en promedio, en los 10 años analizados, de us¢ 22,48 (centavos de dólar). En esta cifra están incluidos:

- La contribución cafetera que corresponde a us¢ 6 por cada libra exportada.
- Los costos y merma de trilla y clasificación.
- Los costos logísticos y administrativos de la exportación.
- La utilidad de los exportadores.

Es importante señalar que estos us¢ 22,48/lb corresponden a USD 8.430 por contrato de 37.500 lb que se negocie en la bolsa o que se exporte. Este valor en pesos colombianos, con una tasa de cambio de COP 4600/dólar, equivale a COP 38.778.000.

Es necesario que entiendas que el diferencial pagado al exportador es sobre el café en almendra ya listo para embarcar y el diferencial pagado al productor es sobre el café pergamino seco (CPS) en el punto de compra más cercano a la finca del productor.

Cuando los caficultores se dan cuenta de la porción del diferencial con la que se quedan los comercializadores, tostadores y exportadores, se molestan y argumentan que los están explotando. Pero cuando conocen todo el proceso que se debe hacer para llevar el café y dejarlo liberado en el puerto para su exportación (proceso que les contaré en el siguiente libro) y, además, entienden que estos actores del mercado están expuestos a los riesgos de transporte, procesamiento y almacenaje del café, de cambios en el precio y la tasa de cambio, de incumplimiento por parte de sus clientes y son los responsables de financiar toda la operación, pagándole de contado al caficultor y teniendo que esperar dos o tres meses a que el café llegue a destino para recibir su dinero de vuelta, son más tolerantes con el hecho de que el tostador, comercializador o exportador se quede con usç 22 por libra promedio. Finalmente, es un reconocimiento a toda su labor en la cadena y al riesgo que corren en el ejercicio de su negocio.

Este análisis es una invitación para los empresarios cafeteros que están en el negocio de la producción y ven la oportunidad de avanzar en la cadena de valor y convertirse en exportadores para participar de una mayor porción del diferencial que paga el mercado por el café de un origen específico. Pero antes de hacerlo, hay que saber qué es lo que esto implica y hacer muy bien los cálculos de la exigencia financiera y de conocimiento en la comercialización internacional del café que esto involucra.

En el Gráfico 37 puedes ver también que en algunas ocasiones, como en diciembre de 2013, el diferencial transferido al productor fue negativo, mientras que el diferencial pagado a los exportadores fue de usç 19,36/lb. Esta situación se puede presentar porque los exportadores, incluida la Federación Nacional de Cafeteros de Colombia, transfieren todos los costos directamente al productor sin afectar en mayor proporción la utilidad de su operación.

En la negociación de futuros de café en la bolsa hay que tener en cuenta la curva de futuros del precio por libra del Contrato C. Para el caso de la negociación de cafés suaves colombianos el precio de negociación futura del grano tiende a aumentar en el tiempo por factores como la expectativa del mercado según las variables fundamentales y técnicas del mercado y el cálculo de los costos del almacenamiento que puede tener el café desde el momento que se va a comprar o vender el contrato hasta la fecha de su vencimiento.

A continuación, se presenta la curva de futuros del precio de la libra de café en la Bolsa de Nueva York para el 4 de febrero de 2021. Esta curva tiene un comportamiento normal o una curva en contango (si parece que te estoy hablando en otro idioma, consulta en el blog de Lavaive los artículos que hemos escrito para decodificar el mercado del café y puedas entender de manera fácil los conceptos técnicos).

Gráfico 38: Curva de futuros de los precios de café en la Bolsa de Nueva York del 4 de febrero del 2021.

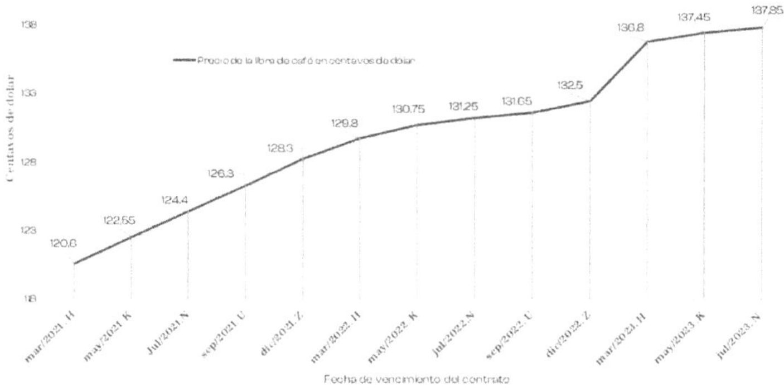

Fuente: https://futures.tradingcharts.com/chart/CF/73?anticache=1612450879

Curva de futuros Backwardation y Contango

En el Gráfica 38 puedes ver cómo el precio de la libra de café en la Bolsa de Nueva York aumenta en la medida que el plazo se amplía. Esta situación del mercado es normal y le da una ventaja al productor al momento de realizar la negociación de sus contratos de futuros, debido a que el caficultor no incurre en los costos de bodegaje del café que está negociando, porque el café que está comprometiendo va a estar creciendo en sus árboles.

Debemos tener en cuenta que el comportamiento de la curva de futuros construida el 4 de febrero de 2021 no se presenta siempre, porque se pueden presentar situaciones de mercado en los que la curva de futuros tenga un comportamiento lateral y el precio no tenga una variación significativa, o puede mostrar un comportamiento invertido (Curva de futuros en Backwardation), como puedes apreciar en los primeros vencimientos de la siguiente gráfica: los precios en vez de aumentar, bajan en el futuro, dándole una ventaja para acceder a precios más bajos a los tostadores, comercializadores y exportadores.

Gráfico 39 Curva de futuros de los precios de café en la Bolsa de Nueva York del 29 de marzo de 2023.

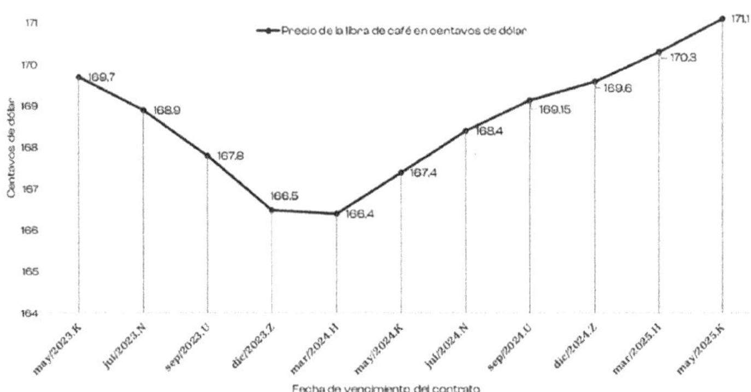

Fuente: https://futures.tradingcharts.com/chart/CF/73?anticache=1612450879

La inversión de la curva de futuros de café ocurre cuando los precios de los contratos a corto plazo son más altos que los precios de los contratos a largo plazo. Hay varias causas posibles para este fenómeno:

- Escasez de suministro: si hay una escasez inmediata de café, los compradores pueden estar dispuestos a pagar más por el café a corto plazo para asegurarse de que tienen suficiente suministro para satisfacer la demanda inmediata. Esto puede llevar a una inversión de la curva de futuros.
- Demanda creciente: si la demanda de café está creciendo rápidamente, los compradores pueden estar dispuestos a pagar más por el café a corto plazo para asegurarse de que tienen

suficiente suministro para satisfacer la creciente demanda.

- Expectativas inflacionarias: si los participantes del mercado esperan que la inflación aumente en el futuro, pueden estar dispuestos a pagar más por el café a corto plazo para protegerse contra la inflación.
- Costos de almacenamiento: si los costos de almacenamiento del café son altos, los vendedores pueden preferir vender el café a corto plazo a precios más altos en lugar de almacenarlo para la venta a largo plazo. Esto también puede llevar a una inversión de la curva de futuros.

Por estas razones es de vital importancia que el productor, el tostador o el comercializador conozcan al detalle cuál es el comportamiento de la curva de futuros, antes de realizar cualquier operación de compra o venta de contratos y así aprovechar si la curva de futuros esta normal o esta invertida.

Para la negociación de futuros también es necesario que tengas en cuenta la posible variación que puede tener el precio de la libra de café en la Bolsa de Nueva York, ya que este valor determina la capacidad financiera que deberás tener como empresa cafetera para soportar los márgenes requeridos por la bolsa para mantener las posiciones abiertas. En el Gráfico 40 se observa la variación que tuvo el precio para cada uno de los años desde 2010 hasta 2022.

Gráfico 40: Porcentaje de variación del precio de la libra de café en la Bolsa de Nueva York.

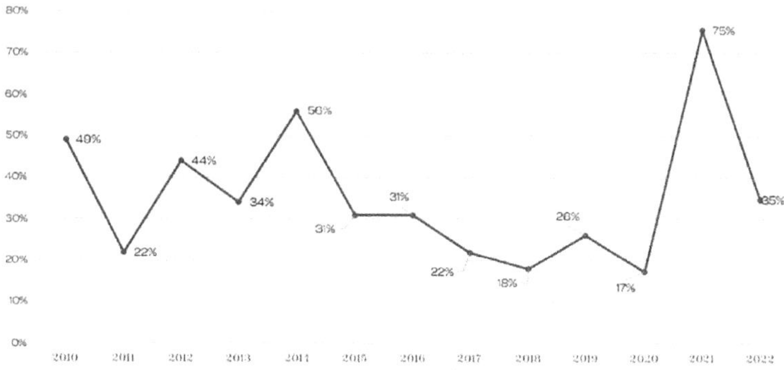

Fuente: Cálculos del autor.

Sí, como puedes haber visto en Gráfico 40 esas fluctuaciones son alarmantes: la variación máxima del precio fue del 75 %, lo que significa que, si el productor, tostador o comercializador tenían un contrato abierto en 2021 por valor de USD 46.875, debió estar preparado financieramente para tener en su cuenta de operaciones de bolsa un valor mínimo de USD 35.156 para conservar la posición abierta. De no tener este valor de soporte, el empresario cafetero habría sido llamado a margen múltiples veces y, finalmente, su posición habría sido cerrada, quedando expuesto, perdiendo las cantidades transferidas a la cuenta en el inicio de la operación y quedando sin cobertura en el mercado.

Los contratos de futuros son herramientas que ayudan a los empresarios cafeteros a realizar su programación financiera y garantizar un precio fijo para el café que aún no se ha producido o negociado, compensando las operaciones que se hacen en la bolsa con los precios que recibe en el mercado físico.

Por ejemplo:

El productor que vendió un contrato de futuros en 2020 para asegurar un precio de USD 46.875 (que le asegura cubrir sus costos de producción, los costos financieros de la cobertura y le garantiza una utilidad del 18 %) empieza a ver cómo en 2021 el precio se dispara y, simultáneamente, su margen de seguridad de la cuenta en bolsa empieza a bajar en la misma proporción.

Llega el primer llamado a margen y el bróker del empresario le pregunta si ya tiene el café disponible en físico para venderlo. Pero todavía le faltan cuatro meses. El bróker le pregunta al empresario si va a cubrir el margen o va a dejar que se cierre la posición.

Si no cubre el margen y la posición se cierra, el productor pierde el margen de seguridad inicial y queda descubierto en el mercado, lo que significa que si el precio empieza a bajar en los cuatro meses que aún le faltan al productor para tener el café listo para la venta, es probable que tenga que vender sus granos por menos de lo que tenía presupuestado; perdiendo en su posición en la bolsa y perdiendo en el físico.

También existe la posibilidad de que, si se cierra la posición, el precio siga subiendo y al final el productor solo pierda el margen de seguridad y pueda vender su café más caro de lo que tenía presupuestado. Así habría ganado en una posición totalmente especulativa, posición no recomendable para quien tranza café físico (recuerda siempre que somos coberturistas).

Si el empresario cubre el margen hasta tener el café físico para vender, está seguro de que todo lo que tuvo que invertir en el margen, lo recuperará vendiendo su café físico a un valor superior al presupuestado.

En la siguiente simulación realicé los cálculos de la rentabilidad de un productor que cumpla con las características mencionadas en los capítulos de costos de producción, oferta ambiental y panel de simulación. En este ejercicio teórico establecí que la estrategia de venta utilizando futuros de café, es la siguiente:

- Si el precio del futuro está por debajo de los costos de producción, no se hace la cobertura.
- Si el precio del futuro cubre los costos de producción, se cubre el 20 % de la producción o de la traviesa siguiente.
- Si el precio del futuro tiene un 10 % de utilidad, se cubre el 30 % de la producción o de la traviesa siguiente.
- Si el precio del futuro tiene un 20 % de utilidad, se cubre el 50 % de la producción o de la traviesa siguiente.
- Si el precio del futuro tiene un 30 % de utilidad, se cubre el 80 % de la producción o de la traviesa siguiente.
- Si el precio del futuro tiene un 31 % de utilidad o más, se cubre el 80 % de la producción o de la traviesa de los siguientes dos años o más.

Nota: La simulación que te presentaré a continuación tiene las siguientes consideraciones:

- Los precios que se tomarán en cuenta para la negociación de los futuros serán los precios del mes y el año analizado. No se tendrá en cuenta el comportamiento de la curva de futuros, pues estos datos se calculan diariamente y no se tiene el registro de los precios futuros ofrecidos en cada mes y año analizados.

- Realicé las negociaciones en este libro bajo el supuesto de que la empresa cafetera tenía la capacidad financiera para soportar las variaciones del precio sin ser llamada a margen o verse en la situación de un cierre de posiciones por falta de recursos en la cuenta de operaciones, quedando expuesta a la volatilidad de los precios.
- En la siguiente simulación haré la cobertura siguiendo la estrategia definida, independientemente del volumen del café cubierto en cada operación, como si se estuviera operando en el mercado OTC.

Advertencia: En ningún momento la estrategia de administración de riesgo propuesta en este capítulo del libro es una recomendación explícita de mi parte. Solo debes considerarla como un ejercicio académico que te servirá de base para que tu empresa cafetera diseñe sus propias estrategias de administración de riesgo de precios, teniendo en cuenta tus objetivos empresariales, tu capacidad financiera y tu estrategia empresarial a mediano y largo plazo.

A continuación, te presentaré el comportamiento financiero de esta estrategia, teniendo como base los precios mensuales promedio de cada uno de los años analizados.

2010

Considerando las condiciones establecidas en el punto del panel de simulación, se tiene claro que el productor ofrece al mercado el 40 % de su café pergamino seco en el mes de mayo (traviesa) y el 60 % restante en el mes de noviembre (cosecha). Además, se toman los datos del punto en el que calculamos los costos de producción de la empresa cafetera en cuestión y establecimos que para 2010 los costos de producción de 125 kg de café pergamino seco ascienden a COP 688.723.

En el Gráfico 41 te presento el precio mensual promedio de la carga de 125 kg de café pergamino seco pagado por la Federación Nacional de Cafeteros de Colombia y el precio equivalente ofertado por la Bolsa de Nueva York en los mismos periodos.

Podemos concluir que el precio pagado por la Federación Nacional de Cafeteros de Colombia está por encima del precio equivalente ofertado por la bolsa, esto se debe a que en el precio interno pagado por la Federación está incluido el diferencial que el mercado le reconoce al café colombiano por su calidad.

Gráfico 41: Precio interno de la carga de 125 kg de café pergamino seco vs Precio equivalente de la carga de 125 kg de café pergamino seco ofertado por la Bolsa de Nueva York en el año 2010.

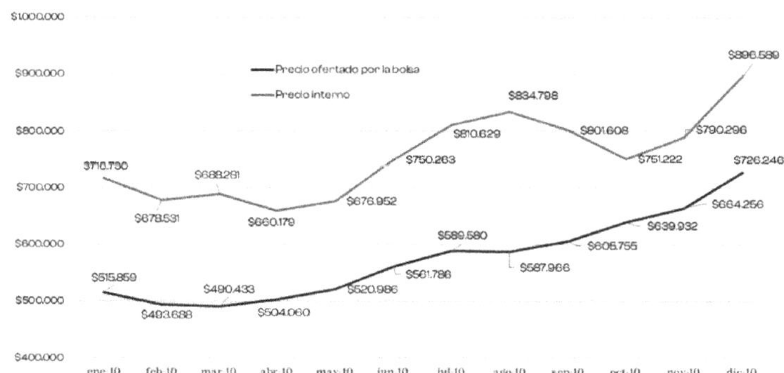

Fuente: Federación Nacional de Cafeteros de Colombia - Cálculos del autor.

Con el escenario descrito en el Gráfico 41 y siguiendo al pie de la letra su estrategia de administración de riesgo de precio basada en futuros, el caficultor tomó las siguientes decisiones:

» En los meses de enero, febrero, marzo y abril, no se presentan oportunidades de coberturas con futuros.
» En el mes de mayo vende el 100 % de la producción del primer semestre a **COP 676.952 / carga de 125 kg** con una pérdida del **1,7 %.**
» En los meses de junio, julio, agosto, septiembre y octubre no se presentan oportunidades de coberturas con futuros.
» En el mes de noviembre vende el 100 % de la producción del segundo semestre a **COP 790.296** con una utilidad del **14,7 %.**
» En el mes de diciembre se presenta la oportunidad de cubrir el 20 % de la cosecha del primer semestre de 2011 con una utilidad del **1,05 %.**

Te presento el comportamiento del precio del año 2011 en el siguiente gráfico:

Gráfico 42 Precio interno de la carga de 125 kg de café pergamino seco vs Precio equivalente de la carga de 125 kg de café pergamino seco ofertado por la Bolsa de Nueva York en año 2011.

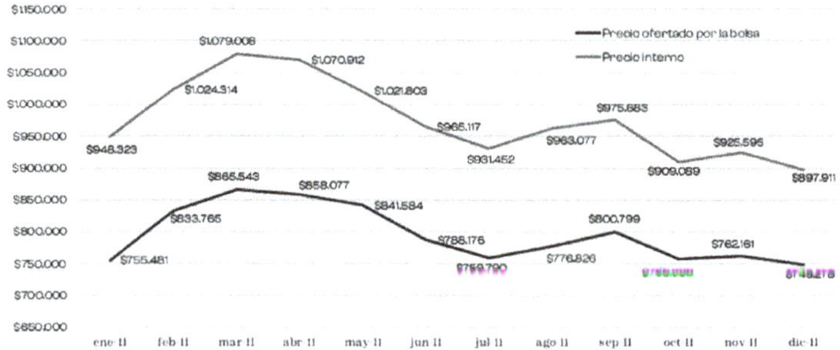

Fuente: Federación Nacional de Cafeteros de Colombia - Cálculos del autor.

Con el escenario descrito en el Gráfico 42 y siguiendo al pie de la letra su estrategia de administración de riesgo de precio basada en futuros, el caficultor tomó las siguientes decisiones:

- » En enero cubre el 20 % más de la producción del primer semestre.
- » En febrero cubre el 30 % adicional de la producción del primer semestre.
- » En marzo cubre el 10 % de la producción del primer semestre para completar la cobertura para el 80 % de la traviesa.
- » También en marzo aprovecha el precio para cubrir el 50 % de la producción del segundo semestre de 2011.
- » En abril cubre el 30 % restante de la producción del segundo semestre para completar el objetivo del 80 %.
- » En mayo cubre el 30 % de la producción del primer semestre de 2012.

En mayo de 2011 el caficultor vendió el 100 % de su producción del primer semestre a COP 1.021.803 en el mercado físico.

Pero antes de hacer el balance de su operación de venta, deberá cumplir con los compromisos que tenía con sus contratos de futuros. Estos se resumen en la Tabla 32.

Tabla 32: Tabla resumen de los resultados de las operaciones de cobertura con futuros en el primer semestre del año 2011

% de la producción comprometida	Número de cargas comprometidas	Precio al que se compromete vender el caficultor en la bolsa	Precio de cierre del contrato en la Bolsa	Diferencia del precio contratado vs el precio de cierre del contrato	Balance de la operación
20%	*17,92*	*$726.246*	*$841.584*	*-$115.338*	*-$2.066.853*
20%	*17,92*	*$755.481*	*$841.584*	*-$86.102*	*-$1.542.956*
30%	*26,88*	*$833.765*	*$841.584*	*-$7.818*	*-$210.161*
10%	*8,96*	*$865.543*	*$841.584*	*$23.959*	*$214.675*
Balance total de la cobertura					**-$3.605.294**

Fuente: Cálculos del autor.

Como puedes ver en la Tabla 32 el precio del café aumentó su valor en tres de cuatro operaciones de cobertura, lo que obliga al caficultor a compensar o pagarle a la bolsa el valor que aumentó el precio con respecto al precio comprometido en el futuro. En contraprestación, el caficultor recibe un valor mayor que el esperado en el momento en el que vende su café en el mercado físico. Dando como balance de la operación, el siguiente resultado:

El caficultor recibió en el físico por la cosecha del primer semestre = 89,6 cargas x COP 1.021.803 =*COP 91.553.548*

A este resultado le debe restar la compensación de la bolsa = *COP 91.553.548 - COP 3.605.294 = COP 87.948.254*

En resumen, después de cumplir con sus obligaciones, el caficultor obtuvo de la bolsa un precio promedio de COP 981.565, garantizándole una utilidad del 37,4 %.

» En junio cubre un 30 % adicional de la cosecha del primer semestre de 2012.

» En julio cubre el 20% restante de la producción del primer semestre de 2012 para completar el objetivo del 80 % de cobertura de su traviesa.

- » En agosto cubre el 30 % de la producción del segundo semestre de 2012.
- » En septiembre cubre un 30 % adicional de la cosecha del segundo semestre de 2012.
- » En octubre cubre el 20 % restante de la producción del segundo semestre de 2012 para completar el objetivo del 80 % de la cosecha.

En noviembre de 2011 el caficultor vendió el 100 % de su cosecha a COP 925.595 en el mercado físico.

Pero antes de hacer el balance de su operación de venta, deberá cumplir con los compromisos que tenía con sus contratos de futuros.

Tabla 33 Tabla resumen de los resultados de las operaciones de cobertura con futuros en el segundo semestre del año 2011.

% de la producción comprometida	Numero de cargas comprometidas	Precio al que se compromete vender el caficultor en la bolsa	Precio de cierre del contrato en la Bolsa	Diferencia del precio contratado vs el precio de cierre del contrato	Balance de la operación
50%	*67,2*	*$865.543*	*$762.161*	*$103.382*	*$6.947.261*
30%	*40,32*	*$858.077*	*$762.161*	*$95.916*	*$3.867.315*
Balance total de la cobertura					**$10.814.577**

Fuente: Cálculos del autor.

Como se puede ver en la Tabla 33 el precio del café disminuyó su valor en las dos operaciones de cobertura , lo que obliga a la bolsa a compensar o pagarle al productor el valor que disminuyó el precio con respecto al precio comprometido en el futuro. Dando como balance de la operación, el siguiente resultado:

El caficultor recibió en el físico por su producción el segundo semestre =
134 cargas x COP 925.595 = COP 124.399.968

A este resultado le debe sumar la compensación de la bolsa =
COP 124.399.968 + COP 10.814.576 = COP 135.214.544

En resumen, en noviembre de 2011, después de recibir la compensación de la bolsa, el caficultor obtuvo un precio de

COP 1.006.060/ carga de 125 kg, garantizándole una utilidad promedio del 42,8 %

- » En noviembre cubre el 20 % de la producción del primer semestre de 2013.
- » En diciembre cubre el 20 % adicional de la producción del primer semestre de 2013.

De esta manera el productor termina 2011 con una excelente utilidad en su empresa cafetera y asegura el precio del 80 % de la producción total de 2012 y el 40 % del precio de la producción del primer semestre de 2013.

2012

El productor inicia 2012 recalculando sus costos de producción con base en la inflación del año anterior, que fue de 3,4 %, lo que da como resultado unos costos de producción de COP 728.305 por carga de 125 kg de café pergamino seco.

Gráfico 43 Precio interno de la carga de 125 kg de café pergamino seco vs Precio equivalente de la carga de 125 kg de café pergamino seco ofertado por la Bolsa de Nueva York en el año 2012.

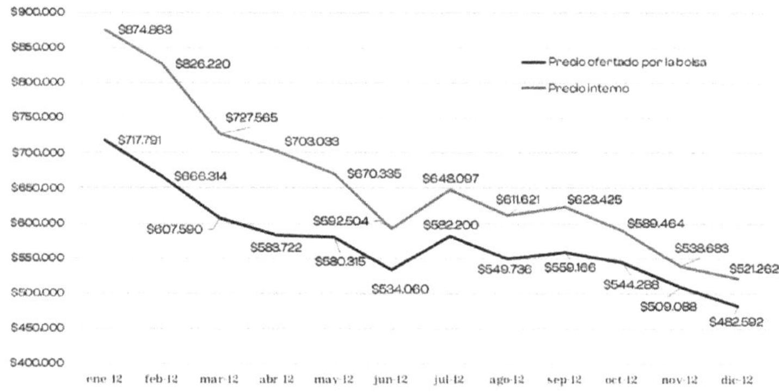

Fuente: Federación Nacional de Cafeteros de Colombia - Cálculos del autor.

Como puedes evidenciar en el Gráfico 43, no se presentó ninguna oportunidad de realizar coberturas en 2012.

En mayo de este año el caficultor vendió el 100 % de la producción del primer semestre a COP 670.335 en el mercado físico.

Sin embargo, antes de hacer el balance de su operación de venta, deberá cumplir con los compromisos que tenía con sus contratos de futuros.

Tabla 34: Tabla resumen de los resultados de las operaciones de cobertura con futuros en el primer semestre del año 2012.

% de la producción comprometida	Numero de cargas comprometidas	Precio al que se compromete vender el caficultor en la bolsa	Precio de cierre del contrato en la Bolsa	Diferencia del precio contratado vs el precio de cierre del contrato	Balance de la operación
30%	*26,88*	*$841.584*	*$580.315*	*$261.269*	*$7.022.899*
30%	*26,88*	*$788.176*	*$580.315*	*$207.860*	*$5.587.290*
20%	*17,92*	*$759.790*	*$580.315*	*$179.474*	*$3.216.182*
Balance total de la cobertura					**$15.826.371**

Fuente: Cálculos del autor.

En este caso el caficultor recibe de la bolsa la diferencia de lo que bajó el precio hasta mayo de 2012.

El caficultor recibió en el físico por su producción del primer semestre =

89,6 cargas x COP 670.335 = COP 60.062.016

A este resultado debe sumarle la compensación de la bolsa =

COP 60.062.016 + COP 15.826.371= COP 75.888.386

En mayo de 2012 el caficultor obtuvo, después de recibir la compensación de la bolsa, un precio promedio de COP 846.968, garantizándole una utilidad promedio del 16,3 %.

En noviembre de 2012 el caficultor vendió el 100 % de su cosecha a COP 538.683 en el mercado físico.

Antes de hacer el balance de su operación de venta, el caficultor deberá cumplir con los compromisos de sus contratos de futuros:

Tabla 35: Tabla resumen de los resultados de las operaciones de cobertura con futuros en el segundo semestre del año 2012.

% de la producción comprometida	Numero de cargas comprometidas	Precio al que se compromete vender el caficultor en la bolsa	Precio de cierre del contrato en la Bolsa	Diferencia del precio contratado vs el precio de cierre del contrato	Balance de la operación
30%	*40,32*	*$776.826*	*$509.088*	*$267.738*	*$10.795.201*
30%	*40,32*	*$800.799*	*$509.088*	*$291.712*	*$11.761.808*
20%	*26,88*	*$758.388*	*$509.088*	*$249.300*	*$6.701.193*
Balance total de la cobertura					**$29.258.202**

Fuente: Cálculos del autor.

En este caso el caficultor recibe de la bolsa la diferencia de lo que bajó el precio hasta noviembre de 2012

El caficultor recibió en el físico por su producción del segundo semestre =
134 cargas x COP 538.683 = COP 72.398.995

A este resultado debe sumarle la compensación de la bolsa =
COP 72.398.995 + COP 29.258.202 = COP 98.172.186

En noviembre de 2012 el caficultor obtuvo, después de recibir la compensación de la bolsa, un precio promedio de COP 730.447, garantizándole una utilidad promedio del 3,9 %.

En este ejercicio no hay que olvidar el hecho de que si el productor no tuviera la cobertura financiera estaría vendiendo el café producido en el segundo semestre del año con una pérdida del 26 %.

2013

El Caficultor recalcula sus costos de producción teniendo en cuenta la inflación de 2012, que ascendió al 3,17 %, lo que da como resultado unos costos de producción de COP 751.392 por carga de 125 kg de café pergamino seco.

Gráfico 44: Precio interno de la carga de 125 kg de café pergamino seco vs Precio equivalente de la carga de 125 kg de café pergamino seco ofertado por la Bolsa de Nueva York en el año 2013.

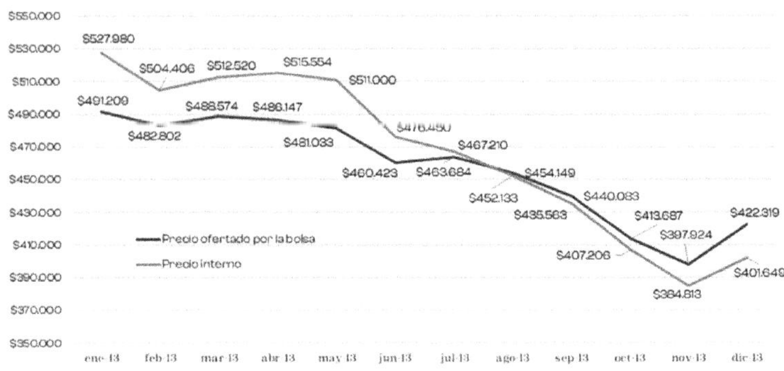

Fuente: Federación Nacional de Cafeteros de Colombia - Cálculos del autor.

El 2013 fue desastroso para la industria cafetera en Colombia y el resto de los países productores. Como puedes observar en el Gráfico 44, no se presentó la oportunidad de cubrir el café para producciones futuras y, mucho menos, se pudo vender el café por encima de los costos producción.

En este escenario la empresa cafetera obtuvo los siguientes resultados:

En mayo del 2013 el caficultor vendió el 100 % de su producción del primer semestre a COP 511.000 en el mercado físico.

Antes de hacer el balance de su operación de venta, deberá cumplir con los compromisos que traía con sus contratos de futuros.

Tabla 36: Tabla resumen de los resultados de las operaciones de cobertura con futuros en el primer semestre del año 2013.

% de la producción comprometida	Numero de cargas comprometidas	Precio al que se compromete vender el caficultor en la bolsa	Precio de cierre del contrato en la Bolsa	Diferencia del precio contratado vs el precio de cierre del contrato	Balance de la operación
20%	*17,92*	*$762.161*	*$481.033*	*$281.128*	*$5.037.817*
20%	*17,92*	*$749.278*	*$481.033*	*$268.245*	*$4.806.950*
Balance total de la cobertura					**$9.844.767**

Fuente: Cálculos del autor.

En este caso el caficultor recibe de la bolsa la diferencia de lo que bajó el precio en el momento de vender el futuro hasta mayo de 2013.

El caficultor recibió en el físico por la producción del primer semestre =
89,6 cargas x COP 511.000 = COP 45.785.600

A este resultado debe sumarle la compensación de la bolsa =
COP 45.785.600 + COP 9.844.766 = COP 55.630.366

En mayo de 2013 el caficultor obtuvo, después de recibir la compensación de la bolsa, un precio promedio COP 620.875, teniendo una pérdida del 17,4 %.

En noviembre de 2013 el productor vendió el 100 % de su cosecha a COP 384.813 en el mercado físico. En este caso el caficultor está totalmente descubierto y no recibe ningún tipo de compensación de la bolsa.

El caficultor recibió en el físico por su cosecha =
134 cargas x COP 384.813 = COP 51.564.942

Teniendo una pérdida total del 48,8 %.

2014

En 2014 comienzan a dar frutos las estrategias de aumento de la calidad y la productividad y la disminución de los costos. El cafilcutor logra mantener los costos de producción estables en un nivel de COP 751.392, evitando de esta manera los efectos de la inflación.

Gráfico 45: Precio interno de la carga de 125 kg de café pergamino seco vs Precio equivalente de la carga de 125 kg de café pergamino seco ofertado por la Bolsa de Nueva York en el año 2014.

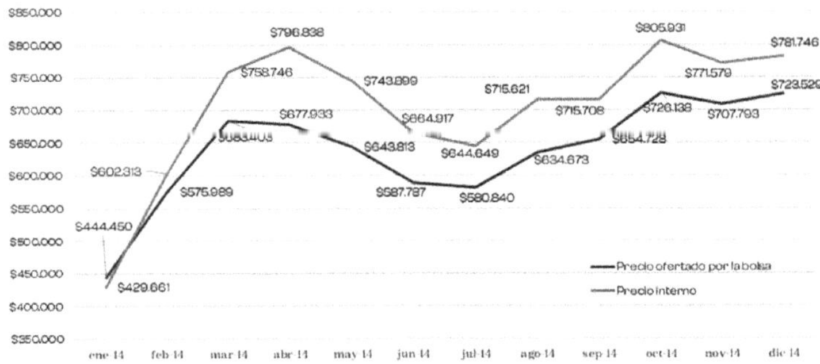

Fuente: Federación Nacional de Cafeteros de Colombia - Cálculos del autor.

Al igual que 2013, 2014 no fue un buen año para ejecutar la estrategia de administración de riesgo vía contratos de futuros en bolsa, dado que no se dio ninguna oportunidad para cubrir la producción de los años siguientes.

Este año el productor estaba totalmente expuesto y el resultado de sus ventas fueron los siguientes:

- En mayo de 2014 el caficultor vendió el 100 % de su traviesa a COP 743.899 en el mercado físico, teniendo una pérdida total del 1 %.
- En noviembre de 2014 el caficultor vendió el 100 % de su cosecha a COP 771,579 en el mercado físico, teniendo utilidad total del 2,7 %.

2015

En 2015 el productor recoge nuevamente los frutos de las estrategias de aumento de la calidad y productividad y la reducción de los costos. Consigue mantener los costos de producción estables en un nivel de COP 751.392, evitando de esta manera los efectos de la inflación.

Gráfico 46: Precio interno de la carga de 125 kg de café pergamino seco vs Precio equivalente de la carga de 125 kg de café pergamino seco ofertado por la Bolsa de Nueva York en el año 2015.

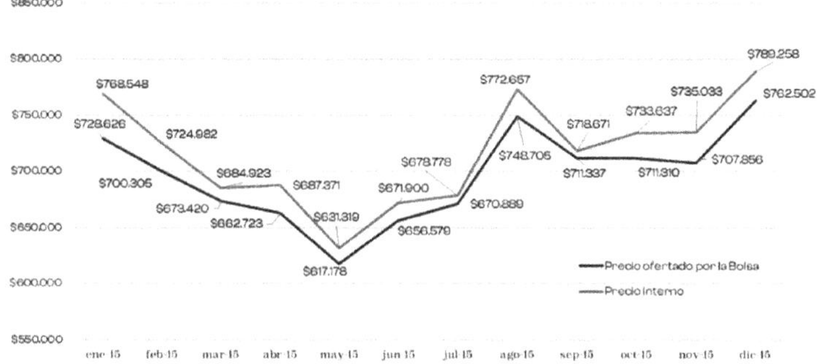

Fuente: Federación Nacional de Cafeteros de Colombia - Cálculos del autor.

El año 2015 también se caracterizó por presentar precios por debajo de los costos de producción y sólo hasta el mes de diciembre se pudo contar con un precio que superara los costos.

Este año el productor también estaba totalmente expuesto, por lo que el resultado de sus ventas fue el siguiente:

- » En mayo de 2015 el caficultor vendió el 100 % de su traviesa a COP 631.319 en el mercado físico, teniendo una pérdida total del 16 %.
- » En noviembre de 2015 el caficultor vendió el 100 % de su cosecha a COP 735.035 en el mercado físico, teniendo una pérdida del 2,2 %.

En diciembre se presentó la oportunidad de cubrir el 20 % de la producción del primer semestre de 2016.

2016

En 2016 el productor continúa beneficiándose de los resultados de las estrategias de aumento de la calidad y productividad y la disminución de los costos. Logra mantener los costos de producción estables en un nivel de COP 751.392 evadiendo, de esta manera, los efectos de la inflación que en 2015 llegó a 4,98 %. Siendo esto una gran ventaja competitiva.

Gráfico 47: Precio interno de la carga de 125 kg de café pergamino seco vs Precio equivalente de la carga de 125 kg de café pergamino seco ofertado por la Bolsa de Nueva York en el año 2016.

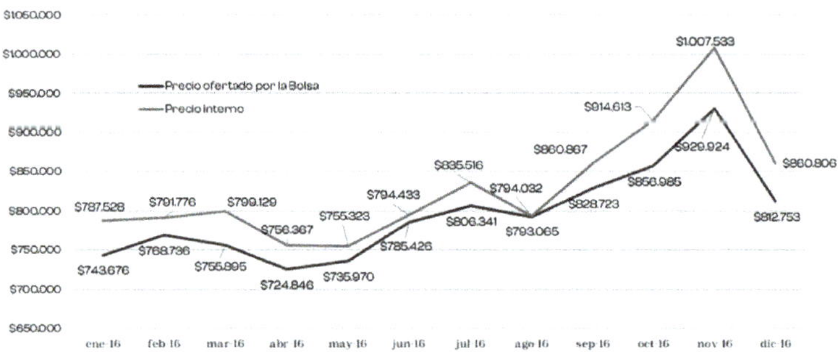

Fuente: Federación Nacional de Cafeteros de Colombia. Cálculos del autor.

En 2016 se presentan excelentes oportunidades para desarrollar y aplicar la estrategia de administración de riesgo utilizando contratos de futuros. Así el caficultor operó de la siguiente forma:

- En el mes de febrero cubre el 20 % de la cosecha del primer semestre de 2016.
- En marzo cubre un 20 % adicional de la cosecha del primer semestre del 2016.
- En mayo de 2016 el caficultor vendió el 100 % de su traviesa a COP 755.323 en el mercado físico.

Pero, antes de hacer el balance de su operación de venta, deberá cumplir con los compromisos por sus contratos de futuros.

Tabla 37: Tabla resumen de los resultados de las operaciones de cobertura con futuros en el primer semestre del año 2016.

% de la producción comprometida	Numero de cargas comprometidas	Precio al que se compromete vender el caficultor en la bolsa	Precio de cierre del contrato en la Bolsa	Diferencia del precio contratado vs el precio de cierre del contrato	Balance de la operación
20%	*17,92*	*$762.502*	*$735.970*	*$26.531*	*$475.444*
20%	*17,92*	*$768.736*	*$735.970*	*$32.766*	*$587.167*
20%	*17,92*	*$755.895*	*$735.970*	*$19.925*	*$357.054*
Balance total de la cobertura					**$1.419.665**

Fuente: Cálculos del autor.

que bajó el precio desde el momento que se abrieron los contratos hasta mayo de 2016.

En mayo de 2016 el caficultor obtuvo, después de recibir la compensación de la bolsa, un precio promedio de COP 771.167, garantizándole una utilidad del 2,6 %.

» En junio cubre el 20 % de la producción del segundo semestre de 2016.
» En julio cubre un 20 % adicional de la producción del segundo semestre de 2016, al igual que en los meses de agosto y septiembre, completando 80 % de la cobertura para la producción del segundo semestre del año.
» En octubre cubre el 30 % de la producción del primer semestre de 2017.
» En noviembre cubre el 50 % de la producción del primer semestre de 2017 y así completa el 80 % de la cobertura para el café que se va a producir en mayo de 2017.
» En noviembre de 2016 el caficultor vendió el 100 % de su cosecha a COP 1.007.533 en el mercado físico.

Antes de hacer el balance de su operación de venta, deberá cumplir con los compromisos establecidos en sus contratos de futuros.

Tabla 38: Tabla resumen de los resultados de las operaciones de cobertura con futuros en el segundo semestre del año 2016.

% de la producción comprometida	Numero de cargas comprometidas	Precio al que se compromete vender el caficultor en la bolsa	Precio de cierre del contrato en la Bolsa	Diferencia del precio contratado vs el precio de cierre del contrato	Balance de la operación
20%	*26,88*	*$785.426*	*$929.924*	*-$144.498*	*-$3.884.096*
20%	*26,88*	*$806.341*	*$929.924*	*-$123.583*	*-$3.321.909*
20%	*26,88*	*$793.065*	*$929.924*	*-$136.859*	*-$3.678.761*
20%	*26,88*	*$828.723*	*$929.924*	*-$101.201*	*-$2.720.293*
Balance total de la cobertura					**-$13.605.059**

Fuente: Cálculos del autor

En este evento el caficultor debe reconocerle a la bolsa la diferencia de lo que subió el precio desde el momento que se abrieron los contratos hasta noviembre de 2016.

En noviembre de 2016 el caficultor obtuvo, después de reconocerle la compensación de la bolsa, un precio promedio de COP 926.545, garantizándole una utilidad del 19,8 %.

En este caso el caficultor se benefició del comportamiento del diferencial pagado por la calidad del café colombiano. Si hacemos las cuentas de la subida de los precios en la bolsa y la comparamos con la tasa de aumento del precio interno del precio del café en Colombia, evidenciaremos que el precio interno subió en mayor proporción que en la bolsa, esto significa que el productor recibió 6 millones de pesos más, en el mercado físico, comparado con el valor que tuvo que compensar en su cuenta de bolsa

Este es un ejemplo de la influencia impredecible del diferencial en el resultado final de la operación financiera con futuros y opciones, por lo que es vital que realices todos los cálculos para definir la viabilidad del uso de estas herramientas de administración de riesgo teniendo en cuenta solo el precio ofertado por la bolsa y no el que se tienen en el mercado físico con el diferencial. Solo así tendrás la certeza de que siempre ganarás en el negocio del café. Y si la suerte te sonríe, como en este caso, tendrás una utilidad adicional; y en el caso contrario, no tendrás ningún inconveniente financiero y toda tu operación estará dentro de los parámetros presupuestados con anterioridad.

» Siguiendo con la historia; En el mes de diciembre cubre el 20 % de la producción del segundo semestre de 2017.

Así el productor termina 2016 con un buen balance, obteniendo buena utilidad y cubriendo el 80 % de la producción del primer semestre de 2017 y el 20 % de la producción del segundo semestre de 2017.

En 2017 el productor sigue beneficiándose de las inversiones en productividad y calidad que realizó con las buenas utilidades de los últimos años y logra que sus costos de producción se sostengan en los mismos niveles que el año anterior, obteniendo un valor de COP 751.392 y sorteando la inflación del 2016 que fue del 7,52 %.

Gráfico 48: Precio interno de la carga de 125 kg de café pergamino seco vs Precio equivalente de la carga de 125 kg de café pergamino seco ofertado por la Bolsa de Nueva York en el año 2017.

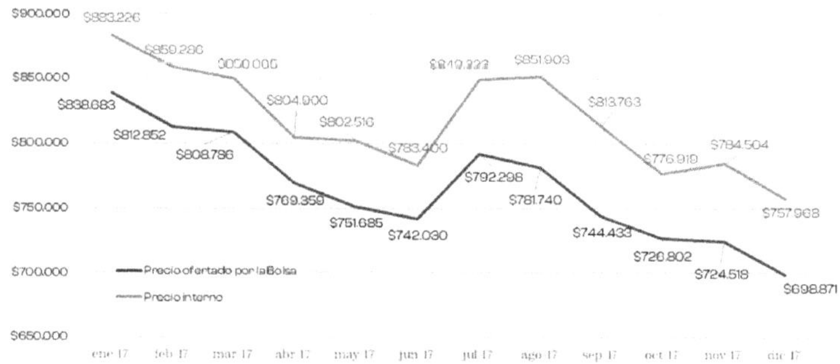

Fuente: Federación Nacional de Cafeteros de Colombia - Cálculos del autor.

En 2017 el café tuvo un comportamiento bajista en los precios, aunque en los primeros meses se tuvieron algunas oportunidades de cobertura. El productor aplicó al pie de la letra la estrategia de administración de riesgo de precio basada en contratos de futuros y el siguiente fue el resultado:

- En enero cubre el 30 % de la producción del segundo semestre de 2017.
- En febrero cubre un 20 % adicional de la producción del segundo semestre de 2017.
- En marzo cubre el 10 % restante de la producción del segundo semestre de 2017 para completar el 80 % de la cobertura objetivo.
- En abril cubre el 20% de la producción del primer semestre de 2018.

- En mayo cubre un 20 % adicional de la producción del primer semestre de 2018.

En mayo de 2017 el caficultor vendió el 100 % de su traviesa a COP 802.516 en el mercado físico.

Pero antes de hacer el balance de su operación de venta, deberá cumplir con los compromisos inaplazables de sus contratos de futuros.

Tabla 39: Tabla resumen de los resultados de las operaciones de cobertura con futuros en el primer semestre del año 2017.

% de la producción comprometida	Número de cargas comprometidas	Precio al que se compromete vender el caficultor en la bolsa	Precio de cierre del contrato en la Bolsa	Diferencia del precio contratado vs el precio de cierre del contrato	Balance de la operación
30%	*26,88*	*$856.985*	*$751.685*	*$105.300*	*$2.830.467*
50%	*44,8*	*$929.924*	*$751.685*	*$178.239*	*$7.985.116*
Balance total de la cobertura					**$10.815.583**

Fuente: Cálculos del autor

En este caso el caficultor recibe de la bolsa la diferencia de lo que bajó el precio desde el momento de la apertura de los contratos de futuros hasta mayo de 2017.

En mayo del 2017 el caficultor obtuvo, después de recibir la compensación de la bolsa, un precio promedio de COP 923.225, garantizándole una utilidad del 22,9 %.

- En julio cubre el 20 % adicional de la producción del primer semestre de 2018.
- En agosto cubre el 20 % restante de la producción del primer semestre de 2018 para completar el 80 % de la cobertura objetivo.

En noviembre de 2017 el caficultor vendió el 100 % de su cosecha a COP 784.504 en el mercado físico.

Pero, antes de hacer el balance de su operación de venta, es su obligación cumplir con los compromisos adquiridos con sus contratos de futuros.

Tabla 40: Tabla resumen de los resultados de las operaciones de cobertura con futuros en el segundo semestre del año 2017.

% de la producción comprometida	Numero de cargas comprometidas	Precio al que se compromete vender el caficultor en la bolsa	Precio de cierre del contrato en la Bolsa	Diferencia del precio contratado vs el precio de cierre del contrato	Balance de la operación
20%	*26,88*	*$812.753*	*$724.518*	*$88.235*	*$2.371.757*
30%	*40,32*	*$838.683*	*$724.518*	*$114.165*	*$4.603.123*
20%	*26,88*	*$812.852*	*$724.518*	*$88.334*	*$2.374.416*
10%	*13,44*	*$808.786*	*$724.518*	*$84.269*	*$1.132.570*
Balance total de la cobertura					$10.481.866

Fuente: Cálculos del autor.

En este caso el caficultor recibe de la bolsa la diferencia de lo que bajó el precio desde el momento que se abrieron los contratos de futuros hasta noviembre de 2017.

En noviembre de 2017 el caficultor obtuvo, después de recibir la compensación de la bolsa, un precio promedio de COP 862.494, garantizándole una utilidad del 14,8 %.

El 2017 termina para el productor de manera muy positiva, dado que obtuvo muy buenas utilidades en cada una de las transacciones que realizó y adicionalmente tuvo la oportunidad de cubrir el 80 % de la producción del primer semestre de 2018.

2018

El productor inicia 2018 recalculando sus costos de producción según la inflación del año anterior, que llegó al 4,32 %, lo que significa unos costos de producción de COP 783.852 por carga de 125 kg de café pergamino seco.

Gráfico 49: Precio interno de la carga de 125 kg de café pergamino seco vs Precio equivalente de la carga de 125 kg de café pergamino seco ofertado por la Bolsa de Nueva York en el año 2018.

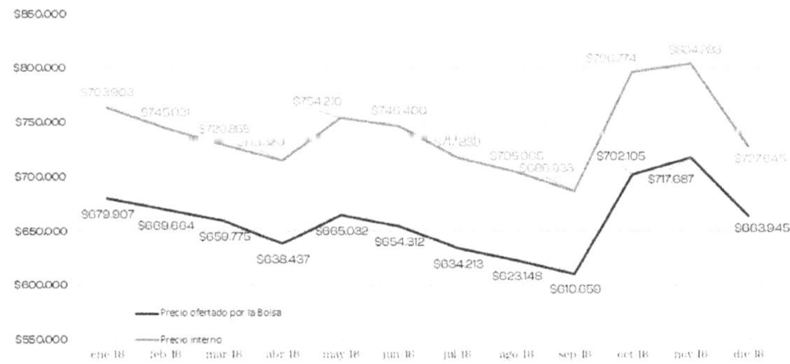

Fuente: Federación Nacional de Cafeteros de Colombia - Cálculos del autor.

2018 fue un año en el que no se presentaron oportunidades de aplicar la estrategia de administración de riesgo de precio utilizando contratos de futuros, dado que los precios ofertados por la bolsa siempre estuvieron por debajo de los costos de producción.

Las operaciones realizadas por el productor en este año se describen a continuación:

En mayo del 2018 el caficultor vendió el 100 % de su traviesa a COP 754.210 en el mercado físico.

Pero, antes de hacer el balance de su operación de venta, deberá cumplir con los compromisos previos con sus contratos de futuros.

Tabla 41: Tabla resumen de los resultados de las operaciones de cobertura con futuros en el primer semestre del año 2018.

% de la producción comprometida	Numero de cargas comprometidas	Precio al que se compromete vender el caficultor en la bolsa	Precio de cierre del contrato en la Bolsa	Diferencia del precio contratado vs el precio de cierre del contrato	Balance de la operación
20%	*17,92*	*$769.359*	*$665.032*	*$104.327*	*$1.869.542*
20%	*17,92*	*$751.685*	*$665.032*	*$86.653*	*$1.552.820*
20%	*17,92*	*$792.298*	*$665.032*	*$127.266*	*$2.280.610*
20%	*17,92*	*$781.740*	*$665.032*	*$116.708*	*$2.091.412*
Balance total de la cobertura					**$7.794.384**

Fuente: Cálculos del autor

En este caso el caficultor recibe de la bolsa la diferencia de lo que bajó el precio a partir del momento de la apertura de los contratos de futuros hasta mayo de 2018.

En mayo de 2018 el caficultor obtuvo, después de recibir la compensación de la bolsa, un precio promedio de COP 841.201, garantizándole una utilidad del 7,3 %. En este caso debes tener en cuenta que, si la empresa cafetera no hubiera tenido la cobertura financiera de los contratos de futuros, esta operación del mes de mayo habría reportado una pérdida del 3,8 % sobre sus costos de producción; esto deja clara la efectividad de las estrategias de administración de riesgo para siempre ganar en el negocio del café.

En noviembre de 2018 el caficultor vendió el 100 % de su cosecha a COP 804.283 en el mercado físico, garantizándole una utilidad del 2,6 %.

En esta ocasión el caficultor está totalmente descubierto y no recibe ningún tipo de compensación de la bolsa.

El año 2018 tuvo un buen balance, dado que las ventas realizadas en el año se hicieron por encima de los costos de producción.

2019

En 2019, el productor continúa beneficiándose de las inversiones en productividad y calidad que viene realizando con las utilidades de los últimos años y logra que sus costos de producción se sostengan en los mismos niveles que el año anterior, obteniendo un valor de COP 783.852 y evitando el impacto de la inflación del 2018, que fue de 3,24%.

Gráfico 50 Precio interno de la carga de 125 kg de café pergamino seco vs Precio equivalente de la carga de 125 kg de café pergamino seco ofertado por la Bolsa de Nueva York en el año 2019.

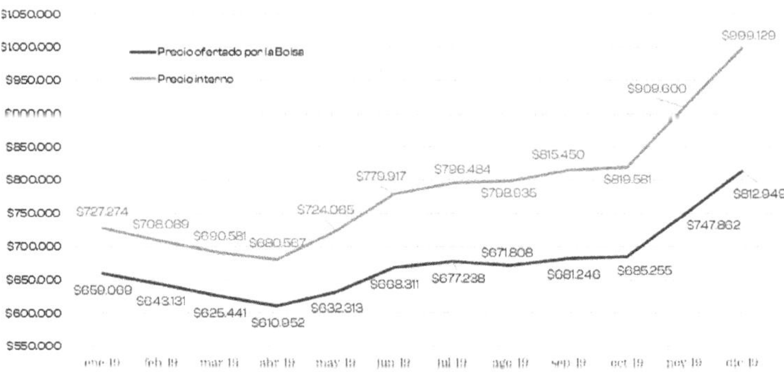

Fuente: Federación Nacional de Cafeteros de Colombia - Cálculos del autor.

En 2019 la empresa cafetera estaba totalmente descubierta y se aplicó la estrategia de administración de riesgo de la siguiente manera:

- En mayo el caficultor vende el 100 % de su traviesa a COP 724.065 en el mercado físico, obteniendo una pérdida del 12 %.
- En noviembre vende el 100 % de su cosecha a COP 909.600 en el mercado físico, logrando una utilidad del 10,5 %.
- En el mes de diciembre cubre el 20 % de la producción del primer semestre de 2020.

2020

En 2020 el productor continúa beneficiándose de las inversiones en productividad y calidad que realizó con las utilidades de los últimos años y logra que sus costos de producción se sostengan en los mismos niveles que el año anterior, obteniendo un valor de COP 783.852, salvando el impacto de la inflación del 2019, que fue del 3,52 %.

Gráfico 51: Precio interno de la carga de 125 kg de café pergamino seco vs Precio equivalente de la carga de 125 kg de café pergamino seco ofertado por la Bolsa de Nueva York en el año 2020.

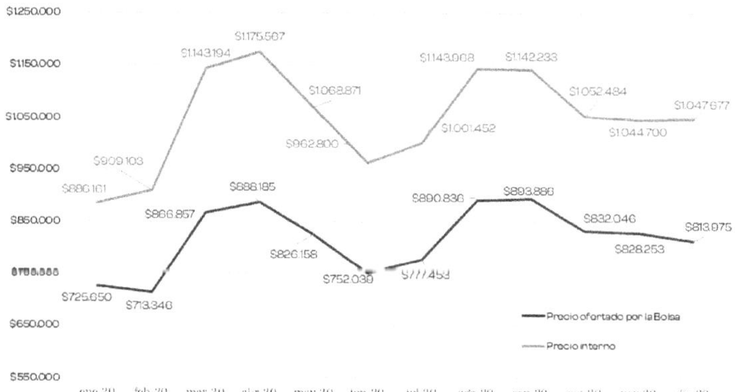

Fuente: Federación Nacional de Cafeteros de Colombia - Cálculos del autor.

En 2020 se tuvieron buenos precios, lo que permitió hacer varias operaciones de cobertura, siguiendo al pie de la letra la estrategia de administración de riesgo basada en contratos de futuros:

» En el mes de marzo cubre el 30 % de la producción del primer semestre de 2020.
» En el mes de abril cubre el 30 % de la producción del primer semestre de 2020, para completar el 80 % de la cobertura que se tiene como objetivo.
» En el mes de mayo cubre el 20 % de la producción del segundo semestre de 2020.

En mayo de 2020, el caficultor vendió el 100 % de su traviesa a COP 1.068.871 en el mercado físico.

Pero antes de hacer el balance de su operación de venta, él deberá cumplir con los compromisos contraídos con sus contratos de futuros.

Tabla 42: Tabla resumen de los resultados de las operaciones de cobertura con futuros en el primer semestre del año 2020.

% de la producción comprometida	Número de cargas comprometidas	Precio al que se compromete vender el caficultor en la bolsa	Precio de cierre del contrato en la Bolsa	Diferencia del precio contratado vs el precio de cierre del contrato	Balance de la operación
20%	*17,92*	*$812.949*	*$826.158*	*-$13.209*	*-$236.700*
30%	*26,88*	*$866.857*	*$826.158*	*$40.699*	*$1.093.997*
30%	*26,88*	*$888.185*	*$826.158*	*$62.027*	*$1.667.280*
Balance total de la cobertura					**$2.524.577**

Fuente: Cálculos del autor

En esta operación el caficultor recibe de la bolsa la diferencia de lo que bajó el precio a partir del momento de la apertura de los contratos de futuros hasta mayo de 2020.

En mayo el caficultor obtuvo, después de recibir la compensación de la bolsa, un precio de COP 1.097.047, garantizándole una utilidad del 33,3 %.

» En el mes de agosto, cubre un 30 % adicional de la producción del segundo semestre de 2020.

» En el mes de septiembre, cubre un 30 % adicional de la producción del segundo semestre de 2020, para completar el 80 % de la cobertura que se tiene como objetivo.

» En el mes de octubre, cubre el 20 % de la producción del primer semestre de 2021.

En noviembre de 2020, el caficultor vendió el 100 % de su cosecha a COP 1.044.700 en el mercado físico.

Pero antes de hacer el balance de su operación de venta, deberá cumplir con los compromisos adquiridos con sus contratos de futuros.

Tabla 43 Tabla resumen de los resultados de las operaciones de cobertura con futuros en el segundo semestre del año 2020.

% de la producción comprometida	Numero de cargas comprometidas	Precio al que se compromete vender el caficultor en la bolsa	Precio de cierre del contrato en la Bolsa	Diferencia del precio contratado vs el precio de cierre del contrato	Balance de la operación
20%	26,88	$826.158	$828.253	-$2.095	-$56.324
30%	40,32	$890.836	$828.253	$62.582	$2.523.311
30%	40,32	$893.886	$828.253	$65.632	$2.646.296
Balance total de la cobertura					$5.113.283

Fuente: Cálculos del autor

En esta ocasión, el caficultor recibe de la bolsa la diferencia del descenso del precio a partir del momento de la apertura de los contratos de futuros hasta noviembre de 2020.

En noviembre de 2020 el caficultor obtuvo, después de recibir la compensación de la bolsa, un precio de COP 1.082.745, garantizándole una utilidad del 31,6%.

Resumen de las transacciones realizadas siguiendo la estrategia de administración de riesgo de precio utilizando contratos de futuros

En la Tabla 44 se presentan los costos, la utilidad en pesos y en porcentaje de cada venta de café que realizó el productor protagonista de esta historia durante el periodo comprendido entre el año 2010 y el 2020.

Tabla 44 Resumen de las transacciones realizadas siguiendo la estrategia de administración de riesgo de precio utilizando contratos de futuros.

ESTRATEGIA DE VENTA UTILIZANDO FUTUROS			
Mes y año de negociación	Costo total	Utilidad total	% de utilidad
may-10	$61.709.581	-$ 1.054.682	-1,7
nov-10	$92.564.371	$ 13.651.411	14,7
may-11	$63.110.389	$ 24.837.867	39,4
nov-11	$94.665.581	$ 40.548.964	42,8
may-12	$65.256.140	$ 10.632.249	16,3
nov-12	$97.884.192	$ 3.773.005	3,9
may-13	$67.324.747	-$ 11.694.380	-17,4

ESTRATEGIA DE VENTA UTILIZANDO FUTUROS			
Mes y año de negociación	Costo total	Utilidad total	% de utilidad
nov-13	*$100.987.085*	*-$ 49.268.218*	*-48,8*
may-14	*$67.324.723*	*-$ 671.373*	*-1,0*
nov-14	*$100.987.085*	*$ 2.713.133*	*2,7*
may-15	*$67.324.723*	*-$ 10.758.541*	*-16,0*
nov-15	*$100.987.085*	*-$ 2.198.381*	*-2,2*
may-16	*$67.324.723*	*$ 1.771.883*	*2,6*
nov-16	*$100.987.085*	*$ 20.013.340*	*19,8*
may-17	*$67.324.723*	*$ 15.396.294*	*22,9*
nov-17	*$100.987.085*	*$ 15.324.459*	*15,2*
may-18	*$70.233.151*	*$ 5.138.454*	*7,3*
nov-18	*$105.349.709*	*$ 2.745.926*	*2,6*
may-19	*$70.233.139*	*-$ 5.356.915*	*-7,6*
nov-19	*$105.349.709*	*$ 16.900.531*	*16,0*
may-20	*$70.233.139*	*$ 28.062.279*	*40,0*
nov-20	*$105.349.709*	*$ 40.171.254*	*38,1*
Totales	**$ 1.843.497.874**	**$ 160.678.560**	**8,62**

Fuente: Cálculos del autor.

En el ejercicio comercial de esta empresa cafetera utilizando contratos de futuros como herramienta principal para la administración del riesgo de precio, se obtuvo una utilidad total del 8,7 % sobre la inversión total realizada en la década. Y una utilidad general promedio por transacción de 8,6 % comprobando que la estrategia tiene un resultado positivo.

Capítulo 12:

UN MISMO ESCENARIO, DIFERENTES RESULTADOS

Ya estamos llegando al final de este libro y es el momento de que analicemos cada uno de los escenarios en los que nuestra empresa cafetera participó comercialmente durante 10 años.

Los resultados de las ventas de los diferentes escenarios financieros expuestos en este libro los resumo en la Tabla 45:

Tabla 45: Resumen de los resultados de las estrategias de venta de contado, venta basada en forwards, venta basada en futuros y venta basada en opciones.

Estrategia de venta de contado			Estrategia de venta utilizando forwards		Estrategia de venta utilizando futuros		Estrategia de venta utilizando opciones	
Mes y año de nego-ciación	Utilidad total	% de utilidad	Utilidad total	% de utilidad	Utilidad total	% de utilidad	Utilidad total	% de utilidad
may-10	-$ 1.054.716	-1,7	-$ 341.860	-0,6	-$ 1.054.682	-1,7	-$ 1.054.716	-1,7
nov-10	$ 13.651.389	14,7	$ 15.189.471	16,4	$ 13.651.411	14,7	$ 13.651.411	14,7
may-11	$ 28.443.153	45,1	$ 11.452.600	18,1	$ 24.837.867	39,4	$ 19.478.518	30,9
nov-11	$ 29.734.387	31,4	$ 26.615.662	28,1	$ 40.548.964	42,8	$ 16.287.423	17,2
may-12	-$ 5.194.141	-8,0	$ 14.732.055	22,6	$ 10.632.249	16,3	$ 11.055.971	16,9
nov-12	-$ 25.485.152	-26,0	$ 26.729.848	24,6	$ 3.773.005	3,9	$ 8.462.890	8,6
may-13	-$ 21.539.123	-32,0	$ 15.255.200	22,7	-$ 11.694.380	-17,4	$ 3.606.636	5,4
nov-13	-$ 49.268.285	-48,8	$ 19.490.930	25,6	-$ 49.268.218	-48,8	-$ 379.734	-0,4
may-14	-$ 2.031.304	-3,0	$ 19.428.774	28,9	-$ 671.373	-1,0	$ 9.889.286	14,7
nov-14	$ 673.232	0,7	$ 29.887.200	26,6	$ 2.713.133	2,7	$ 9.955.302	9,9
may-15	-$ 14.110.428	-20,0	$ 545.718	0,8	-$ 10.758.541	-16,0	-$ 10.758.541	-16,0
nov-15	-$ 7.226.374	-6,8	-$ 1.297.766	-1,3	-$ 2.198.381	-2,2	-$ 2.198.381	-2,2
may-16	-$ 2.999.666	-4,2	$ 2.975.688	4,4	$ 1.771.883	2,6	$ 352.218	0,5
nov-16	$ 29.397.626	27,7	$ 14.051.399	13,9	$ 20.013.340	19,8	$ 34.425.350	34,1
may-17	$ 1.228.876	1,7	$ 15.113.513	22,4	$ 15.396.294	22,9	$ 12.552.109	18,6
nov-17	-$ 577.494	-0,5	$ 28.430.331	28,2	$ 15.324.459	15,2	$ 20.058.590	19,9
may-18	-$ 6.152.592	-8,3	$ 15.502.257	22,1	$ 5.138.454	7,3	$ 13.079.565	18,6
nov-18	-$ 2.498.989	-2,3	$ 24.599.366	23,4	$ 2.745.926	2,6	$ 19.272.370	18,3
may-19	-$ 11.242.381	-14,8	$ 14.962.071	21,3	-$ 5.356.915	-7,6	$ 13.310.148	19,0
nov-19	$ 8.072.333	7,1	$ 27.430.287	26,0	$ 16.900.531	16,0	$ 29.371.471	27,9
may-20	$ 16.972.859	21,5	$ 6.810.693	9,7	$ 28.062.279	40,0	$ 25.537.702	36,4
nov-20	$ 22.210.675	18,8	$ 26.548.368	25,2	$ 40.171.254	38,1	$ 35.057.971	33,3
Totales	$ 1.003.883	-0,3	$ 354.111.807	18,6	$ 160.678.560	8,62	$ 281.013.559	14,75

Fuente: Cálculos del autor.

Es evidente que la estrategia que tiene los mejores resultados en la venta de café en los ejercicios que te mostré a lo largo del libro es la que utiliza una administración del riesgo de precio basada en contratos forward, seguida por la venta utilizando opciones, luego aparece la basada en futuros y, finalmente, vender de contado.

En la Tabla 46 te presento el comportamiento de los costos de cada uno de los escenarios, teniendo en cuenta que en la simulación propuse un modelo en el cual el productor en los años que obtenía utilidad reinvertía estas ganancias en su negocio para mejorar su calidad y productividad.

Tabla 46: Resumen de los costos totales obtenidos aplicando las estrategias de venta de contado, venta basada en forwards, venta basada en futuros y venta basada en opciones.

Estrategia de venta de contado			Estrategia de venta utilizando forwards		Estrategia de venta utilizando futuros		Estrategia de venta utilizando opciones	
Mes y año de negociación	Costo total	% de utilidad	Costo total	% de utilidad	Costo total	% de utilidad	Costo total	% de utilidad
may-10	*$ 61.709.581*	*-1,7*	*$61.709.581*	*-0,6*	*$61.709.581*	*-1,7*	*$61.709.581*	*-1,7*
nov-10	*$ 92.564.371*	*14,7*	*$92.564.371*	*16,4*	*$92.564.371*	*14,7*	*$92.564.371*	*14,7*
may-11	*$ 63.110.387*	*15,1*	*$63.110.387*	*18,1*	*$63.110.389*	*39,4*	*$63.110.388*	*30,9*
nov-11	*$ 94.665.581*	*31,4*	*$94.665.581*	*28,1*	*$94.665.581*	*42,8*	*$94.665.581*	*17,2*
may-12	*$ 65.256.128*	*-8,0*	*$65.256.140*	*22,6*	*$65.256.140*	*16,3*	*$65.256.140*	*16,9*
nov-12	*$ 97.884.192*	*-26,0*	*$97.884.192*	*24,6*	*$97.884.192*	*3,9*	*$97.884.192*	*8,6*
may-13	*$ 67.324.723*	*-32,0*	*$67.324.747*	*22,7*	*$67.324.747*	*-17,4*	*$67.324.747*	*5,4*
nov-13	*$ 100.987.085*	*-48,8*	*$100.987.085*	*25,6*	*$100.987.085*	*-48,8*	*$100.987.085*	*-0,4*
may-14	*$ 68.684.672*	*-3,0*	*$67.324.725*	*28,9*	*$67.324.723*	*-1,0*	*$67.324.723*	*14,7*
nov-14	*$ 103.027.008*	*0,7*	*$100.987.085*	*26,6*	*$100.987.085*	*2,7*	*$100.987.085*	*9,9*
may-15	*$ 70.676.570*	*-20,0*	*$67.324.723*	*0,8*	*$67.324.723*	*-16,0*	*$67.324.723*	*-16,0*
nov-15	*$ 106.014.854*	*-6,8*	*$100.987.085*	*-1,3*	*$100.987.085*	*-2,2*	*$100.987.085*	*-2,2*
may-16	*$ 70.676.570*	*-4,2*	*$67.324.723*	*4,4*	*$67.324.723*	*2,6*	*$67.324.723*	*0,5*
nov-16	*$ 106.014.854*	*27,7*	*$100.987.085*	*13,9*	*$100.987.085*	*19,8*	*$100.987.085*	*34,1*
may-17	*$ 70.676.570*	*1,7*	*$67.324.723*	*22,4*	*$67.324.723*	*22,9*	*$67.324.723*	*18,6*
nov-17	*$ 106.014.854*	*-0,5*	*$100.987.085*	*28,2*	*$100.987.085*	*15,2*	*$100.987.085*	*19,9*
may-18	*$ 73.729.779*	*-8,3*	*$70.233.151*	*22,1*	*$70.233.151*	*7,3*	*$70.233.151*	*18,6*
nov-18	*$ 110.594.669*	*-2,3*	*$105.349.709*	*23,4*	*$105.349.709*	*2,6*	*$105.349.709*	*18,3*
may-19	*$ 76.118.605*	*-14,8*	*$70.233.139*	*21,3*	*$70.233.139*	*-7,6*	*$70.233.139*	*19,0*
nov-19	*$ 114.177.907*	*7,1*	*$105.349.709*	*26,0*	*$105.349.709*	*16,0*	*$105.349.709*	*27,9*
may-20	*$ 78.797.980*	*21,5*	*$70.233.139*	*9,7*	*$70.233.139*	*40,0*	*$70.233.139*	*36,4*
nov-20	*$ 118.197.005*	*18,8*	*$105.349.709*	*25,2*	*$105.349.709*	*38,1*	*$105.349.709*	*33,3*
Totales	$ 1.916.903.944	-0,3	$ 1.843.497.874	18,6	$ 1.843.497.874	8,62	$ 1.843.497.874	14,75

Fuente: Cálculos del autor.

En la información que te presento en la Tabla 46 podemos ver cómo la estrategia de venta de contado es la más ineficiente en sus costos y, al tener pérdidas continuas por varios años seguidos, el productor no tuvo la oportunidad de darle continuidad a sus programas de mejoramiento de calidad y productividad. Mientras que utilizando las demás estrategias no se tuvieron pérdidas continuas por más de dos años, lo que le permitió al productor no abandonar sus buenas prácticas de mejoramiento de calidad y productividad, dándose la oportunidad de tener un mejor control de sus costos y una mejor absorción del impacto de la inflación en la utilidad de su empresa cafetera.

En la Tabla 47 te presento el resultado de la utilidad de cada una de las estrategias simuladas, en el escenario en el que los costos aumentan año a año según la inflación.

Tabla 47: Utilidad de las estrategias simuladas con los costos de producción afectados por la inflación de cada año analizado.

Utilidad de cada estrategia con los costos afectados por la inflación de cada uno de los años analizados				
Costo total	Utilidad de la estrategia de contado	Utilidad de la estrategia de forwards	Utilidad de la estrategia de futuros	Utilidad de la estrategia de opciones
$2.022.044.235	*-$104.136.295*	*$176.170.314*	*-$17.867.805*	*$105.986.892*

Fuente: Cálculos del autor.

En la Tabla 47 te presento cómo se afecta la utilidad de la empresa cafetera si se les aplica la inflación a los costos de producción de cada uno de los años analizados, demostrando que, si el productor no ejecuta programas de mejoramiento de calidad y productividad, perderá valor todos los años.

Si la simulación propuesta en este libro se hubiera calculado afectando los costos de producción de cada año por la inflación, la estrategia de venta de contado y la estrategia de venta basada en los contratos de futuros hubieran tenido pérdidas acumuladas en los 10 años analizados, mientras que las estrategias de venta basadas en contratos forward y opciones seguirían demostrando su eficiencia, generando utilidad.

En las simulaciones realizadas se dio por hecho que en el caso de negociación de los contratos de futuros, la empresa cafetera contaba con los recursos financieros necesarios para atender a todos los posibles llamados a margen resultado de los cambios extremos en la cotización del precio de la libra de café en la Bolsa de Nueva York. Mientras que en el caso de la estrategia de venta basada en opciones, se asumió que la empresa cafetera tenía los fondos necesarios para comprar las primas de las opciones en el momento exacto que lo dictara la estrategia planteada.

A continuación, te presento los montos que debió tener disponible la empresa cafetera para llevar a cabo las estrategias de venta basadas en contratos de futuros y opciones.

- Teniendo en cuenta que el promedio del precio interno de la carga de café de los 10 años analizados (con valores traídos a valor presente teniendo en cuenta una inflación del 3,64 %) fue de COP 923.619 y considerando que la empresa cafetera produce 224 cargas de 125 kg de café pergamino seco al año, el precio total de la cosecha podrá ascender a la suma de COP 206.890.656. En el caso de la estrategia de administración de riesgo basada en futuros se debe considerar que el precio durante un año puede llegar a tener una variación del 75 %, lo que significa que el productor debe tener disponible unos fondos de COP 155.167.992 por año, para cubrir los posibles márgenes de los contratos de futuros de toda su producción.
- En el evento de utilizar la estrategia de venta basada en opciones, la empresa cafetera objeto de esta simulación, tuvo que invertir en los 10 años analizados COP 163.257.400 en las primas de las opciones compradas para cumplir al pie de la letra la estrategia de cobertura planteada. Aunque este valor fue recuperado en el momento de ejercer las opciones o en el momento de vender el café físico a un precio mayor al proyectado, es un recurso que se debe tener disponible, dado que las primas de las opciones se pagan de manera anticipada.

Capítulo 13:

LO QUE NOS REVELA CADA UNA DE LAS HERRAMIENTAS

En la simulación realizada en este libro se demuestra que al utilizar diferentes estrategias de negociación, es posible obtener utilidades significativamente diferentes en la operación comercial de la misma empresa cafetera.

Del análisis del resultado de la primera estrategia simulada, que consistió en la venta del café de contado durante 10 años, se evidenció que este tipo de negociación es incierta y puede poner al productor de café en complejas condiciones financieras, como las que tuvo que enfrentar en los años 2013 y 2014. Al final del ejercicio, después 10 años de operación, solo se obtuvo una utilidad de COP 1.003.883, utilidad que representaría COP 8.365,6 de ganancia mensual promedio. Esta situación deja claro que la venta de contado en el negocio cafetero, bajo las condiciones simuladas, se convierte más en un negocio inmobiliario, que le apunta a la valorización de la finca y al sostenimiento del cultivo, sin pérdidas ni ganancias.

Ahora bien, si tomamos los resultados con los costos de producción afectados directamente por la inflación anual, el resultado es aún más preocupante, ya que en este escenario la empresa cafetera presentaría una pérdida acumulada en los 10 años analizados de COP 104.136.295, lo que daría una pérdida mensual de COP 867.807, situación que le exigiría al productor conseguir recursos adicionales de otras fuentes, para sostener la empresa cafetera. Esta situación convertiría la producción de café en un negocio insostenible financieramente, a pesar de la posible valorización de la finca.

En los resultados de la estrategia de administración de riesgo de precio basada en forwards el panorama es significativamente diferente a la estrategia de venta de contado; la utilidad acumulada en esta estrategia fue de COP 354.111.807, lo que significa que el productor que aplicó de manera juiciosa esta estrategia obtuvo un ingreso promedio mensual de COP 2.950.931, lo que representa en el año 2021, al equivalente a 3,24 salarios mínimos mensuales legales vigentes. También es importante resaltar que la utilidad promedio de cada venta que realizó la empresa cafetera durante los 10 años analizados fue del 18,6 %, convirtiendo el negocio cafetero en una actividad rentable y sostenible en el tiempo.

Los resultados mostrados convierten a la estrategia de venta basa en forwards, en la alternativa más promisoria y atractiva para los productores y no sólo por sus beneficios económicos, sino también por la posibilidad que le entrega a los caficultores de disminuir la incertidumbre de la volatilidad de los precios, permitiéndoles saber con anticipación cuál va a ser el precio que van a recibir por su café. Además, esta estrategia es ideal para los productores porque no representa ningún costo para ellos, apalancándose en la estructura de las cooperativas y compradores particulares para realizar estas operaciones de venta por medio de contratos forward.

En el caso de la simulación de las operaciones con forwards, se debe tener en cuenta el supuesto de que los compradores de la empresa cafetera le permitían cubrir hasta el 80 % del total de la producción anual del productor y también le daban la oportunidad de cubrir la cosecha de los tres años siguientes al momento de la negociación. Este supuesto puede cambiar en el ejercicio comercial real, teniendo en cuenta los constantes incumplimientos por parte de los caficultores, las cooperativas y los compradores particulares han restringido la oferta de contratos forward.

Pasando a la discusión de los resultados de la estrategia de venta basada en futuros, se tiene que la utilidad acumulada al final de los 10 años fue de COP 160.678.560, lo que representa una utilidad mensual promedio de COP 1.338.988 que equivale a 1,47 salarios mínimos mensuales legales vigentes del año 2021. También es importante resaltar que la utilidad promedio de cada venta que realizó el productor durante la década de estudio fue de 8,62 %, porcentaje que puede estar por encima de otras actividades comerciales y agropecuarias que se puedan realizar en el mismo terreno.

En el caso de la estrategia basada en futuros, se debe tener en cuenta que la empresa cafetera debe tener acceso a una cuenta de futuros con un bróker que lo represente ante la Cámara de Compensación y la Bolsa de Nueva York. Adicionalmente, la empresa cafetera debe tener recursos disponibles para cubrir los posibles llamados a margen que se presenten, en los momentos que las posiciones abiertas tengan movimientos contrarios a las tomadas por la empresa cafetera, evitando así el cierre de las posiciones.

En el caso de la simulación realizada en el presente libro, el monto disponible para cubrir posibles llamados a margen debería ser de COP 155.167.992 por año, en el caso de cubrir toda la producción. Esta exigencia financiera, sumada al requerimiento de conocimiento detallado del manejo de contratos de futuros en la bolsa, hace que esta estrategia no sea tan atractiva para la empresa cafetera, como sí lo es la estrategia basada en forwards, que no tiene ninguna de las exigencias anteriores y muestra un rendimiento mayor en las simulaciones realizadas.

En el análisis de esta simulación sería necesario tener en cuenta el comportamiento de la curva de futuros, ya que esto podría cambiar el resultado financiero de la aplicación de esta estrategia. Igualmente sería necesario incluir el costo financiero que tendría realizar las coberturas de la tasa de cambio. Estas serán cosas de las que hablaré en próximos libros.

Por último, al revisar los resultados de la estrategia de administración de riesgo de precio basada en opciones, podemos apreciar que fue la estrategia que, después de la estrategia basa en forwards, mostró los mejores resultados en cuanto a la utilidad obtenida. La estrategia de opciones obtuvo una utilidad acumulada de COP 281.013.559, valor que, llevado a un promedio mensual, da como resultado una utilidad de COP 2.341.779,6 que equivalen en el año 2021 a 2,6 salarios mínimos mensuales legales vigentes. También es importante resaltar que la utilidad promedio de cada venta que realizó la empresa cafetera durante los 10 años estudiados fue del 14,75 %, resultado que muestra que la utilización de opciones como herramienta de administración del riesgo de precio puede ser eficiente y útil para la empresa cafetera.

Es importante mencionar que para llevar a cabo esta estrategia es necesario tener recursos financieros disponibles para comprar las primas de las opciones. En el caso de la presente simulación se trabajó con un valor de COP 163.257.400. El dinero invertido por la empresa cafetera para comprar las primas de las opciones durante los 10 años de operación comercial analizados representa el 8,8 % del total de los costos utilizados en la producción del café, esto significa que si el productor (o comercializador, tostador o exportador) no tiene esta capacidad financiera, no podría acceder a esta herramienta. Pero ten presente que el empresario que utilice la estrategia de opciones va a recuperar la inversión de las primas cuando ejerza las opciones, en el caso de que el precio baje o en el momento en que venda su café a un mayor precio en el físico, en el caso que el precio aumente.

Luego de revisar cada una de las herramientas que nos ofrece el mercado, justo aquí, empieza tu trabajo, así que te invito a que ¡no lo pospongas!, Comienza una exploración profunda de tu empresa cafetera; independiente que seas productor, comercializador, tostador o exportador, debes conocer y establecer tus costos de producción o adquisición, tu estrategia, tus objetivos y luego si, tomar decisión sobre cuál o cuáles son las herramientas de administración de riesgo de precio que usarás de manera responsable para ganar siempre en el negocio del café.

Y mi última recomendación es: hazlo siempre respetando los cuatro principios de la estrategia de administración de riesgo:

Disciplina: Cada uno de los lineamientos de la estrategia de administración de riesgo se debe seguir al pie de la letra sin considerar sentimientos, ni puntos subjetivos.

Monitoreo diario: La estrategia de administración de riesgo se deberá monitorear a diario para tomar las decisiones de manera oportuna y ágil.

Diversificación: La estrategia de administración de riesgo debe tener incluida la utilización de varias formas de negociación que garanticen siempre la utilidad de la empresa cafetera.

Toma de decisiones conjuntas: Para la ejecución de cualquier cobertura se deberá consultar con el equipo de expertos que está al frente de la estrategia de administración de riesgo y la decisión de operar deberá ser unánime.

Espero que me cuentes en el futuro, cuál es tu estrategia de administración de riesgo elegida y te invito a que sigamos en contacto, nos vemos en www.lavaive.com y redes sociales.

Capítulo 14:

ESCUCHANDO LA VOZ DEL SECTOR CAFETERO

Después del recorrido productivo y financiero a través de toda una década de una empresa dedicada a la producción de café analizada bajo cuatro formas diferentes de negociación y evidenciando las ventajas y desventajas de cada una de ellas, quedan algunos interrogantes sobre la mesa:

- ¿Los actuales actores del mercado del café conocen la realidad del negocio?
- ¿Los administradores de las empresas cafeteras tienen conciencia de las diferentes herramientas de negociación del grano?
- ¿Son utilizadas las estrategias de administración del riesgo de precios en las empresas cafeteras para volverlas más rentables en el largo plazo?

Para resolver estas preguntas, entrevisté a diferentes actores de la cadena de valor del café para determinar su nivel de conocimiento al respecto de las siguientes temáticas:

- Costos de producción de café
- Rentabilidad del negocio de café
- Forwards de café
- Futuros de café
- Opciones de café

Transcripciones

Hice las transcripciones de manera literal para que puedas captar la esencia de los comentarios de los entrevistados. Espero que disfrutes de las conversaciones que tuve la oportunidad de compartir con estos actores activos del mercado cafetero.

Entrevista con un caficultor de 50 años de experiencia.

¿Los productores de café conocen sus costos de producción?
"Desafortunadamente, el caficultor tradicional no lleva cuentas, no sabe de costos de producción; hay un grupo mínimo de empresarios medianos y grandes, que realmente llevan cuentas y conocen los costos de producción, ya que el trabajo de ser productor de café es un trabajo de muy poca contabilidad, de muy pocas cuentas. Unos agricultores saben cuánto café produjeron y vendieron en el año pero, realmente, no saben cuánto le costó un kilo, una arroba, una carga de café, cuanto le costó producirla. Sí hay unos caficultores más empresariales, que conocen los costos de producción; entonces, yo diría que, a nivel de Antioquia y Colombia, es un número muy reducido"

"En Colombia se habla de unas 560.000 familias productoras de café, en Antioquia son unas 96.000, si uno dijera, qué porcentaje conocen los costos de producción, yo me atrevería a decir que no llega al 10%"

"La mayoría de caficultores no conocen sus costos de producción, yo creo que es por la informalidad, por no manejar la finca cafetera como una empresa, no tener esa costumbre de escribir, de apuntar, de registrar todo lo relacionado con qué compra y qué vende. Entonces no tiene esa costumbre de llevar registros. Lo otro es que no valoran, el 90 o 95 % de los caficultores colombianos son productores de menos de 5 Ha. No valoran su mano de obra, no valoran todo el trabajo que hacen las mujeres en la finca cafetera, no pagan su seguridad social; ellos saben el valor del jornal que trabajan, pero no lo valorizan: algunos llevan cuentas pero de los jornales que pagaron, sin incluirse él y su familia, entonces los costos de producción no son reales, porque el caficultor propietario y su familia, que trabajan desde 5a. m. hasta las 8 p. m.; ellos no tienen en cuenta esa jornada de tiempo, para decir mis costos de producción son tales. Desafortunadamente no tenemos esa cultura y no toman la finca cafetera como una empresa".

"La FNC ha venido trabajando en esto de administración de fincas, de llevar cuentas lo mismo las cooperativas. Pero, desafortunadamente no son tantos los que llevan esa información; algunos asisten a estos talleres, pero no son juiciosos en aplicar lo que aprendieron y en seguir llevando estas cuentas"

¿Los productores de café conocen la rentabilidad de su negocio?
"Una mínima cuantía de productores sí conocen la rentabilidad de su negocio, y pueden decir cuánto es el costo de producción de una arroba o de una carga de café, si es una arroba puede ser 80.000 pesos y si es una carga pueden ser 800.000 pesos, pero no son tantos los que pueden decir eso. Estos productores toman su finca como una empresa, le aplican los costos financieros, la parte de pago de intereses, ellos se ponen un salario, pagan su seguridad social y todo esto va a la parte administrativa de la finca. Hay unos rubros que tienen que ver con la instalación del cultivo, con la parte de producción donde está recolección, fertilización, herbicidas, donde está el pago de energía, de seguridad social, de intereses, es decir, toda la parte financiera. Entonces, hay unos que sí la llevan, pero la gran mayoría no. Por eso muchos caficultores, por no llevar costos de producción y por no tener unos buenos registros, se endeudan tanto y han tenido que vender las fincas, porque no son capaces de salir de los créditos de la parte bancaria. La otra parte es que muchos cafeteros pequeños no tienen el área necesaria para decir, yo vivo del café, tienen una a dos hectá-

reas o media hectárea y a la hora de la verdad, eso no le da para vivir, entonces lo que hacen es vivir en un pedazo de tierra con unos árboles de café y tienen que salir a jornalear donde los vecinos para poder satisfacer sus necesidades"

¿Es favorable para el productor la forma en la que se negocia el café?

"Muchos caficultores no venden café, sino que esperan a que les compren el café. Vender café es cuando ya entra una negociación: este café vale tanto, este café me puede pagar mejor, porque tiene mejor factor. Entonces mucho caficultor va, lleva el café a los diferentes puntos y le dicen este café vale tanto; el señor dice: está bien. Entonces, a la hora de la verdad, no hay negociación, estos caficultores realmente lo que van es a que les compren el café siempre dicen que sí, pero no hay como una negociación de parte y parte. Los cafeteros medianos y grandes de pronto sí negocian en los puntos de compra y pueden decir: este café páguemelo mejor, porque es que la bonificación o el factor de rendimiento, puede ser tanto y yo le aseguro la calidad o yo lo vendo con taza, en fin, entonces hacen eso. Desafortunadamente la gran mayoría de caficultores les falta más experiencia y más conocimiento en la comercialización del café"

¿Cuál sería la forma ideal de negociación de café para el productor?

"Sería llegar a la venta de café por taza, no solamente por la calidad de la almendra y el factor de rendimiento, sino que se venda según la calidad de la bebida, eso ayudaría mucho más. Pero no es tan fácil de aplicar, porque hacer el proceso de trilla, de tueste, de molienda y de catación, es más difícil, pero ojalá se pudiera aumentar la venta de café por la calidad del producto y así podrían decir a este caficultor le pagamos tanto por su café, porque tiene buen proceso de beneficio, tiene buenas variedades, la zona es óptima para producir café de calidad y la taza de este café está por encima de 84 puntos, o es un café muy estándar que es una taza de 80 puntos. Por ejemplo, este año 2021 y a finales del año pasado, el café está alrededor o por encima del COP 1.100.000 y hasta COP 1.250.000, pero es una compra de café que es por almendra, por la calidad del pergamino y por el factor de rendimiento, pero no se sabe qué taza da".

¿Sabe que es un contrato forward de café y cómo funciona?
"En esa parte no tengo tanta experiencia, pero entiendo que tiene que ver con la negociación de café a futuro para poder comercializarlo. Aunque algunos caficultores han mejorado su comercialización con ventas a futuros, muchos son muy incumplidos - Por ejemplo, en 2021, que el café estuvo alrededor de COP 1.150.000 y COP 1.250.000 pesos, la queja de las compras de café de las cooperativas era que los caficultores incumplieron un porcentaje muy alto; en 2020 también incumplieron; entonces, les falta seriedad a los productores para la venta a futuro. Pienso que en un corto o mediano plazo, de pronto, la venta futuro no va a existir por el incumplimiento del caficultor, pero es un ejercicio para el cafetero asegurarse y tener su cosecha vendida a X precio con un margen de utilidad determinada"

¿Sabe que es un contrato de futuros de café y cómo funciona?
"Para ofrecerles a las cooperativas, la información la tiene la Federación de Cafeteros en un programa que se llama el SICA Cafetero, que es la radiografía de la finca cafetera. En el SICA está registrado cuántas hectáreas tiene el caficultor, cuántas en renovación, qué variedades, qué cantidad de café tiene, las distancias de siembra y todo eso. La Cooperativa le pide al caficultor que le entregué un registro del SICA, pidiéndoselo a la Federación de Cafeteros, al extensionista y normalmente la compra de café a futuro por parte de las cooperativas es según la capacidad de producción de cada caficultor, o sea que la idea es que el caficultor venda a futuro basado en su producción. Un cafetero que produzca 1.000 arrobas de café en 4 o 5 hectáreas no tiene por qué decir voy a vender a futuro 2.000 arrobas de café, porque está la posibilidad de que no cumpla; o lo otro es que tenga que salir a comprar café para entregar el cumplimiento. Entonces **yo no puedo vender a futuro la pro-**

ducción que no tengo, sino que es un porcentaje de la producción que tengo"

¿Sabe que son las opciones de café y cómo funcionan?
"No, no las he escuchado".

Entrevista con un ingeniero agrónomo, Magister en sostenibilidad y funcionario de la institucionalidad cafetera de Colombia.

¿Los productores de café de conocen sus costos de producción? (Si) (No) (Por qué)
"En términos generales no los conocen, la mayoría de los caficultores tiene una contabilidad de memoria o solo recuerdan, pero es muy poco. Nosotros tenemos, a nivel de Federación, un plan que se llama 2000 Fincas; durante mucho tiempo la FNC sufrió para obtener indicadores de rendimiento de mano de obra y tener indicadores técnicos económicos no era posible, porque si tratábamos de tener la información, y fue muy complicado. Entonces se creó la estrategia de seleccionar 2000 fincas en el país y estar monitoreándolas varias veces en el año para tomar información de los costos de esa finca; porque llegar hasta las 500.000 de familias cafeteras que tiene Colombia es muy complejo y no todos tienen la disciplina, es que el tema de costos es tener la disciplina de registro, porque si tu no registras, lo que haces diariamente en una semana se te olvida. El cafetero tiene una aproximación mental de cuánto invirtió, cuánto gana, pero no lleva registros y no tiene claro los centros de costos. Aunque hay unos cafeteros muy empresarios que llevan registros, a uno le sorprende que haya fincas de millón y medio de dólares de producción al año, manejadas por una persona que es analfabeta y así mucha de la inversión de los cafeteros son insumos y labores culturales, pero hacen muy poca inversión en la administración como tal de la finca. La mayoría de los productores de Colombia no tienen un conocimiento cercano a los costos de producción y la Federación tiene que diseñar estrategias como la de las 2000 Fincas para tener los datos, porque nosotros, para poder negociar los sub-

sidios con el Gobierno y negociar el precio internacional del café colombiano, necesitamos tener indicadores y tener claro cuánto nos vale producir una arroba de café".

"La caficultura se maneja así, yo me atrevo a decir que la caficultura y muchos negocios, llevan la contabilidad porque los obliga la DIAN, sino no lo llevaría. Creo que es un tema de cultura, es que nosotros como latinos somos muy tranquilos, muy tropicales, y a mí me decían los caficultores, ¿para qué llevo registros? ¿para qué me digan que estoy perdiendo plata? Yo le decía, pero es que cómo vas a saber si ganas o pierdes, o cómo sabes dónde tienes que hacer un mayor control, una mayor eficiencia o si existe una forma de hacerlo de una manera más económicamente viable".

"Hay una población muy grande de productores, especialmente los pequeños, que tienen un nivel de educación bajo. Las nuevas generaciones que están llegando, les decimos del manejo de un Excel, pero ellos manejan Facebook, manejan Instagram, manejan Twitter, y un Excel no les da: entonces digamos que lo primero es la educación de registrar, al cafetero no le gusta registrar, la cooperativa les regaló un cuaderno de registros, la Federación les regaló los registros de la floración y la gente no los diligencia. Cuando uno va a las fincas, sobre todo yo que hago auditoría de 4C, les pido que me muestren el cuaderno de registros, y ¿qué tienen ahí? Básicamente en qué lotes trabajaron, qué actividades hicieron, cuántos jornales invirtieron, cuántos bultos de fertilizante compraron, cuántos aplicaron; es un control de insumos y de jornales de recolección; no tiene nada extraordinario. Uno les pregunta ¿cuánto café vendió en la cooperativa? Y el productor no tiene una consolidación de lo que ha vendido, entonces le dicen a uno que producen muy poquito, y empieza uno a sumar todo ese montón de facturas y mira la producción, es realmente mucho dinero".

¿Los productores de café conocen la rentabilidad de su negocio?

"Para mí no la conocen. Ellos lo que hacen es un ejercicio matemático, lo que pagan en deudas, lo que le pagan al carnicero, al de la tienda, le pagan a los que le han fiado, es decir que, normalmente, van a la cooperativa a pagar el fertilizante, o les ofrecen una máquina despulpadora, cubren esos gastos y dicen 'me fue bien' o 'me fue mal': pero no tienen el concepto de rentabilidad, no lo tienen claro, no saben cuánto van a ganar si invierten un peso, o no tienen muy claro cómo medir la productividad por área. Uno pregunta cuánto producen, cuántas arrobas, o cuántas hectáreas tienen y no las tienen claras, muchas veces no tienen claro qué áreas tienen de café; entonces, si uno no tiene claras el área y la producción, es muy complicado tener la cuenta de la productividad. Y si yo no sé cuánto son mi producción y mi productividad, no tengo idea de cuánto es mi rentabilidad; entonces es complejo, el caficultor, lo que asocia es que si pagaron deudas o cubrieron sus necesidades básicas fueron rentables. A los grandes productores la DIAN les exige tener libros y para poder declarar y hacer unas exenciones, tienen y deben tener toda la parte contable muy clarita; muchos de ellos pagan un contador, los productores más grandes de Antioquia o casi todos tienen contador"

¿Es favorable para el productor la forma en la que se negocia el café?

"Para mí sí porque si comparamos con Perú, con Bolivia, con Salvador o con Honduras, que son modelos en los que se vende un café estándar, tú ya sabes a cómo lo vas a vender. En Colombia, la Federación tiene un precio base diario que lo que hace es que regula, porque si como privado quieres comprar café, tienes que pagar igual o más caro, que lo que fija en la plaza la Federación, dado que es la referencia que obliga a todos los que están participando de la comercialización de café a tener un punto de partida, y si quieren ser competitivos, tienen que pagar igual o más de lo que está ofreciendo. ¿Qué me preocupa a mí cuando oigo hablar a todo mundo de ventas a futuro, de ofertas, de todas las modalidades que hay en este momento? Que el caficultor se le apunta al programa cuando ve un precio bueno entre comillas, o sea que existe la paradoja del millón, al cafetero le dicen más del millón y ya se emocionó y fija, pero no sabe claramente cuánto va a ganar porque no tiene los costos, entonces cuando la entrega es a COP 1.000.000 y el café se pone COP 1.100.000, muchos no cumplen sus compromisos, entonces digamos que cuando el café está así al alza es muy peligroso para la gente que compra café con estrategias diferentes al de entregar con valor presente y entregar el café físico, porque se la está jugando, dado que cuando el café va a la baja, todo el mundo quiere hacer uso del futuro, pero cuando el café va subiendo los productores incumplen. Es una herramienta que es vital en Brasil, en Guatemala, en Costa Rica, pero en Colombia ha fracasado, porque no hay palabra o sea que también es una cultura de no pago. Otro problema grande es que cuando el cafetero no paga, el Gobierno hace subsidios, incentivos, perdona, yo conozco cafeteros que desde hace 30 años están refinanciando una deuda que hicieron hace siglos y muchas veces ni para café, entonces, como están acostumbrados a que no ocurre nada, si no cumplen un contrato la gente con ese tema es muy tranquila. Y la institucionalidad no tiene ganas de quedarse con las fincas de ningún productor, porque sería ilógico que una institución creada para vender y promover la calidad de vida un productor, le esté quitando sus propiedades, entonces yo creo que eso es muy complicado, porque el caficultor no tiene claro, porque si yo soy un empresario y yo sé que vendí un café a futuro a COP 1.000.000 de pesos y mis costos son COP 760.000 pesos, me van a quedar COP 240.000, a mí me parece que es una ganancia buena, no estoy perdiendo y tengo una utilidad, ya la rentabilidad es otra cosa y depende de lo que él tenga pendiente, **pero si el cafetero está pensando, con cara gano y con sello también, es muy complicado, o sea, no va a existir un mecanismo que permita que haya mayor seguridad para comercializar café.** Este año ha tocado sufrir mucho en las cooperativas porque ha habido mucho incumplimiento.

¿Cuál sería la forma ideal de negociación de café para el productor?

"Eso lo propuso la Federación al Foro Mundial del Café. Es muy complicado cuando tú ves el libro El café: Historia de una semilla que cambio el mundo y los gringos dicen que en la Constitución, por derecho tienen derecho a recibir un café a menos de un dólar la libra, entonces así como aquí existe la paradoja del millón, en Estados Unidos y en la bolsa existe la paradoja del dólar. Cuando el café se pone por encima del dólar, todos se estresan, pero la pregunta es cuánto está ganando un bróker o un dealer, cuánto está ganando un comercializador en Estados Unidos o en Europa, frente a lo que está ganando el productor, y la diferencia es astronómica. **Algo equitativo en la industria mundial, sería una estrategia como la que planteó Jefrey Isaacs, de dejar 5 centavos de dólar, por cada taza que se venda en los países importadores, para cubrir la sostenibilidad de la finca.** Pero que sea realmente para el productor, porque todo mundo habla de cambios climáticos, sostenibilidad, pero del letrero hacia afuera, porque usted mira lo que están haciendo al interior de la empresa, no reciclan, no separan, no hacen nada y le exigen al caficultor que haga todo lo que conserve ecosistemas, que siembren bajo sombra, que maneje suelos y ¿con que plata? ¡Ah! con 10 centavos de dólar que a duras penas cubren el sostenimiento de los costos de mejorar la calidad del café, pero para sostener todo lo externo que ocasiona la producción de café, para sostener todo lo que tiene que hacer para ser justo a nivel de sociedad con sus empleados, con las comunidades, para sostener todo lo que significa, no le da, entonces el caficultor, si le fuéramos a poner todos los costos de las externalidades del consumo de los bienes y servicios ambientales, el tema laboral, el tema de toda la legalidad que tiene que tener él de los pagos de todo el negocio no da; cuando un negocio no da, significa que hay inequidad en alguna parte de la cadena, eso es lo primero; lo segundo **yo creo que el modelo económico no es tan malo,** pues lo que pasa es que como nosotros los antioqueños nunca nos estresamos por el agua, habría que ir a África para ver qué es lo que significa estar sin agua, es que cuando uno está en abundancia no siente, **que el cafetero colombiano sí tiene dificultades claro, pero conocen y tienen un precio fijado por la FNC que le están publicando, tiene muchas opciones comerciales, tiene accesos a créditos, que ya la cooperati-**

va o el banco tienen, tienen los insumos, les queda relativamente fácil de conseguir así estén muy caros, uno se va a otras regiones como por ejemplo Perú, no se encuentran un sitio donde estudien los niños, en el centro de atención de salud no hay agua potable, no existe la energía eléctrica. **Un modelo ideal sería seguir con la transparencia, porque me parece que la transparencia del precio a veces queda en duda, Hay que trabajar en eso.**

"Además, creo que no existe un solo modelo perfecto, son combinaciones, los cafeteros más exitosos que yo conozco venden una gran parte a futuro y no se lo vende necesariamente a un solo comprador, no negocian todo su café en una sola vez, buscan alternativas o entregan en consignación y liquidan cuando el precio sube pero, ya tienen y dejan una parte en físico que les permite negociar en caso de que haya movimiento, no meten todos los huevos en la misma canasta; yo no creo que exista un modelo único o todavía no ha salido un modelo que sea perfecto, vamos por partes, entonces yo pensaría que un problema tan complejo necesita varias soluciones que integren una sola gran solución."

¿Sabe que es un contrato forward de café y cómo funciona?
"Esa no la tengo clara porque yo normalmente manejo ventas a futuro y consignaciones y físico".

¿Sabe que es un contrato de futuros de café y cómo funciona?
"Lo primeros que hay que entender es que se negocia en la bolsa, hay una cantidad mínima que se tiene que ofrecer, las cooperativas consolidan café y crean contratos de futuros, luego se va a bolsa, se fija un precio, se cubre el dólar y se hacen unos seguros que se le ofrecen al caficultor; el caficultor dice, estoy de acuerdo que si el café está a 80 centavos de venderlo a 90 centavos y se hacen entregas a futuro, o sea el café no se negocia en físico sino que se entrega en el momento en que se hace efectivo el contrato"

"No tengo claro en qué proporción dejan cubrirse las cooperativas de Antioquia, porque son cuatro cooperativas, pero todas lo ofrecen y vuelvo y repito, antes se ofrecía un solo contrato pues con base en el número de kilos que tiene contrato. Pero ahora unen tres o cuatro cafeteros para completar el Futuro en la bolsa. Las cooperativas fijan los futuros con Expocafé, con la Federación de Cafeteros o con un privado o ellas mismas con una inversion muy grande en futuros. Entonces las cooperativas sí lo ofrecen, teniendo muchas capacitaciones en el tema, inclusive están diseñando una aplicación para que la respuesta sea más ágil, mientras sale un futuro y llaman al productor, el productor lo toma puede que ya se pase, entonces se está diseñando con Colciencias una aplicación para que la respuesta sea casi inmediata".

¿Sabe que son las opciones de café y cómo funcionan?
"Yo creo que lo más complejo de tomar es la opción, le dicen, lo que entiendo yo, le ofrecen en ese momento un precio de café y él la toma o no la toma, o le dije yo al gerente cuando el café está en tal precio, fíjalo, también ellos lo hacen porque hay fijaciones en bolsa que hacen las cooperativas directamente con algunos cafeteros, no todos tienen la disposición de contestar, ni el volumen adecuado para atender".

Entrevista con un caficultor de la nueva generación, Administrador Financiero, Especialista en finanzas, Máster en Administración Financiera, Master in Coffee Economics and Science.

¿Los productores de café de conocen sus costos de producción?
"Dependiendo de los tamaños, los caficultores los conocen o no. Algunos productores pequeños, como mis vecinos, no conocen los costos de producción, viven más del día a día. Si es que llevan algún tipo de manejo administrativo, los pequeños lo llevan en un cuaderno y al final del día tiene es una cuenta de cafetería en el papel, y ahí se dan cuenta si están o no teniendo utilidad y eso que serían muy pocos. A medida que va creciendo la capacidad del caficultor, yo creo que hay un poquito más de conciencia en el costeo, pero no en toda la cadena y no es una norma"

"En términos generales no hay una cultura o no hay una educación que nos lleve a eso; si bien hay un tipo de acompañamientos que hacen desde la Federación y otros entes, digamos que no está en el *top of mind* saber los costos de producción. Y al parecer no se aprecia mucho saber los costos de producción, quiero resaltar que para un caficultor tradicional saber sus costos de producción puede que no sea tan influyente por el siguiente motivo: así dé pérdida, es mejor no saber, porque no va a querer cultivar nada más. Pero cuando empiezo a analizar como financiero o inversionista si no da, no da y cambio de producto, pero aquí estas personas tienen su plata enterrada ahí, si les da bien y si no también. Por eso creo que sí bien pueden saber o pueden tener una idea de cuáles son sus costos, siguen produciendo independientemente de si van a producir por debajo por encima de este".

¿Los productores de café conocen la rentabilidad de su negocio?

"De hecho, ni siquiera los medianos y muy pocos grandes conocen la rentabilidad de su negocio. Yo me atrevería a decir que los únicos que conocen de verdad las rentabilidades de su negocio son aquellos que entran a la caficultura como una inversión, que tienen los capitales externos, que están pendientes de la rentabilidad. Por qué lo digo: porque la rentabilidad del negocio no se basa solamente en el precio de venta del café y el costo, sino también en cuanto nos cuesta la tierra. En cambio, el caficultor que lleva toda la vida ahí no la valora, no ve como un costo el valor de la tierra. La ve como una herencia y no valora su costo de oportunidad. Yo creo que los únicos que valoran la rentabilidad del café y la caficultura, son los que ya vienen desde afuera con un capital grande, a hacer una inversión puntual, atractivas para los inversionistas y para los dueños como tal. Los demás no sabemos, no conocemos realmente cuál es la rentabilidad de nuestro negocio. Yo no soy un caficultor tradicional, tampoco soy un capital grande, pero yo, personalmente, no conozco la rentabilidad mi negocio calculada sobre cuánto está rindiendo sobre los activos en los que invertí".

"Si vamos al término contable, el terreno es una inversión, es un activo fijo de planta y equipo, sin embargo es un recurso que está enterrado y que uno podría salir a vender. Por eso hay un costo de oportunidad en tener terrenos y tener la plata ahí metida, es un costo que se debe cubrir por lo menos con la producción del inmueble: no quiere decir que se deba considerar como un costo no efectivo dentro del cálculo de rentabilidad o dentro del cálculo de la utilidad, pero sí se debe tener en cuenta y considerar para estimar la rentabilidad del negocio, pues si yo tengo en este momento un recurso para invertirlo en café, tengo que ir a pagar por una tierra o por el arriendo de una tierra, el terreno tiene un costo que no se puede dar por hecho que sea cero. Ese sería mi mensaje frente a los caficultores que han crecido toda la vida en las tierras que eran de sus padres y que van a dejar a sus hijos, lo dan por hecho, lo dan por garantizado".

¿Es favorable para el productor la forma en la que se negocia el café?

"Tengo muchos sentimientos encontrados , con cómo en Colombia se ha manejado tradicionalmente el negocio de venta de café. Siento que es un negocio en el que el riesgo del del precio de mercado es latente, es extremadamente grande, pero tiene la garantía de que hay gente que está comprando. Sin embargo, desde mi percepción, el ente que está comprando lo que es el *benchmark* de los precios no es el más eficiente para transmitir los precios internacionales hacia el caficultor. Es por eso por lo que creo que al final del día no es culpa del ente intermediario que el precio esté alto o que esté bajo; sin embargo, sí es culpa de él, el rezago en la volatilidad de los precios internacionales o que el gap que haya en los precios internacionales sea grande es sostenible para el caficultor siempre y cuando haya una buena estrategia y un buen manejo del riesgo precio; si esto no se da, la exposición del caficultor es del 100 %. El caficultor tiene que producir café, tiene la plata enterrada; es increíble, el café por bueno o malo que sea el clima va a producir y a lo mejor va a dar y cuando da, hay que recogerlo porque el caficultor una vez pone sus recursos en la tierra, está obligado a cosechar en el futuro al precio que sea, entonces para que sea sostenible el caficultor debe tener un buen manejo del riesgo/precio".

¿Cuál sería la forma ideal de negociación de café para el productor?

"El mundo ideal para un caficultor en Colombia sería como el mundo ideal para toda la industria del café, así como los precios fluctúan de acuerdo con las inflaciones de los países desde la materia prima, el precio del café debería estar definido y crecer también a una inflación, por decirlo así. En el escenario ideal en el que hubiera una bolsa de café internacional y el precio, si estuviera completamente dado por la oferta y demanda. Pero como estamos bajo un sistema financiero que otorga liquidez sobre todo para los inversionistas, nos ofrece unas oportunidades muy grandes de aprovechar esa liquidez, lo que significa vender y comprar futuros, para poder fijar los precios de lo que vamos a producir ¿Y a qué va esto? A que podamos asegurar un precio de venta de nuestro café, que como dije ahorita, ya enterramos, ya invertimos y estamos obligados a cosechar para buscar que este precio esté por encima de los costos, siempre y cuando conozcamos los costos, o siempre y cuando esté por encima de lo que creemos son los costos, sería una venta a futuro, ya entrando un poquitico más en el conocimiento que tengo, se presenta el riesgo de que el caficultor no entregue. ¿Cuándo? Cuando el precio del mercado en el momento de entrega esté por encima del precio que fijó en su venta, pero este es un problema contractual del caficultor como tal, que va a afectar o impactar negativamente toda la cadena".

¿Sabe que es un contrato forward de café y cómo funciona?

"Sí, sé qué es, y cómo funciona. Un forward es un contrato en el cual una parte se compromete a hacer la compra o la venta de un bien en el futuro a su contraparte estableciendo diferentes criterios como precio, cantidades, fecha de entrega, calidades, también digamos que *grosso modo* es un contrato de compromiso entre una parte y la otra de realizar una transacción".

"Actualmente se ofrecen los contratos forward, pero no para todo el mundo y se ofrecen a través de cooperativas y otros comercializadores, pero no son prácticas muy comunes de que vengan a ofrecerles al caficultor. Tengo entendido que estos contratos permiten hasta máximo dos años, dependiendo de la cooperativa o del ente, y se fijan a un precio muy similar al precio actual y depende de la curva de los de los futuros en la bolsa de Nueva York, pero permiten entonces fijar dado mi ubicación, si tengo traviesa más o menos en marzo-abril, una cosecha más o menos en noviembre-diciembre, me permiten hacer venta a futuro, me permiten garantizar un precio en el cual yo pueda entregar café en la traviesa, en las cosechas siguientes, dos "traviesas" o dos cosechas siguientes, este precio pues me lo ofrecen precisamente basados en el precio actual y dependiendo mucho de lo que le ofrece la contraparte de la cooperativa; la cooperativa no ofrece el precio por su propia voluntad sino que tiene una contrapartida, le dan una alternativa, margina sobre esa alternativa y me ofrece a mí el forward. Hoy en día dependiendo del caficultor, permiten fijar, tengo entendido, que depende de la cooperativa, hasta 60 % de la cosecha, pero lo digo por experiencia personal. Recientemente he escuchado y me he estado reuniendo con algunas cooperativas que quieren bajar hasta un 20 %, porque han vivido en el último año muchísimas faltas dado que los caficultores no les han entregado el café en el momento correspondiente por el aumento de precios".

"Esta herramienta realmente la uso dos veces al año; sé con claridad un aproximado de cuánto voy a producir en una cosecha y en una traviesa y las dos veces que la uso al año, es que hago el negocio con la cooperativa; una vez hago el negocio honestamente me despreocupo del precio; no aplicamos una estrategia en la que cubrimos un 10 o 15 % precio, sino que si vemos que el precio en ese momento es atractivo, sin esperar que suba o esperar a que baje, lo fijamos a estos precios; con lo que más podamos de la cosecha y de la traviesa, las cooperativas no quieren que uno fije el 100 %, de hecho están bajando, y buscan que fijen más o menos el 20 % sin embargo pues hemos logrado unos negocios donde tenemos una fijación cercana al 40 % o 50 % con la cooperativas y con los terceros un poco más informales que nos brindan también este tipo de coberturas".

"Yo creo que hay muchos caficultores que han fijado el precio de venta de su café, todo a través de la cooperativa, en las cantidades en que se les permite, siempre y cuando sientan que el precio está por encima del histórico, no por encima del precio de mercado; si históricamente los últimos ocho años el precio del café estaba en COP 760.000 pesos y este año estamos fijando a millón de pesos la carga, hay caficultores que dicen que están por encima de lo que hemos venido viendo toda la vida, voy y fijo el forward, sin embargo cuando ya han visto el precio superior a lo que vienen acostumbrados, no están muy en pro de hacerlo".

"Como experiencia personal, en la parte administrativa de la finca, cuestiono mucho cómo fijamos los negocios de 2020 y 2021 porque estábamos fijando a COP 1.100.000 la carga cuándo veníamos de un promedio histórico de COP 800.000, pero estuve muy reacio porque la carga alcanzó COP 1.300.000 en marzo y abril. El caficultor fija si tiene una oferta superior a lo que conoce, pero si ve algo más grande, más alto, no va a tener tanta disposición de fijar, porque ya tiene en su cabeza que a ese precio alto o a ese tope que se llegó por alguna externalidad se tiene que fijar. El caficultor va a esperar y a generarse esa expectativa que puede llegar a esos precios y empieza a especular y empieza a correr ese riesgo innecesario e indeseados".

"El caficultor no conoce el carrusel de precios, que puede entregar a COP 900.000 e inmediatamente fijar a COP 1.300.000 por ejemplo; el caficultor por naturaleza es inconsciente y entrega a COP 1.300.000 pesos y ya, e incumplirle al ente que le permitió cubrirse a COP 900.000 pesos; hay una cuestión delicada, y es que a los que ya accedieron, tienen unos cupos y la cooperativa les va a decir, cúmplame este cupo y le habilito más cupo, entonces está a COP 1.300.000 pesos y hacer este ***roll over***, no se puede porque la cooperativa no lo permite, porque todo es un tema muy contractual en el que hay montos mínimos y máximos establecidos y hasta que no se cumplan los contratos, están con la puerta cerrada. El escenario ideal sería que la cooperativa una vez uno entregue su compromiso de la semana, le dijera : se te liberó un cupo de X cantidad de kilos, si quieres fijar para la semana entrante, y así le ayudaría al caficultor a cambiar la mentalidad de no incumplir e ir a vender al mercado, porque ya está fijando a un excelente precio para el siguiente año".

"Creo que esa herramienta sería muy buena, pero percibo un riesgo por el caficultor vivo que le incumpla a un ente y vaya y se busque uno nuevo que no conozca de sus incumplimientos que me fije a COP 1.300.000 pesos y es un riesgo muy grande donde el caficultor se expone a problemas financieros y jurídicos dentro de la industria."

¿Sabe que es un contrato de futuros de café y cómo funciona?
"Es un forward más estándar, es la venta o compra futura de un contenedor de café de 37.500 lb, en el cual se hace la transacción en la bolsa de NY y no hay que depositar la totalidad de contrato, lo que hay que tener es un recurso parqueado en una cuenta para cubrir el diferencial de precio.

"Esto no se ofrece a los caficultores. En la empresa de nosotros no tenemos este contrato, pero en el pasado lo hicimos".

¿Sabe que son las opciones de café y cómo funcionan?
"Las opciones son el futuro de la caficultura colombiana, son la posibilidad de que, en un negocio en el futuro, una parte tenga la obligación y la otra la opción de ejercer la opción, me explico: cuando hay una opción de compra, el que tiene la opción decide si compra o no, y la opción de venta, tiene la opción de vender o no, pero para tener esta opción tiene que pagar. Es un instrumento financiero en el que una parte genera un desembolso para no tener la obligación futura, sino el derecho futuro de hacer o no la transacción"

"Son el futuro de la caficultura, porque tristemente la caficultura nuestra es muy tradicional, estamos acostumbrados a sacar el pergamino y entregarlo, no hacemos búsqueda de mercado como caficultores, y el tema cultural y educativo nuestro es informal, hace que a muchos caficultores no les importe el componente legal y reputacional, pero cuando hay dinero por delante, se dan escenarios en los que se incumple y no piensan en el futuro y en las relaciones con la cooperativa o los exportadores".

"La caficultura se presta para incumplir por lo informal, este incumplimiento causa unos problemas grandes en la cadena, en los que la cooperativa es la esponja, y está entre la espada y la pared entre la informalidad y la formalidad".

"En la opción, el caficultor no está obligado a nada, pero la informalidad le cuesta un pedazo, porque debe pagar por la opción, ahí va a costar convencerlos, pero estoy seguro de que el que esté bien informado, estará dispuesto a pagar por ella y adquirir un derecho futuro".

"Actualmente, aunque existen, no se ofrecen; me ha tocado tocar la puerta solicitando los instrumentos financieros, las cooperativas no los ofrecen, aunque son conscientes del riesgo. En mi caso, he comprado unos tipos opciones, disfrazadas de precio base, pero se interpreta como opción porque doy un dinero por adelantado".

"De manera generalizada no se usa, me atrevo a decir que el 90 % de los caficultores no las conocen, aunque la FNC ahora ofrece el precio base. Sin embargo, falta educación, y no se ofrecen mucho porque no hay tantos caficultores que entiendan y vean el beneficio latente de esto. No sé si es por la forma en que se ofrece el producto o si es que el mercado no aprecia esto, yo soy partidario de que debería ser beneficioso para todos, pero se tendrá que hacer un trabajo muy articulado entre entes y caficultores. Falta comunicación y educación. Se necesita una masa crítica de caficultores pidiendo el producto y una masa crítica de intermediarios financieros que lo ofrezcan para crear el mercado".

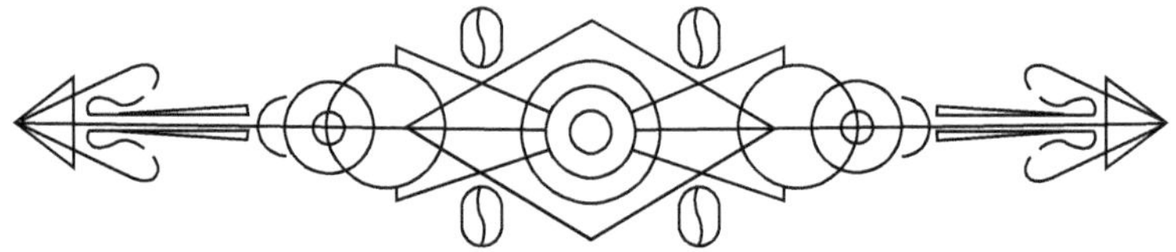

GLOSARIO

Carga de café: Unidad que se utiliza en Colombia que equivale a 125 kg de café pergamino seco.

CCEF: Programa de Compra de Café con Entrega Futura de la Federación Nacional de Cafeteros de Colombia.

Cosecha: Para el presente libro representa el 60 % de la producción total y que se da en el segundo semestre del año en el mes de noviembre.

CPS: Café Pergamino Seco.

FNC: Federación Nacional de Cafeteros de Colombia.

Mercado OTC: El mercado no inscrito en la bolsa y se denomina OTC por sus siglas en ingles Over-The-Counter.

Derivado financiero: Un derivado financiero o instrumento derivado es un producto financiero cuyo valor se basa en el precio de otro activo. El activo del que depende toma el nombre de activo subyacente, por ejemplo, el valor de un futuro sobre el café se basa en el precio del café.

Contrato de futuros: El contrato de futuros, comúnmente conocido como futuros, es un contrato entre dos partes que se comprometen a, en una fecha futura establecida y a un precio determinado, intercambiar un activo, llamado activo subyacente, que puede ser físico, financiero, inmobiliario o de materia prima como el café.

Opción: Una opción financiera es un instrumento financiero derivado que se establece en un contrato que da a su comprador el derecho, pero no la obligación, a comprar o vender bienes o valores a un precio predeterminado, hasta una fecha concreta. Existen dos tipos de opciones: opción de compra y opción de venta.

Opción Call: Opción de compra que otorga al tenedor el derecho a comprar un activo en una fecha específica a cierto precio.

Opción Call Compo: Opción de compra que otorga al tenedor el derecho a comprar un activo en una fecha específica a cierto precio. Y en la cual se cubre al mismo tiempo el precio internacional del café y la tasa representativa del mercado.

Opción Put: Opción de venta que otorga al tenedor el derecho de vender un activo en una fecha específica a cierto precio.

Opción Put Compo: Opción de venta que otorga al tenedor el derecho de vender un activo en una fecha específica a cierto precio. Y en la cual se cubre al mismo tiempo el precio internacional del café y la tasa representativa del mercado.

Precio strike: Es el precio establecido o de ejercicio en el contrato forward, de futuro o de una opción.

Traviesa: Para el presente libro representa el 40 % de la producción total y que se da en el primer semestre del año en el mes de mayo.

BIBLIOGRAFÍA

Alvarado A. et al. (2002) La variedad Colombia y sus características de calidad física y en taza. Avances Técnicos Cenicafé No. 303:1-4.

Alvarado A. (2002) Mejoramiento de las características agronómicas de la variedad Colombia mediante la variación en su composición. Avances Técnicos Cenicafé No. 304:1-8.

Alvarado A. (2004) Comportamiento de progenies de variedad Colombia en presencia de razas compatibles de roya del cafeto. Cenicafé 55(1): 5-15.

Alvarado A.G. et al. (2005) La variedad Castillo El Rosario para las regiones cafeteras de Antioquia, Risaralda y Caldas. Cenicafé, Colombia.

Bozzola M., et al. (2021). La Guía del Café. Suiza, Centro de Comercio Internacional.

Castillo Z et al.. (1987) La variedad Colombia: Selección de un cultivar compuesto resistente a la roya del cafeto. Colombia, Cenicafé.

CENTRO NACIONAL DE INVESTIGACIONES DE CAFÉ - CENICAFÉ. CHINCHINÁ. COLOMBIA. Selección por resistencia completa a la roya del cafeto. In: Informe anual de la Disciplina de Mejoramiento Genético y Biotecnología. Chinchiná, Cenicafé. Años 2000-2001, 2001-2002, 2002- 2003, 2003-2004.

Coffe Daily Commodites Futures Price Chart: ICE Futures. 2023, 6 de junio). Futures Trading Charts. https://futures.tradingcharts.com/chart/CF/73?anticache=1612450879

Echavarría, Juan J. et al. (2013) Resultados de la misión de estudios para la competitividad de la caficultora en Colombia.

El clima y el tiempo promedio en todo el año en Antioquia. (2023, 6 de junio). Weather Spark. *https://es.weather-spark.com/y/22512/Clima-promedio-en-Antioquia-Colombia-durante-todo-el-año*

Ganes, Judith. Weekly examination of the coffee fundamentals.

Hull, John C. (2009) Introducción a los mercados de futuros y opciones. México, Pearson Educación.

International coffee Organization. (2005) "The Story of Coffee"

Lewin B. et al. (2004) "Coffee Markets: New Paradigms in Global Supply and Demand". Discussion Paper N 3. Whashington, The World Bank.

Libreros Dávila, E. (1990) Bolsa de futuros de café principales características» Federación de cafeteros colombianos.

Moreno R.L.G et al. (2000) La variedad Colombia: Veinte años de adopción y comportamiento frente a nuevas razas de la roya del cafeto. Boletín Técnico Cenicafé No.22: 1- 32.

Reina, Mauricio, et al. (2007). Juan Valdez, La estrategia detrás de la marca. Colombia, Ediciones

JUAN FELIPE JAIMES VÁSQUEZ

Es Ingeniero Agropecuario y Especialista en Café, Especialista en Análisis Técnico de la Calidad del Café y Especialista en Gestión Estratégica de Mercados. Docente en temas especializados de café en diferentes universidades de Colombia, catador y barista.

Es CEO y cofundador de Lavaive, empresa que lleva más de 12 años comercializando cafés de especialidad, impartiendo capacitaciones y consultorías en diferentes eslabones de la cadena de café y diseñando estrategias de administración de riesgo de precios.

Con la empresa ha cosechado grandes logros como ser el ganador del Empresario Citibank del Año y el sello Café de Antioquia en la categoría Marca de Café Tostado Origen Antioquia. También ha sido empresario modelo de Cámara de Comercio de Medellín para Antioquia y ha recibido reconocimientos por su labor destacada y aporte al sector cafetero por parte de la Universidad de Antioquia.

LAVAIVE®

www.lavaive.com

@cafelavaive

@cafelavaive

lavaive

lavaive

@lavaive

Este libro se terminó de imprimir en septiembre de 2023

Para su composición se utilizaron las familias tipográficas Zodiak y Clash Display.

www.ingramcontent.com/pod-product-compliance
Ingram Content Group UK Ltd.
Pitfield, Milton Keynes, MK11 3LW, UK
UKHW021905190726
13853UKWH00002B/511